국어

선생님이 강력 추천하는

개념 PLUS
단원평가

3·2

3~4학년군

교육의 길잡이·학생의 동반자

(주)교학사

국어 활동

3·2

3~4학년군

교육의 길잡이·학생의 동반자

(주)교학사

국어활동 차례

☆ 만화를 보고 표정, 몸짓, 말투의 특징을 아는지 확인해 봅시다

1 인물의 표정, 몸짓, 말투를 생각하며 만화 「주인 찾기 대작전」을 읽어 봅시다.

2 다음 장면에 알맞은 인물의 표정, 몸짓, 말투를 골라 ○표를 해 봅시다.

돈ㅡ 봤 다!

표정	몸짓	말투
• 눈물을 글썽이며 ( )	• 머리를 긁적이며 ( )	• 느리고 낮은 목소리로 ( )
• 눈썹을 찡그리며 ( )	• 폴짝폴짝 뛰며 (○)	• 더듬거리는 목소리로 ( )
• 활짝 웃으며 (○)	• 허리를 숙이며 ( )	• 높고 큰 목소리로 (○)

3 인물의 표정과 몸짓을 보고 인물이 어떤 마음일지 모두 골라 ○표를 해 봅시다.

- 즐겁다 ( )
- 놀랍다 (○)
- 미안하다 ( )
- 고맙다 ( )
- 무섭다 (○)

☆ 인물에게 알맞은 표정, 몸짓, 말투를 생각하며 대화를 나눌 수 있는지 확인해 봅시다

1 그림을 보고 물음에 답해 봅시다.

(1) □ 안에 들어갈 알맞은 말을 써 보세요.

(2) 친구에게 사과할 때 알맞은 표정과 몸짓에 ○표를 해 봅시다.

웃으면서 장난스럽게 친구를 툭툭 치며 미안하다고 말한다.	(	)
진지한 표정과 태도로 무엇 때문에 얼마나 미안한지 또박또박 말한다.	(○	)
사과를 받아 주지 않으면 큰 소리로 화를 낸다.	(	)

국어 활동 21쪽

1 파란색으로 쓰인 낱말의 발음에 주의하며 그림을 살펴봅시다.

2 앞말의 받침 'ㅍ', 'ㅋ', 'ㅊ'이 'ㅣ', 'ㅔ'와 같은 모음으로 시작하는 말과 만나면 [피], [페], [키], [케], [치], [체]처럼 이어서 발음됩니다. **1**에서 '늪이', '무릎에'를 바르게 발음한 것을 찾아 ○표를 해 봅시다.

- 늪이 …… ① [느비] (　　　　　)　　　② [느피] (　○　)

- 무릎에 …… ① [무르베] (　　　　　)　　　② [무르페] (　○　)

3 파란색으로 쓰인 낱말이 어떻게 발음되는지 주의하며 문장을 읽어 봅시다.

- 서녘에 노을이 아름답게 진다.

- 등대에서 밝은 빛이 나왔다.

☆ 아는 내용이나 겪은 일과 관련지어 글을 읽을 수 있는지 확인해 봅시다

1 아는 내용이나 겪은 일과 관련지어 「과일, 알고 먹으면 더 좋아요」를 읽어 봅시다.

2 과일과 관련된 내용으로 알맞은 것에 ○표를 해 봅시다.

우리 조상은 부럼을 깨물면 이도 튼튼해지고 부스럼도 안 생기며 더위도 타지 않는다고 믿었어요.	(○)
포도는 처음에는 검다가 점점 푸르게 익어요.	( )
기침이 많이 나거나 가래가 생겼을 때 복숭아 껍질을 갈아서 먹어요.	( )

3 「과일, 알고 먹으면 더 좋아요」를 읽고 알고 있는 내용, 새롭게 안 내용, 더 알고 싶은 내용을 정리해 봅시다.

알고 있는 내용	새롭게 안 내용	더 알고 싶은 내용
㉔ 우리나라에서 사과나무를 많이 심는다는 것을 책에서 읽어서 알고 있습니다. / 제과점에서 복숭아잼을 본 적이 있어서 복숭아를 잼으로 만들어 먹을 수 있다는 것을 알고 있습니다.	㉔ 사과나무에 사과가 자라기 시작할 때 종이봉투를 씌워 두면 벌레도 막을 수 있고, 사과 맛도 좋아진다는 것을 알았습니다. / 사과를 많이 먹으면 살갗도 부드러워지고 잇몸도 튼튼해진다는 것을 알았습니다.	㉔ 사과의 종류를 알고 싶습니다. / 사과의 효능을 좀 더 자세히 알고 싶습니다. / 부럼을 먹는 정월 대보름 풍습을 좀 더 알고 싶습니다.

4 아는 내용이나 겪은 일과 관련지어 글을 읽었는지 확인해 봅시다.

아는 내용이나 겪은 일과 관련지어 글을 읽었다.	
새롭게 안 내용이나 더 알고 싶은 내용을 정리해 썼다.	

매우 잘함: ◎, 잘함: ○, 보통임: △

국어 활동 22~28쪽

☆ 글을 읽고 중심 생각을 찾을 수 있는지 확인해 봅시다

1 참새를 본 경험을 떠올리며 「축복을 전해 주는 참새」를 읽어 봅시다.

2 「축복을 전해 주는 참새」를 읽고 각 문단의 중심 문장을 찾아 선으로 이어 봅시다.

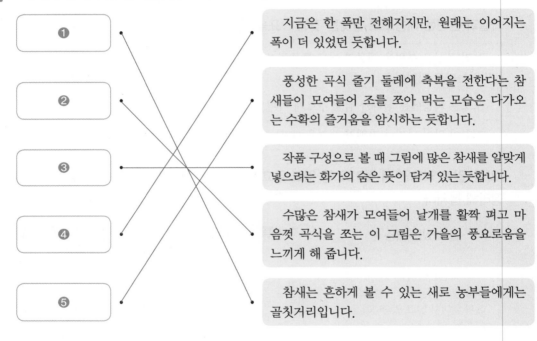

① · · 지금은 한 폭만 전해지지만, 원래는 이어지는 폭이 더 있었던 듯합니다.

② · · 풍성한 곡식 줄기 둘레에 축복을 전한다는 참새들이 모여들어 조를 쪼아 먹는 모습은 다가오는 수확의 즐거움을 암시하는 듯합니다.

③ · · 작품 구성으로 볼 때 그림에 많은 참새를 알맞게 넣으려는 화가의 숨은 뜻이 담겨 있는 듯합니다.

④ · · 수많은 참새가 모여들어 날개를 활짝 펴고 마음껏 곡식을 쪼는 이 그림은 가을의 풍요로움을 느끼게 해 줍니다.

⑤ · · 참새는 흔하게 볼 수 있는 새로 농부들에게는 골칫거리입니다.

3 뜻이 서로 반대되는 낱말을 선으로 이어 봅시다.

| 펴다 | · | · | 서다 |
| 앉다 | · | · | 접다 |

1 파란색으로 쓰인 낱말의 표기에 주의하며 그림을 살펴봅시다.

2 '추었다니', '알려 주어'를 준말로 표현할 때에는 '췄다니', '알려 줘'로 쓰는 것이 바른 표기입니다.

3 파란색으로 쓰인 낱말을 준말로 쓰고, 완성한 문장을 소리 내어 읽어 봅시다.

- 닭을 닭장에 가두었다. (가뒀다)

- 동생과 간식을 나누어 먹었다. (나눠)

- 도서관에서는 목소리를 낮추어 말해야 한다. (낮춰)

☆ 인상 깊은 일로 글을 쓸 수 있는지 확인해 봅시다

1 겪은 일을 생각하며 「현장 체험학습 가는 날」을 읽어 봅시다.

현장 체험학습 가는 날

지난 주 월요일에 우리 반은 희망 목장으로 현장 체험학습을 갔다. 희망 목장에서는 내가 좋아하는 피자와 치즈를 만들 수 있다. 학교에서 출발해 시간이 흘러 드디어 목장에 도착했다. 도착하자마자 피자 만들기 체험장에 들어갔다. 우리는 모둠별로 의자에 앉았다. 먼저, 밀가루 반죽을 동그랗게 만들고 여러 가지 재료를 그 위에 올려놓았다. 피자가 구워질 동안 우리는 치즈 만들기 체험장에 갔다.

치즈 만들기 체험장에서는 치즈와 관련된 영상을 보았다. 영상을 보고 나서 본격적으로 치즈 만들기를 시작했다. 조몰락조몰락하며 치즈를 만드는 모습이 체험장을 가득 채웠다. 친구들은 모두 밝은 표정으로 신바람이 나 있었다. 현장 체험학습은 새로운 것을 체험할 수 있어서 좋다. 다음에 또 오고 싶다.

2 「현장 체험학습 가는 날」에서 내용에 알맞은 설명을 선으로 이어 봅시다.

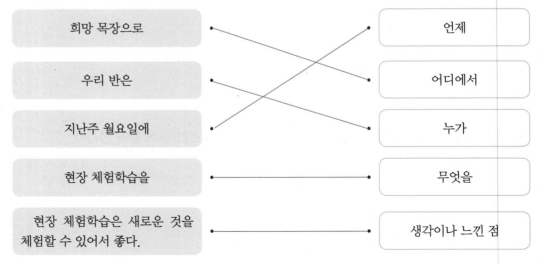

희망 목장으로 · — · 언제

우리 반은 · — · 어디에서

지난주 월요일에 · — · 누가

현장 체험학습을 · — · 무엇을

현장 체험학습은 새로운 것을 체험할 수 있어서 좋다. · — · 생각이나 느낀 점

3 「현장 체험학습 가는 날」에서 일어난 일을 차례대로 보기 에서 골라 정리해 봅시다.

> **보기**
> ① 우리는 치즈 만들기 체험장에 갔다.
> ② 도착하자마자 피자 만들기 체험장에 들어갔다.
> ③ 학교에서 출발해 시간이 흘러 드디어 목장에 도착했다.
> ④ 영상을 보고 나서 본격적으로 치즈 만들기를 시작했다.

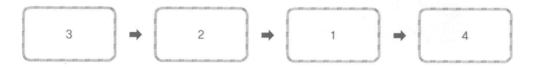

| 3 | ➡ | 2 | ➡ | 1 | ➡ | 4 |

4 자신의 쓰기 태도를 점검해 봅시다.

	그렇다	보통이다	아니다
내가 글을 잘 쓴다고 생각한다.			
내가 쓴 글을 다른 사람에게 보여 주는 것을 좋아한다.			
글을 쓸 때 표현을 잘 한다고 생각한다.			
겪은 일을 글로 쓰는 것을 즐겨 한다.			

• 자신의 경험 가운데에서 가장 인상 깊은 일을 떠올려 봐요.
• 경험한 것에 대한 자신의 생각이나 느낌을 표현해 봐요.

☆ 자신이 쓴 글을 띄어쓰기에 맞게 고쳐 쓸 수 있는지 확인해 봅시다.

1 그림의 상황에 알맞은 문장을 찾아 선으로 이어 봅시다.

아기가 오리를 보았다.

아기 가오리를 보았다.

2 사진을 설명하는 문장에서 띄어쓰기가 바른 것을 찾아 선으로 이어 봅시다.

예쁜 신 한켤레

예쁜신 한 켤레

예쁜 신 한 켤레

3 다음을 읽고 띄어쓰기를 바르게 하여 다시 써 봅시다.

하늘은높고, 단풍은붉게물든다.

하늘은 높고, 단풍은 붉게 물든다.

☆ 시를 읽고 떠오르는 느낌을 말할 수 있는지 확인해 봅시다

1 감각적 표현을 생각하며 「나무 타령」을 소리 내어 읽어 봅시다.

나무 타령

전래 동요

나무나무 무슨 나무   갓난아기 자작나무
십 리 절반 오리나무   앵돌아져 앵두나무
열아홉에 스무나무   동지섣달 사시나무
아흔아홉 백양나무   바람 솔솔 솔나무
가다 보니 가닥나무   방귀 뀌는 뽕나무
오다 보니 오동나무   입 맞추자 쪽나무
너구 나구 살구나무   낮에 봐도 밤나무
따끔따끔 가시나무

감각적 표현이 무엇인지 알고 있나요?	▶	예 , 아니오
시에서 감각적 표현이 드러난 부분을 생각하며 읽었나요?	▶	예 , 아니오
감각적 표현의 느낌을 살려 읽었나요?	▶	예 , 아니오

 알아두기 우리는 눈으로 보고, 귀로 듣고, 입으로 맛보고, 코로 냄새 맡고, 손으로 만지면서 대상을 느낄 수 있습니다. 대상에 대한 느낌을 생생하게 표현한 것을 '감각적 표현'이라고 합니다.

- 감각적 표현이란 어떤 대상을 직접 보거나 듣는 것처럼 느끼게 해 주는 표현이에요.
- 소리나 모양을 흉내 내는 말을 찾아보세요.

☆ 이야기를 읽고 생각이나 느낌을 표현할 수 있는지 확인해 봅시다

1 어떤 일이 일어났는지 생각하며 「별난 양반 이 선달 표류기」를 읽어 봅시다.

⑴ 배에 탄 이들은 입을 딱 벌린 채 오들오들 떨었습니다.

바닷물이 뭍을 점점 삼키더니, 뭍이 가물가물하다가 산꼭대기가 쏙 하고 물속으로 사라졌습니다.

"이야!"

선달은 눈이 휘둥그레졌어요. 그러고는 환하게 웃었습니다. 바람 덕분에 선달은 마침내 보고 싶던 것을 보게 되었으니까요. 이것이야말로 '땅이 둥글다'는 첫 번째 증거였습니다.

⑵ "에헴, 내가 읽은 책이 만 권이 넘는데, 팔백아흔두 번째 읽은 책에 이런 말이 있소."

"뭔 말이 쓰여 있우?"

"'바닷물은 마실 수는 없으나 물을 끓여 나오는 김을 식혀 받으면 먹을 만한 물이 생긴다.' 하였는데, 이제 내가 그걸 해 보려는 거요."

배에 탄 이들이 그 말을 듣고는 벌떡 일어나 가마솥 둘레로 모여들었습니다.

'참말일까?'

모두 의심 반 기대 반으로 가마솥을 뚫어지게 보았답니다.

한참 있으니, 솥뚜껑에 물방울이 맺히더니 손잡이에서 물이 똑똑 떨어졌습니다. 이 모습을 보고는 모두 신기해했어요. 사람들은 그릇에 받은 물로 홀짝홀짝 입술만 축이었는데도, 죽다 살아난 듯 좋아하며 한마디씩 했습니다.

⑶ "해와 달은 어떤 모양인고?"

"그야 둥그렇습죠."

"여기서 해와 달을 보면 그렇지. 만약 해나 달에서 우리가 사는 이곳을 보면 어떤 모양일꼬?"

"……."

"땅이 안 둥글었으면 우린 벌써 떨어져 죽었을 거요."

⑷ 선달은 끈을 고리 모양으로 만들어 물개의 목에 슬쩍 걸었어요. 그러자 배가 천천히 물살을 가르며 앞으로 나아가는 것이 아닌가요?

"이야!"

"재밌겠는걸."

다른 이들도 덩달아 너도나도 물개의 목에 끈을 걸었어요. 그러자 그 빠르기가 바람을 가르듯해서 어지러울 정도였지요.

⑸ 그렇게 며칠 밤낮 정신없이 갔을까요?

누군가 소리를 쳤습니다.

"뭍이다!"

2 「별난 양반 이 선달 표류기」의 내용에 맞게 차례대로 번호를 써 봅시다.

이 선달은 땅이 둥글다고 말하지만 사람들이 믿지 않음.

2

배가 높은 파도를 만남.

1

이 선달이 가마솥으로 바닷물을 끓여 마실 물을 마련함.

3

사람들이 물개가 이끄는 배를 타고 뭍에 도착함.

4

3 「별난 양반 이 선달 표류기」를 읽고 떠오른 생각이나 느낌을 글로 써 봅시다.

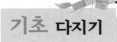

국어 활동 55쪽

1 파란색으로 쓰인 낱말의 표기에 주의하며 그림을 살펴봅시다.

2 '만날'과 '맨날'은 둘 다 표준어입니다. 예전에는 '만날'만 표준어였지만 사람들이 '맨날'을 많이 쓰자 두 낱말을 모두 표준어로 인정해 주었습니다. 이런 낱말에는 '간질이다'와 '간지럽히다' 따위가 있습니다. 이런 예를 더 찾아 빈칸을 채워 봅시다.

차지다	찰지다
예쁘다	이쁘다
넝쿨	덩굴
쇠고기	소고기

국어 활동 해보기　　5. 바르게 대화해요

☆ 전화할 때의 바른 대화 예절을 아는지 확인해 봅시다

1 전화할 때 전화 예절이 바르지 못한 친구를 찾아 ○표를 해 봅시다. 그리고 그 친구에게 필요한 '바른 대화 예절'을 찾아 선으로 이어 봅시다.

| 자신이 누구인지 밝히고 상대가 누구인지 확인하기 | 상대의 상황 헤아리기 | 공공장소에서는 작은 목소리로 말하기 | 상대의 얼굴을 보지 않고 말하기 |

2 보기 에서 알맞은 말을 찾아 (　　) 안에 써 봅시다.

> 보기
>
> 자신　　　작은 목소리　　　공손하게　　　상황　　　상대

• (　　자신　　)이/가 누구인지 밝히고 (　　상대　　)이/가 누구인지 확인합니다.

• 상대의 얼굴을 보지 않고 이야기하므로 (　공손하게　) 말합니다.

• 상대의 (　　상황　　)을/를 헤아립니다.

• 공공장소에서는 (　작은 목소리　)(으)로 말합니다.

국어 활동 **15**

☆ 상황에 어울리는 표정, 몸짓, 말투로 대화할 수 있는지 확인해 봅시다

1 다음 상황에서 두 가지의 반응을 보고 친구는 어떤 기분이 들었을지 써 봅시다. 그리고 자신이라면 어떻게 말할지 생각해 봅시다.

> 친구가 국어 시간에 필요한
> 모둠 준비물을 가져오지 않았을 때

괜찮아. 내가 준비물을 더 가져왔으니까 나누어 쓰자.

우리 모둠 준비물을 안 챙겨 오면 어떡하니? 네가 책임져!

• 내 선택:

2 상황에 어울리는 표정, 몸짓, 말투를 보기 에서 찾아 ( ) 안에 그 번호를 써 봅시다.

보기

① 미안해하며 걱정하는 목소리로
② 짜증 나고 화나는 표정으로
③ 팔짱을 낀 채로 눈을 흘기며
④ 손뼉을 치며 기쁜 표정으로
⑤ 당황하며 울먹이는 표정으로
⑥ 크고 씩씩한 목소리로

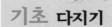

국어 활동 61쪽

1 파란색으로 쓰인 낱말의 표기에 주의하며 그림을 살펴봅시다.

2 'ㅂ', 'ㅈ'이 'ㅎ'과 만나면 [ㅍ], [ㅊ]으로 발음됩니다. **1**에서 '답답하다', '끊자마자'를 바르게 발음한 것을 찾아 ○표를 해 봅시다.

• 답답하다 …… ① [답따바다] (　　　　　) 　　　② [답따파다] (　　○　　)

• 끊자마자 …… ① [끈짜마자] (　　　　　) 　　　② [끈차마자] (　　○　　)

3 파란색으로 쓰인 낱말이 어떻게 발음되는지 주의하며 문장을 읽어 봅시다.

• 힘이 있는 사람들은 힘이 약한 사람을 도와주어야 한다.

• 친구가 전학을 가게 되어서 섭섭하다.

국어 활동 62~66쪽

☆ 이야기를 읽고 인물의 마음이 어떻게 변했는지를 정리할 수 있는지 확인해 봅시다

1 보기 에서 알맞은 마음을 찾아 써 봅시다.

> 보기
>
> 행복한 마음   화나는 마음   슬픈 마음

(1) 이야기 속 인물의 말이나 행동으로 알 수 있는 마음을 보기 에서 찾아 써 봅시다.

(행복한 마음)

(2) 이야기 속 인물들의 대화로 알 수 있는 여자아이의 마음을 보기 에서 찾아 써 봅시다.

(슬픈 마음)

찌돌이가 죽었어.   저런, 불쌍해라.   네가 오랫동안 길렀는데…….   울지 마, 나도 슬퍼.

2 이야기에서 인물의 마음을 알 수 있는 방법으로 알맞은 것을 찾아 ○표를 해 봅시다.

인물이 한 일이나 겪은 일을 찾아봐요.	○
인물의 생김새를 잘 떠올려 봐요.	
인물의 생각, 말이나 행동을 살펴봐요.	○

☆ 읽을 사람을 생각하며 마음을 전하는 글을 쓸 수 있는지 확인해 봅시다

2 다른 사람의 마음을 헤아리며 자신의 마음을 전하는 말로 고쳐 써 봅시다.

네가 물통을 건드려서 그림을 망쳤잖아! ▶ 네가 물통을 건드리는 바람에 그림을 망쳐서 내가 많이 속상해.

너는 왜 그렇게 준비물을 안 가져오니? ▶ 네가 준비물을 안 가져오면 내가 많이 걱정돼.

3 다른 사람의 마음을 생각하며 자신의 마음을 전하는 말이 들어 있는 풍선을 모두 찾아 색칠해 봅시다.

네가 기뻐해 줘서 나도 기뻐.

그것도 못하니?

너도 그림 그리는 걸 좋아하는 것 같은데, 우리 함께 그려 볼까?

그렇게 하지 말랬잖니?

네가 도와줘서 고마워.

부탁을 들어주지 못해 내 마음이 아파.

4 읽을 사람을 생각하며 자신의 마음을 전하는 글을 쓰는 방법으로 알맞은 것을 찾아 ○표를 해 봅시다.

○ 어떤 일이 있었는지 사실대로 쓴다.

자신이 생각하는 상대의 잘못만을 쓴다.

○ 자신의 감정을 솔직하게 쓴다.

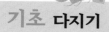
국어 활동 67쪽

1 파란색으로 쓰인 낱말의 표기에 주의하며 글을 읽어 봅시다.

> 오늘은 음악 수업이 있는 날이다. 선생님께서 리코더를 가지고 오라고 하셨다. 그래서 나는 어제저녁에 리코더를 가방에 넣어 두었다. 그런데 점심시간에 리코더 연습을 하려고 가방을 보니 리코더가 없었다. 아침 자습 시간에도 분명히 있었는대 아무리 찾아봐도 없었다. 이 모습을 보고 옆에 있던 친구가 "현주가 장난으로 숨겼데."라고 말했다.

2 어떤 말 뒤에 붙는 '-(는)대'와 '-(는)데'를 혼동하는 경우가 있습니다. '-(는)대'는 다른 사람에게 들은 말을 전할 때 쓰이고, '-(는)데'는 말하는 사람이 예전에 겪었던 일을 말할 때 쓰입니다. **1**의 '있었는대', '숨겼데'를 바르게 고쳐 써 봅시다.

- 있었는대 ➡ <u>있었는데</u>

- 숨겼데 ➡ <u>숨겼대</u>

3 파란색으로 쓰인 낱말 가운데에서 바른 표기를 고르고, 완성한 문장을 소리 내어 읽어 봅시다.

- 비가 온다고 해서 우산을 ((가져왔는데), 가져왔는대) 비가 안 온다.

- 그곳에 입장하려면 오후 여섯 시까지는 도착해야 (한데 , (한대)).

- 공연장에 가는 ((길인데) , 길인대) 친구가 아직 오지 (않았데 , (않았대)).

☆ 여러 가지 방법으로 책을 소개할 수 있는지 확인해 봅시다

1 어떻게 소개할지 생각하며 「산꼭대기에 열차가?」를 읽어 봅시다.

2 보기 에서 「산꼭대기에 열차가?」의 내용으로 옳은 것을 모두 찾아 그 번호를 써 봅시다.

(① , ②)

> **보기**
> ① 영롱이는 가방을 찾으러 가다가 산꼭대기에 있는 검은 물체를 보았다.
> ② 다음 날 가 보니 산꼭대기에는 증기 기관차 모양의 탐정 사무소가 있었다.
> ③ 탐정 사무소에는 아인슈타인과 조수가 함께 일하고 있었다.
> ④ 아인슈타인은 영롱이에게 상상보다 지식이 더 중요하다고 말했다.

3 「산꼭대기에 열차가?」를 읽고 책 보물 상자에 넣을 물건과 그것을 고른 까닭을 알맞게 선으로 이어 봅시다.

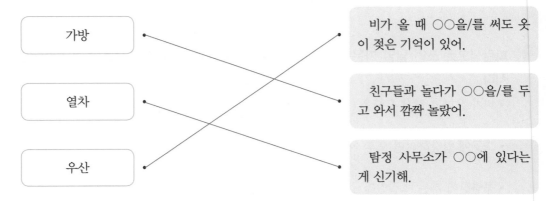

가방		비가 올 때 ○○을/를 써도 옷이 젖은 기억이 있어.
열차		친구들과 놀다가 ○○을/를 두고 와서 깜짝 놀랐어.
우산		탐정 사무소가 ○○에 있다는 게 신기해.

☆ 독서 감상문에 대해 아는지 확인해 봅시다

1 독서 감상문의 특징을 생각하며 「여러 가지 타악기」를 읽어 봅시다.

여러 가지 타악기

❶ 나는 음악을 좋아한다. 그래서 도서관에 가면 음악에 대한 책을 자주 찾는다. 이번에는 악기에 대한 책을 읽고 독서 감상문을 썼다.

❷ 책에는 여러 가지 타악기가 나와 있었다. 트라이앵글, 탬버린, 북, 심벌즈는 내가 이미 알고 있는 타악기였다. 내가 모르는 팀파니와 비브라폰도 있었다. 팀파니는 밑이 좁은 통에 막을 씌운 것인데 두드리면 일정한 소리를 낸다. 비브라폰은 실로폰처럼 생긴 쇠막대를 두드려서 연주하는 악기이다.

❸ 책에서 읽은 타악기 가운데에서 마라카스가 가장 기억에 남는다. 마라카스는 '마라카'라는 열매를 말려서 그 속에 말린 씨를 넣고 흔들어서 소리를 낸다. '마라카'라는 열매가 있다니 참 신기했다.

❹ 책을 읽고 나서 나도 타악기를 하나 만들어 보고 싶다는 생각을 했다. 컵라면 그릇 두 개를 준비하고 두꺼운 종이로 뚜껑을 붙인다. 바닥을 서로 붙이고 나무젓가락으로 두드리면 소리가 나겠지?

▲ 팀파니

▲ 비브라폰

▲ 마라카스

2 「여러 가지 타악기」에서 문단 내용에 알맞은 독서 감상문의 특성을 선으로 이어 봅시다.

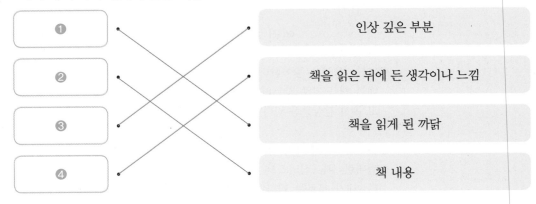

❶   인상 깊은 부분

❷   책을 읽은 뒤에 든 생각이나 느낌

❸   책을 읽게 된 까닭

❹   책 내용

3 「여러 가지 타악기」를 읽고 모르는 낱말의 뜻을 국어사전에서 찾아 써 봅시다.

낱말	국어사전에서 찾은 뜻

- 책을 읽은 뒤에 책을 읽게 된 까닭, 책 내용, 인상 깊은 부분, 책을 읽은 뒤에 든 생각이나 느낌 따위를 쓴 글을 '독서 감상문'이라고 해요.
- 독서 감상문을 쓸 때 책의 중요한 내용이나 사건을 골라 쓸 수 있어요.
- 독서 감상문은 필요한 내용만 골라 쓸 수 있어요.

1 파란색으로 쓰인 낱말의 표기에 주의하며 글을 읽어 봅시다.

> 아빠, 친구들이랑 축구 경기를 하기로 했어요.
>
> 다섯 시쯤 올께요.
>
> 숙제는 축구를 마치고 와서 할깨요.

2 어떤 행동에 대한 약속이나 의지를 나타낼 때 쓰이는 '−ㄹ게'는 [께]로 소리 나더라도 '게'로 적는 것이 바른 표기입니다. **1**의 '올께요', '할깨요'를 바르게 고쳐 써 봅시다.

- 올께요 ➡   올게요

- 할깨요 ➡   할게요

3 파란색으로 쓰인 낱말 가운데에서 바른 표기를 고르고, 완성한 문장을 소리 내어 읽어 봅시다.

- 다음 공은 내가 ((칠게) , 칠께).

- 내일부터 운동을 열심히 (할께요 , (할게요)).

- 맛있게 잘 ((먹을게요) , 먹을께요 , 먹을깨요).

☆ 일하는 방법에 따라 내용을 파악하며 글을 읽을 수 있는지 확인해 봅시다

1 일하는 방법에 따라 내용을 파악하는 방법을 바르게 말한 친구를 모두 찾아 ○표를 해 봅시다.

차례를 나타내는 말과 차례와 관련된 중요한 내용을 파악해야 해.

원인이 무엇이고 결과가 무엇인지 생각해 봐. 결과가 먼저 일어난 일이야.

같은 장소에서 일어난 사건은 모두 같은 시간에 생긴 일이야.

일할 때 주의할 점이나 도구를 설명하는 말로 확인해 봐.

(○)　　( )　　( )　　(○)

2 다음 글에서 ( ) 안에 들어갈 알맞은 말을 보기 에서 찾아 써 봅시다.

보기

오늘 밤	두 번째	세 번째	네 번째
다음 날	처음에는	먼저	끝으로

술래잡기하는 방법

첫 번째, 술래잡기할 공간과 술래를 정한다. (두 번째), 술래가 숫자를 세는 동안 다른 친구들은 술래를 피한다. (세 번째), 술래가 다른 친구들을 잡으러 간다. 마지막으로, 술래에게 잡힌 친구가 다음 술래가 된다.

3 흐름에 맞도록 글의 차례를 정리해 번호를 써 봅시다.

1

세 번째, 바람을 뒤로하고 소화기 호스를 불이 난 곳으로 향하게 잡습니다.

2

두 번째, 소화기 안전핀을 뽑습니다. 이때 손잡이를 누르면 안전핀이 빠지지 않으니 손잡이를 누르지 않습니다.

3

끝으로, 손잡이를 꽉 잡고 불을 향해 빗자루로 쓸듯이 소화제를 뿌립니다.

4

먼저, 소화기의 손잡이를 잡고 불이 난 곳으로 가져갑니다.

4 → 2 → 1 → 3

- 먼저 하는 일과 나중에 하는 일을 구분해 차례를 정해요.
- 정리한 차례에 따라 일하는 방법을 정리해요.

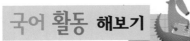
☆ 글의 흐름에 따라 내용을 간추려 쓸 수 있는지 확인해 봅시다

1 시간 흐름에 따라 사건을 정리하며 「숨 쉬는 도시 쿠리치바」를 읽어 봅시다.

2 보기 에서 쿠리치바에 대한 내용으로 옳은 것을 모두 찾아 그 번호를 써 봅시다.

(② , ④)

보기

① 영국의 밀턴킨스라는 곳에 있는 도시이다.
② '꽃의 거리'에는 폐전차를 탁아소로 재활용한 곳이 있다.
③ 오래된 건물을 부수고 아름답고 쓸모 있는 건물로 다시 짓는다.
④ 쿠리치바 사람들은 도시 자체를 예술적인 작품이라고 생각한다.

3 「숨 쉬는 도시 쿠리치바」에서 시간을 알 수 있는 말을 찾고 그 시간에 환이가 한 일을 정리해 봅시다.

시간	한 일
이튿날 아침에	자전거 도로를 달려서 '꽃의 거리'로 갔다.
오후에	쿠리치바 시청에 갔다.

4 각 장소에서 환이가 한 일을 알맞게 선으로 이어 봅시다.

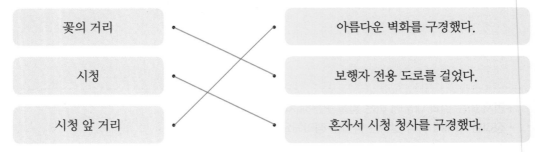

꽃의 거리 — 아름다운 벽화를 구경했다.

시청 — 보행자 전용 도로를 걸었다.

시청 앞 거리 — 혼자서 시청 청사를 구경했다.

국어 활동 98~114쪽

⭐ 인물의 성격을 생각하며 극본을 소리 내어 읽을 수 있는지 확인해 봅시다

1 「은혜 갚은 개구리」를 읽어 봅시다.

2 「은혜 갚은 개구리」에서 개구리와 아내에게 알맞은 마음, 말투를 찾아 선으로 이어 봅시다.

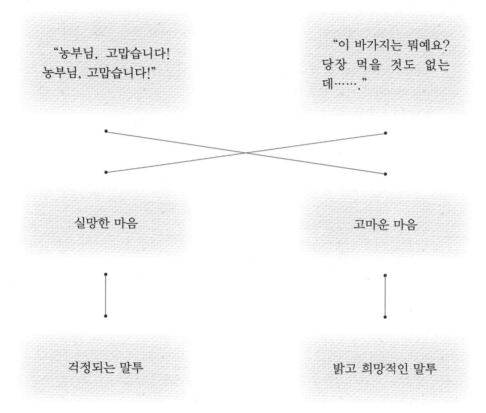

"농부님, 고맙습니다!
농부님, 고맙습니다!"

"이 바가지는 뭐예요?
당장 먹을 것도 없는
데……."

실망한 마음

고마운 마음

걱정되는 말투

밝고 희망적인 말투

- 인물이 한 말과 행동을 보면 그 인물의 성격을 알 수 있어요.
- 주변에서 인물과 비슷한 성격의 사람을 떠올리거나 극본의 (   ) 안의 내용을 보면 말투를 짐작할 수 있어요.

☆ 알맞은 표정, 몸짓, 말투를 생각하며 극본을 읽을 수 있는지 확인해 봅시다

1 알맞은 표정, 몸짓, 말투를 생각하며 「눈」을 읽어 봅시다.

눈

박웅현

(가) 옛날옛날, 눈은 자기가 최고라고 생각했어요.

세상 모두가 자기를 좋아한다고 믿었지요.

"모두 나와 함께 놀고 싶어 해! 내가 땅에 내려가기만 하면 모두 나와서 나를 반겨 주잖아?"

"내가 내려가기만 하면 세상이 훨씬 예뻐져! 아무리 더러운 것도 하얗게 덮어 주고, 나뭇가지마다 하얀 눈꽃도 피우고……. 하하하!"

눈은 세상에 내려오는 일이 너무나 신났어요.

그래서 늘 랄랄라 노래를 부르고 춤을 추며 내려왔답니다.

(나) 눈은 노래를 부르다 말고 홍당무가 하는 말을 조용히 엿들었습니다.

"휴, 먼 곳에 살고 있는 토끼들에게 가야 하는데 눈이 너무 많이 오네. 발도 시리고 길도   보이질 않고……. 이제 눈이 그만 왔으면 좋겠어……."

눈은 믿을 수가 없었어요.

'세상에, 어떻게 나를 싫어한단 말이야? 나만 보면 모두 신이 나서 즐거워하는데……. 나만 내리면 세상이 다 깨끗하고 예뻐지는데…….'

'아마 홍당무가 잘못 말한 걸 거야. 나를 좋아하면서 괜히 저렇게 말하는 거야!'

눈은 또다시 노래하며 춤추었지요.

(다) 누군가 말을 걸어왔어요.

그것은 달님이었지요.

"친구야, 미안하지만 잠깐 멈춰 주렴. 착한 토끼가 친구들에게 갖다줄 홍당무를 나르고 있단다. 눈이 너무 많이 오면 힘들잖니."

눈은 달님 얘기에 깜짝 놀랐습니다.

"그럴 리가 없어요, 달님! 이 세상에 나를 싫어하는 건 없어요. 이 세상에 나보다 예쁜 건 없단 말이에요!"

눈은 화가 나서 마구 소리쳤어요.

"물론 모두 너를 좋아하지. 네가 예쁜 것도 사실이야. 하지만 친구야! 언제나 너만 좋고 예쁠 수는 없단다. 때로는 시원한 바람이 좋을 수도 있고, 때로는 촉촉한 비가 예쁠 수도 있거든. 그러니까 가끔은 가장 예쁜 자리를 남에게 양보할 줄도 알아야 해."

2 인물 표정으로 알맞은 것을 골라 선으로 이어 봅시다.

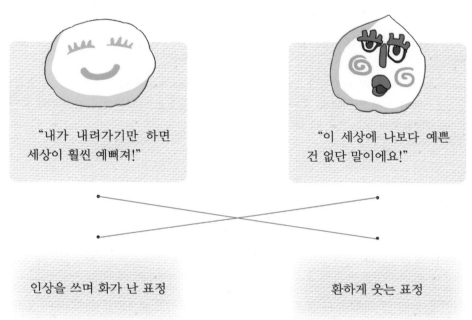

"내가 내려가기만 하면 세상이 훨씬 예뻐져!"

"이 세상에 나보다 예쁜 건 없단 말이에요!"

인상을 쓰며 화가 난 표정

환하게 웃는 표정

3 '눈'의 표정과 몸짓으로 알맞은 것을 찾아 ○표를 해 봅시다.

'세상에, 어떻게 나를 싫어한단 말이야? 나만 보면 모두 신이 나서 즐거워하는데…….
나만 내리면 세상이 다 깨끗하고 예뻐지는데…….'

(   )   (   )   (○)

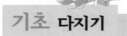

국어 활동 115쪽

1 파란색으로 쓰인 낱말의 표기에 주의하며 글을 읽어 봅시다.

20○○년 12월 10일 수요일	날씨: 맑음

　　오늘은 학교에 지각했다. 늦잠을 잤기 때문이다. 아침에 일찍 일어날려고 했는데, 너무 피곤해서 늦게 일어났다. 준비물을 챙길라고 알림장을 확인했더니 알림장이 보이지 않았다. 알림장을 찾느라고 더 늦어졌다.

2 어떤 행동을 할 목적을 드러낼 때 '-ㄹ려고'나 '-ㄹ라고'로 표기하는 경우가 있으나 '-(으)려고'가 바른 표기입니다. **1**의 '일어날려고', '챙길라고'를 바르게 고쳐 써 봅시다.

- 일어날려고 ➡ 　일어나려고　
- 챙길라고 ➡ 　챙기려고　

3 파란색으로 쓰인 낱말 가운데에서 바른 표기를 고르고, 완성한 문장을 소리 내어 읽어 봅시다.

- 밥을 (먹을려고 , (먹으려고)) 냉장고에서 반찬을 꺼냈다.

- 내일 소풍을 (갈려고 , (가려고)) 도시락을 준비했다.

여러분의 꿈을 응원합니다!!!

민들레에게는
하얀 씨앗을 더 멀리 퍼뜨리고 싶은 꿈이 있고,

연어에게는
고향으로 돌아가 알알이 붉은 알을 낳고 싶은 꿈이 있습니다.

여러분도 가지각색의 아름다운 꿈을 가지고 있지요?
꿈을 향한 마음으로
좋은 결과를 위해 힘껏 달려 보아요.

여러분의 아름답고 소중한 꿈을 응원합니다.

구성과 특징

권두 부록

국어 활동

『국어 활동』의 내용을 확인하고 활용할 수 있도록 하였습니다.

1. 단원 요점 정리

교과서 내용 가운데 가장 중요하고 중심이 되는 내용을 보기 쉽게 정리했습니다.

2. 개념을 확인해요

교과서 개념에 대한 주요 내용을 간단한 문제를 통하여 확인할 수 있습니다.

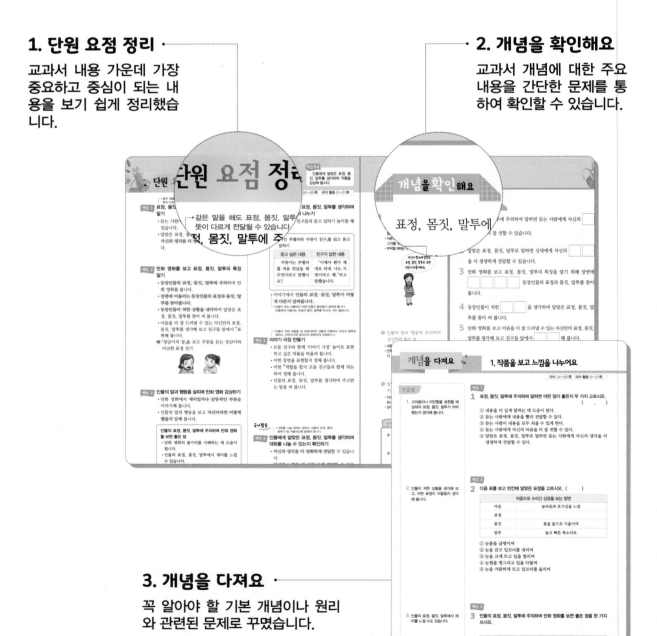

3. 개념을 다져요

꼭 알아야 할 기본 개념이나 원리와 관련된 문제로 꾸몄습니다.

4. 단원 평가

여러 가지 유형의 문제를 단원별로 구성하고, 도전, 실전 으로 난이도를 구분하여 학습 목표를 이룰 수 있도록 하였습니다.

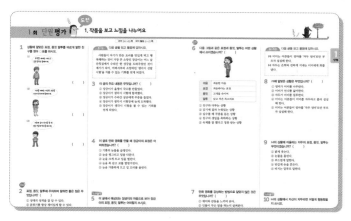

5. 창의 서술형 문제

서술형 평가에 대비할 수 있도록 다양한 문제로 구성하였습니다.

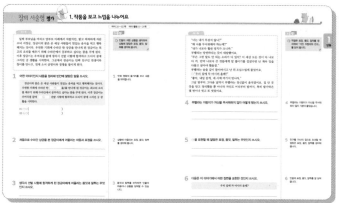

6. 100점 예상문제

핵심만 콕콕 짚어 중간 범위, 기말 범위, 전체 범위로 구분하여 구성하였습니다.

정답과 풀이

별책 부록

스스로 학습할 수 있도록 문제마다 자세한 풀이를 넣었으며 '더 알아볼까요!' 코너를 두어 문제를 정확하고 쉽게 이해할 수 있도록 하였습니다.

이 책의 특징

- 교과서 내용을 모두 반영하였습니다.
- 단원 요점을 꼼꼼하게 정리하였습니다.
- 여러 유형의 평가 문제를 통하여 쉽게 학습 목표를 이룰 수 있습니다.
- 권말 부록(100점 예상문제)으로 학교 시험에 완벽하게 대비할 수 있습니다.

차례

3·2

3~4학년군

요점 정리
+ 단원 평가

국어 3-2

3~4 학년군

독서 단원 책을 읽고 생각을 나누어요

독서 준비 읽을 책을 정하고 내용 예상하기

읽을 책 정하기

🍎 여러 가지 책을 살펴보고 읽을 책을 정해 봅시다.

경험 나누기	• 자신이 읽었던 책 가운데에서 가장 좋았던 책 소개하기 • 책을 골라 본 경험 나누기		
책 찾아보기	• 책을 고르는 방법 알아보기 • 책을 고르는 자신의 기준 만들기		
누구와 읽을지 정하기	자신이 읽고 싶은 책을 혼자 골라 읽어요.	짝과 읽고 싶은 책을 함께 골라 읽어요.	모둠 친구들과 의논해 읽고 싶은 책을 함께 골라 읽어요.
읽을 책 결정하기	혼자서 읽을 때	마음에 드는 책이 여러 권일 때에는 자세히 살펴보고 결정한다.	
	친구와 함께 읽을 때	• 친구들과 함께 읽고 싶은 책을 골라 보고 그 까닭을 생각해 본다. • 함께 읽고 싶은 책을 친구들에게 소개하고, 친구들은 어떤 책을 함께 읽고 싶어 하는지 알아본다.	

제목과 표지를 살펴보고 내용 예상하기

🌼 책 제목과 표지를 살펴보고 내용을 예상해 봅시다.

꼬마 북극곰 이야기

조민찬

• 책 제목과 앞표지를 보고 책에 어떤 내용이 나올지 예상해 본다.
• 책 뒤표지에 나오는 글을 읽고 책 내용을 예상해 본다.
• 책 뒤표지에는 책 내용이 간략하게 소개돼 있어서 책 내용을 예상하는 데 도움이 된다.

독서 〉 책 읽기 방법을 정하고 인상 깊은 내용을 정리하며 읽기

읽기 방법 정하기

🍎 책을 어떤 방법으로 읽을지 정해 봅시다.

▲ 혼자 소리 내지 않고 읽기

▲ 친구와 번갈아 가며 읽기

▲ 선생님께서 읽어 주시는 내용 듣기

▲ 모둠 친구들과 돌아가며 읽기

인상 깊은 내용을 정리하며 책 읽기

⚫ 인상 깊은 내용을 정리하며 책을 읽어 봅시다.

인상 깊은 내용을 정리하는 방법 알기

책 제목	우포늪 이야기	
읽은 날짜	읽은 책(소제목)	인상 깊은 내용
9월 5일	10~17쪽 (「우포늪의 사계절」)	우포늪에서는 1년 내내 다양한 동식물, 특히 희귀한 생물들의 모습을 가까이에서 볼 수 있다는 것이 놀라웠다.

자신이 고른 책을 읽고 인상 깊은 내용 정리하기

책 제목	우포늪 이야기	
읽은 날짜	읽은 책(소제목)	인상 깊은 내용
9월 6일	18~22쪽 (「우포늪 지키기」)	우포늪을 지키려고 많은 사람이 노력했다는 사실이 인상 깊었다.

독서 단원

독서 후 ▷ 책 내용을 간추리고 생각 나누기

책 내용 간추리기

🍎 책 한 권을 끝까지 읽고 책 내용을 간추려 봅시다.

정보책	문단의 중심 내용을 정리하면서 한편의 글을 간추리도록 한다.
이야기 글	• 사건 흐름에 따라 간추린다. • 사건 원인과 결과에 따라 간추린다.

생각 나누기

🌐 다음 활동 가운데에서 하나를 골라 해 봅시다.

선택 1 새롭게 안 내용 정리하기

• 책을 읽고 새롭게 안 내용 정리하기

책 제목	파브르 곤충기

새롭게 안 점	더 알고 싶은 점
• 매미가 우는 까닭 • 배추흰나비 애벌레가 알을 갉아 먹는 까닭 • 거미가 먹이를 공격하는 방법	• 매미 울음소리는 얼마나 시끄러울까? • 배추흰나비는 정말 배추만 먹을까? • 거미는 몇 년 동안 살 수 있을까?

• 정리한 내용 이야기하기

선택 2 책 소개하기

• 상자를 활용해 책 소개하기

책 소개 상자 만드는 방법
준비물: 종이 상자(물건 상자 등) ① 앞면: 책에서 기억에 남는 장면을 그린다.　② 오른쪽 면: 이야기 배경과 등장인물을 소개한다. ③ 왼쪽 면: 줄거리를 간단히 쓴다.　④ 뒷면: 책 내용이나 궁금한 점을 질문으로 만든다. ⑤ 윗면: 책에 별점을 매긴다.

• 발표 및 전시 하기

선택 3 비슷한 점과 다른 점 찾기
• 책 속 인물과 자신의 비슷한 점과 다른 점 찾기

책 제목	행복한 왕자

나

내가 아끼는 것을 남에게 주어야 할 때에는 망설이기도 한다.

나보다 남을 먼저 생각하려고 노력한다.

등장인물:왕자

자신이 가진 것을 가난한 사람에게 아낌없이 나누어 준다.

동그라미가 겹치는 곳에는 등장인물과 자신의 비슷한 점을 쓰고, 겹치지 않는 곳에는 등장인물과 자신을 비교해 다른 점을 쓴다.

• 정리한 내용 발표하기

정리하기

독서 활동 돌아보기
• 책을 고르는 데 적극적으로 참여했나요?
• 읽은 내용을 정리하며 읽었나요?
• 책을 읽고 생각이나 느낌을 잘 말했나요?
• 정한 책을 끝까지 읽었나요?

더 찾아 읽기
• 자신이 읽은 책과 관련이 있는 다른 책을 더 찾아 읽어 본다.

독서 습관 기르기
• 책을 읽고 모르는 낱말을 알게 되면 기분이 좋다.
• 책에서 읽은 것을 떠올려 어려움을 해결한 적이 있다.
• 머릿속으로 뒷부분 내용을 상상하며 읽는다.
• 책을 읽고 나면 감상을 써 두는 습관이 있다.

┌→ 같은 말을 해도 표정, 몸짓, 말투에 따라
  뜻이 다르게 전달될 수 있습니다.

핵심 1 **표정, 몸짓, 말투에 주의하며 말하면 좋은 점 알기**

- 듣는 사람에게 자신의 마음을 더 잘 전할 수 있습니다.
- 알맞은 표정, 몸짓, 말투로 말하면 상대에게 자신의 생각을 더 생생하게 전달할 수 있습니다.

핵심 2 **만화 영화를 보고 표정, 몸짓, 말투의 특징 알기**

- 등장인물의 표정, 몸짓, 말투에 주의하며 만화 영화를 봅니다.
- 장면에 어울리는 등장인물의 표정과 몸짓, 말투를 찾아봅니다.
- 등장인물이 처한 상황을 생각하며 알맞은 표정, 몸짓, 말투를 찾아 써 봅니다.
- 마음을 더 잘 드러낼 수 있는 자신만의 표정, 몸짓, 말투를 생각해 보고 친구들 앞에서 ★표현해 봅니다.

㉠「장금이의 꿈」을 보고 꾸중을 듣는 장금이와 비슷한 표정 짓기

핵심 3 **인물의 말과 행동을 살피며 만화 영화 감상하기**

- 만화 영화에서 재미있거나 감동적인 부분을 이야기해 봅니다.
- 인물의 말과 행동을 보고 자신이라면 어떻게 했을지 말해 봅니다.

> **인물의 표정, 몸짓, 말투에 주의하며 만화 영화를 보면 좋은 점**
> - 만화 영화의 줄거리를 이해하는 데 도움이 됩니다.
> - 인물의 표정, 몸짓, 말투에서 재미를 느낄 수 있습니다.
> - 만화 영화를 더 재미있게 볼 수 있습니다.

핵심 4 **인물에게 알맞은 표정, 몸짓, 말투를 생각하며 작품을 읽고 대화 나누기**

- 작품을 읽고 친구들과 이야기 속 장면을 그림으로 표현해 봅니다.

> ㉠「거인 부벨라와 지렁이 친구」를 읽고 그림으로 표현하기
>
> | 표현한 장면 | 그렇게 표현한 까닭 |
> | --- | --- |
> | 부벨라가 지렁이에게 "너는 내가 무섭지 않니?"라고 묻는 장면 | 부끄러워하는 부벨라의 표정을 나타내려고 볼을 붉게 칠했습니다. |

- 이야기에서 인물의 표정, 몸짓, 말투가 어떻게 다른지 살펴봅니다.
  └→ 인물이 겪는 상황에서 어떤 마음이 들었을지 생각해 봅니다.
     인물에게 어울리는 표정과 몸짓, 말투를 해 보는 것도 좋습니다.

┌→ 인물이 처한 상황을 잘 표현하려면 상황에 어울리는 표정과 말투로
  말하고, 자연스러운 몸짓으로 분명하게 전달합니다.

핵심 5 **이야기 극장 만들기**

- 모둠 친구와 함께 '이야기 극장' 놀이로 표현하고 싶은 작품을 떠올려 봅니다.
- 어떤 장면을 표현할지 정해 봅니다.
- 어떤 ★역할을 할지 모둠 친구들과 함께 의논하여 정해 봅니다.
- 인물의 표정, 몸짓, 말투를 생각하며 주고받는 말을 써 봅니다.

국어활동 ┌→ 대화를 나눌 때에는 말하는 내용과 표정, 몸짓,
      말투가 잘 어울리도록 말해야 합니다.

핵심 6 **인물에게 알맞은 표정, 몸짓, 말투를 생각하며 대화를 나눌 수 있는지 확인하기**

- 자신의 생각을 더 정확하게 전달할 수 있습니다.
- 자신의 느낌을 더 실감 나게 전달할 수 있습니다.

조금 더 알기

✿ 평소 자신의 표정, 몸짓, 말투가 어떠한지 확인해 보기

· 사과할 때에는 미안한 표정을 지으며 말합니다.
· 어른께 감사 인사를 할 때에는 공손하게 고개를 숙입니다.
· 부탁할 때에는 부드러운 말투로 말합니다.

> 자신이 평소에 알맞은 표정, 몸짓, 말투로 표현하는지 되돌아봐요.

✿ 인물의 말과 행동에 주의하며 감상하면 좋은 점

· 내용을 더 잘 이해할 수 있습니다.
· 만화 영화를 더 재미있게 볼 수 있습니다.

✿ 알맞은 표정, 몸짓, 말투를 생각하며 대화를 나눌 때 좋은 점

· 자신의 생각을 효과적으로 전달할 수 있습니다.
· 상대가 생생하게 느낄 수 있습니다.

낱말 사전

★ **표현** 생각이나 느낌 따위를 언어나 몸짓 따위의 형상으로 드러내어 나타냄.
★ **역할** 자기가 마땅히 하여야 할 맡은 바 직책이나 임무.

개념을 확인해요

1 표정, 몸짓, 말투에 주의하여 말하면 듣는 사람에게 자신의 ☐☐ 을 더 잘 전할 수 있습니다.

2 알맞은 표정, 몸짓, 말투로 말하면 상대에게 자신의 ☐☐ 을 더 생생하게 전달할 수 있습니다.

3 만화 영화를 보고 표정, 몸짓, 말투의 특징을 알기 위해 장면에 ☐☐☐☐ 등장인물의 표정과 몸짓, 말투를 찾아봅니다.

4 등장인물이 처한 ☐☐ 을 생각하며 알맞은 표정, 몸짓, 말투를 찾아 써 봅니다.

5 만화 영화를 보고 마음을 더 잘 드러낼 수 있는 자신만의 표정, 몸짓, 말투를 생각해 보고 친구들 앞에서 ☐☐ 해 봅니다.

6 인물의 말과 행동을 살피며 만화 영화를 감상하면 ☐☐☐ 를 이해하는 데 도움이 됩니다.

7 인물의 표정, 몸짓, 말투에서 ☐☐ 를 느낄 수 있습니다.

8 인물이 겪는 상황에서 어떤 ☐☐ 이 들었을지 생각해 봅니다.

9 작품 속 인물의 표정, 몸짓, 말투를 생각하며 대화를 나누면 자신의 ☐☐ 을 더 정확하게 전달할 수 있습니다.

10 대화를 나눌 때에는 말하는 ☐☐ 과 표정, 몸짓, 말투가 잘 어울리도록 말해야 합니다.

1. 작품을 보고 느낌을 나누어요

국어 34~65쪽 국어 활동 6~21쪽

1. 고마움이나 미안함을 표현할 때 상대의 표정, 몸짓, 말투가 어떠했는지 생각해 봅니다.

핵심 1

1 표정, 몸짓, 말투에 주의하며 말하면 어떤 점이 좋은지 두 가지 고르시오.
(　　,　　)

① 내용을 더 길게 말하는 데 도움이 된다.
② 듣는 사람에게 내용을 빨리 전달할 수 있다.
③ 듣는 사람이 내용을 모두 외울 수 있게 한다.
④ 듣는 사람에게 자신의 마음을 더 잘 전할 수 있다.
⑤ 알맞은 표정, 몸짓, 말투로 말하면 듣는 사람에게 자신의 생각을 더 생생하게 전달할 수 있다.

2. 인물이 처한 상황을 생각해 보고, 어떤 표정이 어울릴지 생각해 봅니다.

핵심 2

2 다음 표를 보고 빈칸에 알맞은 표정을 고르시오. (　　　　)

처음으로 수라간 상궁을 보는 장면	
마음	놀라움과 호기심을 느낌.
표정	
몸짓	몸을 앞으로 기울이며
말투	높고 빠른 목소리로

① 눈물을 글썽이며
② 눈을 감고 입꼬리를 내리며
③ 눈을 크게 뜨고 입을 벌리며
④ 눈썹을 찡그리고 입을 다물며
⑤ 눈을 갸름하게 뜨고 입꼬리를 올리며

3. 인물의 표정, 몸짓, 말투에서 재미를 느낄 수도 있습니다.

핵심 3

3 인물의 표정, 몸짓, 말투에 주의하며 만화 영화를 보면 좋은 점을 한 가지 쓰시오.

_____

_____

핵심 4

4 다음 장면에 어울리는 표정, 몸짓, 말투를 선으로 이으시오.

(1) 거인 부벨라가 지렁이에게 "너는 내가 무섭지 않니?"라고 말하는 장면

• ㉠ 활짝 웃으며 덩실덩실 춤을 추고 큰 소리로 외침.

(2) 정원사의 굽었던 허리가 펴지며 "이제 하나도 아프지가 않아!"라고 말하는 장면

• ㉡ 쪼그리고 앉아서 놀란 표정으로 목소리를 높여 말함.

4. 인물이 겪는 상황에서 어떤 마음이 들었을지 생각해 봅니다.

핵심 5

5 이야기 극장에서 인물이 처한 상황을 표현하는 방법을 두 가지 고르시오.
(,)

① 표정보다는 말투에 신경 써야 한다.
② 상황에 어울리는 표정과 말투로 말한다.
③ 자연스러운 몸짓으로 뜻을 분명하게 전달한다.
④ 상황을 잘 보여주기 위해서 몸짓으로만 표현한다.
⑤ 상황을 파악하는데 있어서 인물의 몸짓, 행동, 말투는 딱히 필요하지 않다.

5. 작품의 상황에 인물의 표정, 몸짓, 말투가 적절한지 살펴봅니다.

핵심 6

6 알맞은 표정, 몸짓, 말투로 대화할 때 주의할 점을 바르게 말한 친구를 찾아 ○표를 하시오.

(1) 말하는 내용과 표정, 몸짓, 말투가 잘 어울리도록 말해야 해.

( )

(2) 말하는 내용보다는 표정, 몸짓, 말투에만 주의해서 말하면 돼.

( )

6. 어떻게 해야 자신의 생각과 느낌을 잘 전달할 수 있을지 생각해 봅니다.

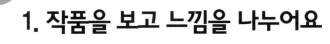

국어 34~65쪽   국어 활동 6~21쪽

1 상황에 알맞은 표정, 몸짓 말투를 바르게 말한 친구를 찾아 ○표를 하시오.

(1) 부탁할 때에는 바르고 강한 말투로 말해야 해.

( )

(2) 사과할 때에는 미안한 표정을 지으며 진지하게 말해야 해.

( )

(3) 어른께 감사 인사를 할 때에는 반갑게 악수를 해야 해.

( )

중요

2 표정, 몸짓, 말투에 주의하며 말하면 좋은 점은 무엇입니까? ( )

① 상대의 성격을 잘 알 수 있다.
② 분위기를 항상 재미있게 할 수 있다.
③ 상대의 마음을 더 잘 이해할 수 있다.
④ 상대에게 내 생각을 드러내지 않을 수 있다.
⑤ 듣는 사람에게 내 마음을 더 잘 전할 수 있다.

[3~5] 다음 글을 읽고 물음에 답하시오.

사람들이 자기가 만든 요리를 맛있게 먹고 행복해하는 것이 가장 큰 소망인 장금이는 어느 날 잔칫집에서 수라간 한 상궁을 도와주었던 것이 계기가 되어, 어려서부터 소망하던 '생각시 선발 시험'을 치를 수 있는 기회를 얻게 되었다.

3 이 글의 주요 내용은 무엇입니까? ( )

① 장금이가 올챙이 국수를 만들었다.
② 장금이가 생각시 시험에 합격했다.
③ 장금이가 수라간 상궁에게 꾸중을 들었다.
④ 장금이가 생각시 시험장에 늦게 도착했다.
⑤ 장금이가 생각시 시험을 볼 수 있는 기회를 얻게 되었다.

4 이 글로 만화 영화를 만들 때 장금이의 표정은 어떠하겠습니까? ( )

① 기쁨의 눈물을 글썽인다.
② 눈을 찡그리고 입을 다문다.
③ 눈을 크게 뜨고 입을 벌린다.
④ 눈을 꼭 감고 코를 벌렁거린다.
⑤ 눈을 갸름하게 뜨고 입 꼬리를 올린다.

서술형

5 이 글에서 예상되는 장금이의 마음으로 보아 장금이의 표정, 몸짓, 말투는 어떠할지 쓰시오.

_____

_____

6 다음 그림과 같은 표정과 몸짓, 말투는 어떤 상황에서 쓰이겠습니까? (　　　)

마음	죄송한 마음
표정	죄송하다는 표정
몸짓	고개를 숙이며
말투	낮고 작은 목소리로

① 친구와 다투는 상황
② 감기에 걸려 누워있는 상황
③ 실수를 해 꾸중을 듣는 상황
④ 친구의 생일을 축하하는 상황
⑤ 숙제를 잘 했다고 칭찬 받는 상황

7 만화 영화를 감상하는 방법으로 알맞지 <u>않은</u> 것은 무엇입니까? (　　　)

① 재미와 감동을 느끼며 본다.
② 인물이 무슨 말을 하는지 살펴본다.
③ 인물이 어떤 행동을 하는지 살펴본다.
④ 인물의 표정, 말투, 몸짓을 살피며 본다.
⑤ 새로 알게 된 내용을 친구와 이야기하며 본다.

8~10 다음 글을 보고 물음에 답하시오.

(가) 미미는 어른들이 엄마를 '자두 엄마'로만 부르자 섭섭해한다.
(나) 자두는 은희와 친하게 지내는 미미에게 화를 낸다.

8 (가)에 알맞은 상황은 무엇입니까? (　　　)

① 엄마가 미미를 나무란다.
② 미미가 언니를 싫어한다.
③ 자두가 미미를 질투한다.
④ 미미는 어른들이 미미를 자두라고 불러 섭섭해한다.
⑤ 미미는 어른들이 엄마를 '자두 엄마'로만 부르자 섭섭해한다.

9 (나)의 상황에 어울리는 자두의 표정, 몸짓, 말투는 무엇이겠습니까? (　　　)

① 밝게 웃는다.
② 눈물을 흘린다.
③ 부드럽게 말한다.
④ 반갑게 손을 흔든다.
⑤ 따지는 말투로 말한다.

서술형

10 (나)의 상황에서 자신이 자두라면 어떻게 행동했을지 쓰시오.

_____

_____

11~15 다음 글을 읽고 물음에 답하시오.

부벨라는 거인이에요. 모든 사람이 부벨라를 무서워했는데 이 자그마한 목소리의 주인공만은 예외였어요.

부벨라는 발 근처 땅바닥을 자세히 들여다보았어요. 땅속에서 지렁이 한 마리가 고개만 빠끔히 내밀고는 말을 하고 있었어요.

이번에는 부벨라가 말을 시작했어요.

"난 부벨라야. 네 이름은 뭐니?"

"이제야 뭔가 제대로 되네. 나는 지렁이라고 해."

"아니, 네 이름 말이야. 제이미나 다니엘 같은."

지렁이는 온몸이 흔들릴 정도로 고개를 가로저었어요.

"지렁이 이름이 제이미라고?"

지렁이는 그렇게 되묻더니 요란하게 웃으며 말을 잇지 못했답니다.

"정말 웃기지도 않네. 우리 지렁이들은 젠체하고 살지 않아. 우리는 그냥 지렁이야."

㉠"너는 내가 무섭지 않니?"

"왜 너를 무서워해야 하는데?"

"내가 너보다 훨씬 덩치가 크니까."

부벨라는 당연하다는 듯이 대답했어요.

"무슨 그런 말도 안 되는 소리가 다 있어? 이 세상 모든 것이 다 나보다 커. 만약 나보다 큰 것들에게 말 붙이기를 겁냈다면 난 계속 입을 다물고 살아야 했을걸."

「거인 부벨라와 지렁이 친구」, 조 프리드먼

11 이 글에 나오는 부벨라에 대해 바르게 말한 것은 무엇입니까? (   )

① 거인이다.   ② 덩치가 작다.
③ 목소리가 무섭다.   ④ 친구들과 함께 다닌다.
⑤ 다른 사람과 말을 하지 않는다.

12 지렁이가 자신의 이름이 그냥 지렁이인 까닭은 무엇이라고 했습니까? (   )

① 글자를 몰라서
② 젠체하고 살지 않아서
③ 보잘것없는 동물이어서
④ 지렁이가 별로 많지 않아서
⑤ 모든 지렁이가 똑같이 생겨서

13 부벨라를 대하는 지렁이의 태도는 어떠합니까?
(   )

① 당당하다.
② 부벨라를 피한다.
③ 부벨라를 멀리한다.
④ 부벨라를 무서워한다.
⑤ 부벨라를 우습게 여긴다.

주의

14 ㉠에 알맞은 표정, 몸짓, 말투로 알맞지 않은 것은 어느 것입니까? (   )

① 발을 구르며   ② 놀란 표정으로
③ 쪼그리고 앉아서   ④ 목소리를 높이며
⑤ 지렁이를 바라보며

서술형

15 이 글을 읽고 이야기 속 장면을 그림으로 표현할 때 다음 빈칸에 알맞은 말을 쓰시오.

표현한 장면	그렇게 표현한 까닭
부벨라가 지렁이에게 "너는 내가 무섭지 않니?"라고 묻는 장면	

16~18 다음 글을 읽고 물음에 답하시오.

"지렁이들은 멀리 다니지 않으니까 어쩌면 다른 집 정원의 흙을 좋아할 것 같구나. 진흙파이를 만들어 주면 어떻겠니?"

"아, 그게 좋겠네요! 하지만 어디에서 흙을 구하죠?"

"잠깐 여기서 기다려 봐라."

그러더니 정원사는 돌아서서 집 안으로 들어갔어요.

정원사는 허리가 굽어서 아주 천천히 움직였는데, 움직이는 게 무척이나 힘들어 보였어요.

정원사는 접시를 들고 다시 집 밖으로 나왔어요. 그러고는 천천히 움직이며 정원 세 곳에서 각기 다른 종류의 흙을 접시에 담은 뒤, 접시를 부벨라에게 건네주었어요.

"지렁이 친구가 정말 좋아할 거야."

㉠"고맙습니다, 고맙습니다."

부벨라는 얼마나 기쁜지 눈물이 나올 것만 같았어요. 정말 오랜만에 누군가가 부벨라에게 친절을 베풀어 주었거든요.

16 정원사가 부벨라에게 추천해 준 음식은 무엇입니까? ( )

① 진흙만두
② 진흙파이
③ 사과파이
④ 고구마파이
⑤ 물고기 구이

✏️ 서술형

17 ㉠에 알맞은 부벨라의 표정, 몸짓, 말투는 무엇인지 쓰시오.

_____

_____

18 부벨라가 기뻐한 까닭은 무엇입니까? ( )

① 정원사가 지렁이를 좋아해서
② 지렁이가 진흙 파이를 좋아해서
③ 정원사가 정원을 멋있게 꾸며 주어서
④ 오랜만에 누군가의 친절을 받게 되어서
⑤ 정원사가 부벨라에게 맛있는 음식을 만들어 주어서

국어활동

19~20 다음 장면을 보고 물음에 답하시오.

19 인물의 표정, 몸짓을 보고 알 수 있는 인물의 마음은 어떠합니까? ( )

① 신난다.　　　② 슬프다.
③ 무섭다.　　　④ 미안하다.
⑤ 후회스럽다.

20 이 장면에 알맞은 인물의 표정, 몸짓, 말투를 골라 기호를 쓰시오.

표정	몸짓	말투
㉠ 활짝 웃으며	㉢ 머리를 긁적이며	㉤ 높고 큰 목소리로
㉡ 눈썹을 찡그리며	㉣ 폴짝폴짝 뛰며	㉥ 더듬거리는 목소리로
(1)	(2)	(3)

국어 34~65쪽 국어 활동 6~21쪽

1 다음 그림과 같이 친구에게 사과할 때 알맞은 표정, 말투, 몸짓을 찾아 ○표를 하시오.

> 네 필통을 떨어뜨려서 정말 미안해.

(1) 약 올리면서 말한다. ( )
(2) 장난치지 말고 진지하게 말한다. ( )
(3) 상대의 잘못을 지적하며 화를 내면서 말한다.
　( )

2 표정, 몸짓, 말투에 주의하며 말하면 좋은 점을 두 가지 고르시오. (,)

① 상대의 생각을 잘 알 수 있다.
② 더 빨리 대화를 끝낼 수 있다.
③ 듣는 사람에게 내 마음을 더 잘 전할 수 있다.
④ 더 많은 사람에게 자신의 생각을 드러낼 수 있다.
⑤ 상대에게 자신의 생각을 더 생생하게 전달할 수 있다.

3~5 다음 글을 읽고 물음에 답하시오.

　사람들이 자기가 만든 요리를 맛있게 먹고 행복해하는 것이 가장 큰 소망인 장금이는 어느 날 잔칫집에서 수라간 한 상궁을 도와주었던 것이 계기가 되어, 어려서부터 소망하던 '생각시 선발 시험'을 치를 수 있는 기회를 얻게 되었다.

3 이 장면에서 일어난 일은 무엇입니까? ( )

① 장금이가 수라간 상궁을 만났다.
② 장금이가 생각시 시험을 보았다.
③ 장금이가 임금님께 칭찬을 들었다.
④ 장금이가 동이와 시험장에 가고 있다.
⑤ 장금이가 궁에 가서 생각시 선발 시험을 치를 수 있게 되었다.

4 이 장면에서 장금이의 마음은 어떠하겠습니까?
　( )

① 화가 난다. ② 후회스럽다.
③ 실망스럽다. ④ 무척 기쁘다.
⑤ 어머니께 죄송하다.

서술형
5 이 장면에서 알맞은 장금이의 표정, 말투, 몸짓은 무엇인지 쓰시오.

(1) 마음	
(2) 표정	
(3) 몸짓	
(4) 말투	

6 다음 상황에서 상궁님에게 알맞은 표정 몸짓, 말투를 찾아 ○표를 하시오.

> 국수를 쏟은 강아지 때문에 상궁님이 장금이에게 꾸중을 하는 상황

(1) 표정	㉠ 눈을 갸름하게 뜨고 입을 다물며	
	㉡ 눈을 크게 뜨며 입을 크게 벌리며	
(2) 몸짓	㉢ 몸을 숙이며	
	㉣ 손가락을 치켜들며	
(3) 말투	㉤ 높고 큰 목소리로	
	㉥ 가늘고 작은 목소리로	

7 인물의 표정, 몸짓, 말투에 주의하며 만화 영화를 감상하면 어떤 점이 좋은지 한 가지 더 쓰시오.

> 만화 영화의 줄거리를 이해하는 데 도움이 된다.

↓

8~10 다음 글을 읽고 물음에 답하시오.

> (가) 미미는 어른들이 엄마를 '자두 엄마'로만 부르자 섭섭해한다.
> (나) 미미는 학교 친구와 선생님도 언니 자두에게만 관심을 기울여 화가 난다.

8 (가)에서 미미의 표정, 몸짓, 말투로 알맞은 것은 무엇입니까? ( )

① 환하게 웃는다.
② 미소를 짓는다.
③ 상냥한 목소리로 말한다.
④ 팔짱을 끼고 인상을 쓴다.
⑤ 두 손을 모으며 예의 바르게 말한다.

9 (나)에서 미미의 상황으로 보아 어떤 표정, 몸짓, 말투를 사용하겠습니까? ( )

① 활짝 웃는다.
② 눈물을 흘린다.
③ 박수를 치며 웃는다.
④ 벅찬 숨을 몰아쉰다.
⑤ 부드러운 말투로 이야기한다.

서술형

10 (나)의 장면에 나오는 미미의 표정과 몸짓을 보고 자신이라면 어떻게 했을지 쓰시오.

> 미미는 사람들이 자신을 자두 동생이라고 불러서 너무 속상해서 울었어. 나라면 _____
>
> _____

11~15 다음 글을 읽고 물음에 답하시오.

부벨라는 친절한 정원사에게 어떻게든 꼭 보답을 하고 싶었어요. 그때 갑자기 부벨라의 손이 간지러워지기 시작하더니 아주 따뜻해졌어요. 무슨 일이 벌어지고 있는지는 정확히 알 수가 없었지요.

부벨라는 손을 들어 정원사를 가리켰어요. 그러자 손이 점점 더 간지러워지고 따뜻해졌어요. 그리고 깜짝 놀랄 만한 일이 벌어졌어요. 갑자기 정원사가 허리를 꼿꼿하게 펴더니 똑바로 선 거예요. 정원사는 한 발자국 한 발자국 내디뎌 보다가 덩실덩실 춤을 추었어요. 정원사가 웃으며 큰 소리로 외쳤어요.

㉠"이제 하나도 아프지가 않아!"

부벨라는 자신의 손을 쳐다보았어요. 무슨 일인지는 모르겠지만 분명 좋은 일임엔 틀림없었어요.

집으로 돌아오면서 부벨라의 머릿속은 많은 생각으로 가득 찼어요. 지렁이를 만난 순간부터 모든 것이 변한 것 같았어요. 게다가 아주 특별한 일까지 일어났잖아요. '어쩌면 나에게 마법의 힘이 생긴 것은 아닐까' 하는 생각이 들었어요.

부벨라는 부엌에 들어가서 정원사가 준 흙으로 아주 근사한 진흙파이를 만들었어요. 그런 다음 파이를 뚜껑으로 덮어 식탁 위에 놓은 뒤 손을 씻었답니다.

11 부벨라는 정원사에게 어떻게 보답하였습니까?
( )

① 정원사의 집을 마련해 주었다.
② 정원사의 허리를 낮게 해 주었다.
③ 정원사에게 마법을 가르쳐 주었다.
④ 정원사에게 음식을 만들어 주었다.
⑤ 정원사의 손을 따뜻하게 해 주었다.

12 이 이야기의 장면을 한 가지 정해 표현하는 놀이를 할 때, 보기 는 어떤 인물을 표현한 것인지 쓰시오.

보기
한 친구가 손가락을 들어 다른 친구를 가리켰다.

( )

13 정원사 아저씨의 마음은 어떠합니까? ( )

① 허리가 나아서 기쁘다.
② 부벨라의 마술이 시시하다.
③ 진흙을 구해 주느라 힘들다.
④ 허리가 점점 더 아파서 걱정된다.
⑤ 부벨라가 자신을 모른 척해서 속상하다.

14 ㉠에 알맞은 표정, 몸짓, 말투를 찾아 기호를 쓰시오.

㉮ 슬픈 표정으로 주저앉아 낮은 목소리로
㉯ 굳은 표정으로 고개를 숙이며 조그만 목소리로
㉰ 활짝 웃으며 덩실덩실 춤을 추며 큰 소리로 외치며

( )

서술형
15 이 이야기에서 그림으로 표현하고 싶은 장면을 쓰고, 그 장면을 어떻게 표현할 것인지 쓰시오.

(1) 선택한 장면	
(2) 표현 방법	

16~18 다음 글을 읽고 물음에 답하시오.

부벨라는 바나나케이크를 먹고, 지렁이는 진흙파이를 여기저기 파들어가며 먹었어요.

"정말 맛있어. 흙 맛이 이렇게 다양하고 좋은지 몰랐어."

지렁이의 말에 부벨라는 드디어 기다리던 순간이 되었다고 생각했어요.

"네가 내 친구가 되어 준다면 어디든지 데리고 다닐게. 그러면 가는 곳마다 맛있는 흙으로 만든 훌륭한 파이를 맛보게 될 거야."

지렁이는 생각만 해도 군침이 돌았어요.

"그러면 너에게 좋은 점은 뭐야?"

"나를 무서워하지 않고 늘 진실을 말해 줄 수 있는 좋은 친구가 생기는 거지. 너를 만난 이후로 하루하루가 더없이 즐거워. 난 너와 헤어지고 싶지 않아."

지렁이는 잠시 생각을 해 보더니 미소를 지으며 말했어요.

"그건 나도 마찬가지야."

"너에게 줄 것이 또 있어."

부벨라는 커다란 성냥갑으로 만든 작은 상자를 꺼냈어요. 상자에는 가죽 줄이 달려 있었고, 안은 근사한 검은흙으로 채워져 있었어요. 지렁이는 상자를 살피더니 안으로 기어들어 갔어요.

부벨라는 상자를 들어 올려 어깨에 매달았어요.

㉠"정말 멋지구나."

지렁이는 새로운 집에서 세상을 내려다볼 수 있었고, 걸어 다닐 때도 부벨라와 이야기를 나눌 수 있었어요.

"널 처음 보았을 때 발에서 이렇게 지독한 냄새가 나는 사람은 정말 이기적일 거라고 생각했어."

부벨라가 뿌듯해하며 대답했어요.

16 이 글에서 일어난 일은 무엇입니까? (　　　)

① 부벨라와 지렁이가 다투었다.
② 부벨라와 지렁이가 헤어졌다.
③ 부벨라와 지렁이가 처음 만났다.
④ 부벨라가 지렁이를 찾으러 다녔다.
⑤ 부벨라와 지렁이가 친구가 되었다.

17 부벨라의 마음은 어떠합니까? (　　　)

① 지렁이가 귀찮다.
② 지렁이의 집에는 관심이 없다.
③ 지렁이와 늘 함께 다니고 싶다.
④ 친구가 생겨서 기분이 좋지 않다.
⑤ 지렁이가 진흙파이를 먹는 것이 신기하다.

18 ㉠에 알맞은 표정, 몸짓, 말투를 찾아 ○표를 하시오.

⑴ 상자를 노려보며 퉁명스러운 목소리로
(　　　)

⑵ 상자 안에 들어가서 웃으며 부드러운 목소리로
(　　　)

⑶ 끙끙 대며 상자를 들어 올리며 화가 난 목소리로
(　　　)

국어활동

19 다음 인물의 표정과 몸짓을 보고 인물의 마음이 어떠할지 쓰시오.

(　　　　　　　　　)

20 알맞은 표정, 몸짓, 말투로 대화할 때 주의할 점을 찾아 기호를 쓰시오.

⑦ 말하는 내용보다는 표정, 몸짓, 말투에만 주의해서 말한다.
⑭ 말하는 내용과 표정, 몸짓, 말투가 잘 어울리도록 말한다.

(　　　　　　　　　)

국어 34~65쪽 국어 활동 6~21쪽

도움말

⭐ 인물이 처한 상황을 생각하며 상황에 알맞은 표정, 몸짓, 말투를 생각해 봅니다.

1~3

　일찍 부모님을 여의고 양부모 아래에서 자랐지만, 밝고 씩씩하게 자란 소녀 서장금. 장금이의 꿈은 온 세상 사람들이 맛있는 음식을 먹고 행복해지는 것이다. 우연한 기회에 수라간 한 상궁을 만나게 된 장금이는 최고의 요리를 배우기 위해 수라간에서 공부하고 싶다는 꿈을 꾸게 된다. 이후 장금이는 우여곡절 끝에 생각시 선발 시험에 합격하고 드디어 꿈에 그리던 궁 생활을 시작한다. 그곳에서 장금이는 단짝 친구인 연생이와 창이를 만나고, 천재 소녀 금영이와 경쟁을 벌이게 된다.

1 어떤 이야기인지 내용을 정리해 빈칸에 알맞은 말을 쓰시오.

> 　장금이의 꿈은 온 세상 사람들이 맛있는 음식을 먹고 행복해지는 것이다. 우연한 기회에 수라간 한 ⬚ ㉠ ⬚ 을/를 만나게 된 장금이는 최고의 요리를 배우기 위해 수라간에서 공부하고 싶다는 꿈을 꾸게 된다. 이후 장금이는 우여곡절 끝에 ⬚ ㉡ ⬚ 선발 시험에 합격하고 드디어 꿈에 그리던 궁 생활을 시작한다.

(1) ㉠: (　　　　　　　　　)
(2) ㉡: (　　　　　　　　　)

1 만화 영화의 줄거리를 보고 내용을 파악합니다.

2 처음으로 수라간 상궁을 본 장금이에게 어울리는 마음과 표정을 쓰시오.

_____

_____

2 상황에 어울리는 표정, 몸짓, 말투를 생각해 봅니다.

3 생각시 선발 시험에 합격하게 된 장금이에게 어울리는 몸짓과 말투는 무엇인지 쓰시오.

_____

_____

3 몸짓과 말투를 파악하면 인물의 마음이나 상황을 짐작할 수 있습니다.

"너는 내가 무섭지 않니?"

"왜 너를 무서워해야 하는데?"

"내가 너보다 훨씬 덩치가 크니까."

부벨라는 당연하다는 듯이 대답했어요.

"무슨 그런 말도 안 되는 소리가 다 있어? 이 세상 모든 것이 다 나보다 커. 만약 나보다 큰 것들에게 말 붙이기를 겁냈다면 난 계속 입을 다물고 살아야 했을걸."

부벨라는 숨을 깊이 들이마시고 난 뒤 조심스럽게 물었어요.

㉠"우리 집에 차 마시러 올래?"

"좋아. 내일 갈게. 네 시에 여기서 만나자."

그날 밤부터 그다음 날까지 부벨라는 정신없이 움직였어요. 집 안 곳곳을 닦고 정리했을 뿐 아니라 자신도 머리부터 발까지, 특히 발가락은 몇 번이나 씻고 또 씻었어요.

4 부벨라는 지렁이가 자신을 무서워하지 않자 어떻게 했는지 쓰시오.

_____

_____

4 부벨라는 지렁이가 자신을 무서워하지 않자 기분이 좋았습니다.

5 ㉠을 표현할 때 알맞은 표정, 몸짓, 말투는 무엇인지 쓰시오.

_____

_____

5 친구를 자신의 집으로 초대할 때 알맞은 표정, 몸짓, 말투를 생각해 봅니다.

6 다음은 이 이야기에서 어떤 장면을 표현한 것인지 쓰시오.

> 우리 집에 차 마시러 올래?

_____

_____

6 인물의 표정, 몸짓, 말투를 잘 살펴봅니다.

단원 요점 정리 2. 중심 생각을 찾아요

국어 66~95쪽 국어 활동 22~29쪽

핵심 1 아는 내용이나 겪은 일과 관련지어 글을 이해하면 좋은 점 알기

• 겪은 일과 관련지어 글을 읽으면 내용을 기억하기 쉽습니다.

• 글과 관련된 기억을 떠올리면 글이 쉽게 이해됩니다.

• 글의 내용에 더 *흥미를 느끼게 됩니다.

• 글을 읽으면서 그 모습을 잘 상상할 수 있습니다.

핵심 2 아는 내용이나 겪은 일과 관련지어 글 읽기

글을 읽을 때 자신이 알고 있는 내용이나 경험, 알고 있는 내용과 다른 내용을 비교해 새롭게 안 내용을 생각하면서 글을 읽습니다.

예「안전하게 과학 실험을 해요」를 읽고 내용 정리하기

알고 있는 내용	선생님께서 계시지 않을 때에는 과학 실험을 하지 않아야 한다는 것을 알고 있습니다.
새롭게 안 내용	과학 실험 안전 수칙이 많다는 것을 알았습니다.

핵심 3 글을 읽고 중심 생각을 찾는 방법 알기
    •글쓴이가 글 전체에서 말하고 싶은 생각입니다.

• 문단의 중심 문장을 찾아보고 중심 생각을 간추립니다.
    •문단에서 가장 중요한 문장

• 글의 제목을 보고 무엇에 대해 쓴 글인지 생각합니다.

 – 글쓴이는 글 전체 내용을 가장 잘 전할 수 있는 내용을 제목으로 정하기 때문에 글의 제목을 보면 무엇에 대해 쓴 글인지 미리 알 수 있습니다.

• 글에 있는 사진이나 그림을 보고 글쓴이의 중심 생각을 찾습니다.

핵심 4 글을 읽고 중심 생각 찾기

• 글을 읽고 각 문단의 중심 문장을 정리해 봅니다.

• 제목을 보고 글쓴이의 생각이 무엇일지 말해 봅니다.

• 글의 중심 생각을 한 문장으로 써 봅니다.

핵심 5 알고 싶은 내용이 담긴 글을 읽고 간추려 발표하기

• 설명하는 글의 중심 생각을 파악할 때에는 문단을 대표하는 중심 문장을 찾아봅니다.

• 글의 제목을 보고 무엇에 대해 쓴 글인지 생각해 봅니다.

• 글에 나오는 사진이나 그림을 살펴보면서 글쓴이의 *의도를 생각해 봅니다.

예「옷차림이 바뀌었어요」의 그림을 보고 알 수 있는 글쓴이의 생각 말하기

여자는 옛날에는 치마를 입었는데 오늘날에는 바지도 입는구나.

국어활동

핵심 6 아는 내용이나 겪은 일과 관련지어 글을 읽을 수 있는지 확인하기

• 아는 내용이나 겪은 일과 관련지어 글을 읽습니다.

• 새롭게 안 내용이나 더 알고 싶은 내용을 정리해 씁니다.

✿ 중심 생각

문단	문단이란 여러 문장이 모여 하나의 생각을 나타내는 글의 덩어리입니다.
중심 문장	• 한 문단의 전체 내용을 대표하는 문장입니다. • 한 문단에서 가장 중요한 문장입니다.
뒷받침 문장	중심 문장을 보충하거나 자세히 설명하는 문장들입니다.

✿ 낱말 사이의 관계

'같다'와 '다르다'는 뜻이 서로 반대입니다. 우리말에는 '같다'와 '다르다'처럼 뜻이 서로 반대인 낱말이 많습니다. 이런 낱말을 반대말이라고 합니다.

㉠ 뜻이 반대인 낱말들을 사용해 문장 말하기

나는 마을 도서관이 어디인지 알아.

나는 마을 도서관이 어디인지 몰라.

낱말 사전

★ 흥미 흥을 느끼는 재미.
★ 의도 무엇을 하고자 하는 생각이나 계획. 또는 무엇을 하려고 꾀함.

개념을 확인해요

1 겪은 일과 관련지어 글을 이해하면 ☐☐ 을 기억하기 쉽습니다.

2 글과 관련된 ☐☐ 을 떠올리면 글이 쉽게 이해됩니다.

3 아는 내용이나 겪은 일 관련지어 글을 이해하면 글을 읽으면서 그 모습을 잘 ☐☐ 할 수 있습니다.

4 글을 읽을 때 자신이 알고 있는 내용이나 경험, 알고 있는 내용과 다른 내용을 ☐☐ 해 새롭게 안 내용을 생각하면서 글을 읽습니다.

5 한 문단의 전체 내용을 대표하며 문단에서 가장 중요한 문장을 ☐☐☐☐ 이라고 합니다.

6 글의 ☐☐ 을 보고 무엇에 대해 쓴 글인지 생각합니다.

7 글쓴이는 글 전체 내용을 가장 잘 전할 수 있는 내용을 ☐☐ 으로 정하기 때문에 그것을 보면 무엇에 대해 쓴 글인지 미리 알 수 있습니다.

8 중심 생각을 찾기 위해 글의 중심 생각을 ☐☐☐ 으로 써 봅니다.

9 설명하는 글의 ☐☐☐☐ 을 파악할 때에는 문단을 대표하는 중심 문장을 찾아봅니다.

10 글에 나오는 사진이나 그림을 살펴보면서 글쓴이의 ☐☐ 를 생각해 봅니다.

국어 66~95쪽   국어 활동 22~29쪽

도움말

1. 아는 내용이나 겪은 일과 관련지어 글을 읽으면 글 내용을 더 쉽게 이해할 수 있습니다.

핵심 1

1 아는 내용이나 겪은 일과 관련지어 글을 이해하면 좋은 점이 <u>아닌</u> 것은 무엇입니까? (　　　)

① 글을 제대로 읽지 않아도 된다.
② 글의 내용에 더 흥미를 느끼게 된다.
③ 글을 읽으면서 그 모습을 잘 상상할 수 있다.
④ 글과 관련된 기억을 떠올리면 글이 쉽게 이해된다.
⑤ 겪은 일과 관련지어 글을 읽으면 내용이 쉽게 기억에 남는다.

2. 아는 내용이나 겪은 일과 관련지어 글을 읽고 새롭게 안 내용 또는 기억에 남는 부분을 이야기해 봅니다.

핵심 2

2 다음 빈칸에 들어갈 알맞은 말을 쓰시오

글을 읽을 때 자신이 알고 있는 내용이나 경험, 알고 있는 내용과 다른 내용을 비교해 □□□ 을 생각하면서 글을 읽습니다.

(　　　　　　　　　　　)

3. 중심 생각이란 글쓴이가 글 전체에서 가장 강조해서 말하고자 하는 생각을 말합니다.

핵심 3

3 글을 읽고 중심 생각을 찾을 때에 살펴봐야 할 것이 <u>아닌</u> 것은 무엇입니까? (　　　)

① 사진   ② 그림
③ 글의 제목   ④ 중심 문장
⑤ 관련 신문 기사

핵심 4

4 글을 읽고 중심 생각을 찾는 방법으로 알맞은 것에 모두 ○표를 하시오.

(1) 글의 중심 생각을 한 문장으로 써 본다. ( )

(2) 글을 읽고 각 문단의 뒷받침 문장을 정리해 본다. ( )

(3) 제목을 보고 글쓴이의 생각이 무엇인지 말해 본다. ( )

핵심 5

5 알고 싶은 내용이 담긴 글을 읽고 간추릴 때 알맞지 <u>않은</u> 것을 두 가지 고르시오. (,)

① 글을 간추리기 위해 문단의 첫 문장만 읽는다.

② 사진이나 그림이 없어도 내용을 쉽게 이해할 수 있다.

③ 글의 제목을 보고 무엇에 대해 쓴 글인지 생각해 본다.

④ 글에 나오는 사진이나 그림을 살펴보면서 글쓴이의 의도를 생각해 본다.

⑤ 설명하는 글의 중심 생각을 파악할 때에는 문단을 대표하는 중심 문장을 찾아본다.

핵심 6

6 아는 내용이나 겪은 일과 관련지어 글을 읽을 수 있는지 확인하는 방법으로 알맞은 것에 ○표를 하시오.

(1) 아는 내용이나 겪은 일과 관련지어 글을 읽는다. ( )

(2) 새롭게 안 내용이나 더 알고 싶은 내용을 정리해 쓴다. ( )

(3) 시간 단축을 위해 이미 아는 내용은 따로 정리하지 않는다. ( )

국어 66~95쪽 국어 활동 22~29쪽

1~2 다음 글을 읽고 물음에 답하시오.

(가) 꼬마야 꼬마야 뒤로 돌아라
　　꼬마야 꼬마야 땅을 짚어라
　　꼬마야 꼬마야 만세를 불러라
　　꼬마야 꼬마야 잘 가거라

「꼬마야 꼬마야, 줄넘기」, 서해경

(나) 줄넘기에는 혼자 하는 줄넘기, 두 사람이 긴 줄 끝을 잡고 돌리면 다른 사람이 그 줄을 넘는 긴 줄 넘기, 줄 양 끝을 두 사람이 잡고 있으면 다른 사람이 줄을 뛰어 넘는 놀이가 있습니다.

　고정된 줄을 뛰어넘는 줄넘기는 발목 놀이에서 시작해 만세를 하듯 두 팔을 든 높이까지 합니다. 누가 더 높은 줄을 넘을 수 있는지 겨루는 놀이랍니다. 혼자서 줄넘기를 할 때에는 앞으로 뛰기, 손 엇걸어 뛰기, 이단 뛰기 같은 여러 놀이 방법이 있습니다. 긴 줄넘기도 다양한 방법으로 할 수 있는데, 노래에 맞추어 놀이를 하는 특징이 있습니다.

1 글 (가)와 (나)를 읽을 때 떠오르는 전통놀이는 무엇입니까? (　　　)

① 줄넘기
② 윷놀이
③ 그네뛰기
④ 연날리기
⑤ 달팽이 놀이

2 글 (나)를 읽고 새로 알게 된 내용으로 알맞지 않은 것은 무엇입니까? (　　　)

① 긴 줄 넘기는 노래에 맞추어 놀이를 한다.
② 혼자 하는 줄넘기는 반드시 노래에 맞추어 놀이를 한다.
③ 고정된 줄을 뛰어넘는 줄넘기는 발목 높이에서 시작한다.
④ 앞으로 뛰기, 손 엇걸어 뛰기는 혼자서 하는 줄넘기의 종류이다.
⑤ 고정된 줄을 뛰어넘는 줄넘기는 누가 더 높은 줄을 넘을 수 있는지 겨룬다.

3~5 다음 글을 읽고 물음에 답하시오.

(가) 과학실에서는 절대 장난을 치면 안 됩니다. 과학실에는 깨지기 쉽거나 위험한 실험 기구가 많습니다. 장난을 치다가 유리로 만든 실험 기구가 깨지면 날카로운 유리 조각이 생겨 이 유리 조각에 사람이 다칠 수 있습니다.

(나) 실험할 때 책상에 바짝 다가가지 않습니다. 실험하다가 만약 실험 기구가 넘어지면 깨진 기구의 조각이나 기구 속 화학 약품이 주변에 튈 수 있습니다. 이때 책상에 바짝 다가가 앉아 있으면 다칠 수가 있습니다.

3 과학실에서 장난을 칠 때 일어날 수 있는 일은 무엇입니까? (　　　)

① 실험 결과를 알 수 없다.
② 선생님께 칭찬을 듣는다.
③ 유리 조각에 다칠 수 있다.
④ 약품 냄새를 맡을 수 없다.
⑤ 실험 도구를 잃어버릴 수 있다.

4 이 글에서 말한 과학 실험을 할 때 지켜야 할 안전 수칙을 두 가지 고르시오. (　　，　　)

① 실험할 때 책상을 비운다.
② 실험할 때 손을 깨끗이 씻는다.
③ 과학실에서는 음식을 먹지 않는다.
④ 과학실에서는 절대 장난을 치지 않는다.
⑤ 실험할 때 책상에 바짝 다가가지 않는다.

서술형

5 이 글을 읽고 더 알고 싶은 내용을 쓰시오.

_____

_____

(가) 갯벌에 가 본 적이 있나요? 갯벌에서 무엇을 보았나요? 바닷물이 빠져나가는 썰물 때에 육지로 드러나는 바닷가의 편평한 곳을 갯벌이라고 불러요. 바닷물이 육지로 밀려오는 밀물 때 갯벌은 바닷물로 덮여 있어 보이지 않지만 자연과 사람에게 여러 가지 도움을 줍니다.

(나) 둘째, 어민들은 갯벌에서 수산물을 키우고 거두어 돈을 법니다. 어민들은 갯벌에서 조개나 물고기, 낙지 따위를 잡아 팝니다. 또 갯벌은 생물이 살기에 좋은 환경이므로 어민들이 바다 생물들을 직접 키우기도 합니다. 이것을 양식이라고 하는데, 양식은 농민들이 밭이나 논에서 농작물을 키워 파는 것과 비슷합니다.

(다) 셋째, 갯벌은 육지에서 나오는 오염 물질을 분해해 좋은 환경을 만듭니다. 갯벌은 겉으로는 그냥 진흙탕처럼 보이지만 작은 생물이 갯벌에 많이 살고 있습니다. 이 생물들은 오염 물질 분해가 잘 이루어지게 합니다. 갯벌에서 흔히 사는 갯지렁이도 오염 물질 분해를 돕습니다.

(라) 넷째, 갯벌은 기후를 조절하고 홍수를 줄여 주는 역할을 합니다. 갯벌 흙은 물을 많이 흡수해 저장했다가 내보내는 기능을 합니다. 그러므로 갯벌은 비가 많이 오면 빗물을 저장해 갑작스러운 홍수를 막아 줍니다. 그리고 주변 온도와 습도에 따라 물을 흡수하고 내보내는 역할을 알맞게 수행해 기후를 알맞게 만들어 줍니다.

(마) 갯벌의 환경은 특별하고 다양합니다. 갯벌과 그 속에 사는 여러 생물은 자연과 사람을 위해 좋은 역할을 많이 합니다. 그러므로 갯벌은 쓸모없는 땅이 아니라 우리와 함께 살아가는 소중한 장소입니다. 소중한 갯벌을 잘 보존해야겠습니다.

6 이 글은 무엇에 대해 쓴 글입니까? (　　　)

① 갯벌이 생긴 역사
② 갯벌에 사는 생물
③ 갯벌을 지키는 방법
④ 갯벌을 개발해야 하는 까닭
⑤ 갯벌을 보존해야 하는 까닭

7 갯벌은 무엇입니까? (　　　)

① 바닷속의 산
② 바다 깊은 곳
③ 바다에 떠 있는 육지
④ 밀물 때에 가장 먼저 잠기는 곳
⑤ 썰물 때에 육지로 드러나는 바닷가의 편평한 곳

중요

8 다음은 각각 어느 문단의 중심 문장인지 글의 기호를 쓰시오.

중심 문장	문단
(1) 소중한 갯벌을 잘 보존해야겠습니다.	
(2) 어민들은 갯벌에서 수산물을 키우고 거두어 돈을 법니다.	
(3) 갯벌은 육지에서 나오는 오염 물질을 분해해 좋은 환경을 만듭니다.	

서술형

9 이 글의 중심 생각을 한 문장으로 쓰시오.

_____

_____

_____

10 글을 읽고 중심 생각을 찾는 방법이 <u>아닌</u> 것은 무엇입니까? (　　　)

① 글의 제목을 살펴본다.
② 문단의 중심 문장을 찾아본다.
③ 읽는 이의 생각과 같은 점을 찾아본다.
④ 글에 있는 사진이나 그림을 살펴본다.
⑤ 글 전체에서 글쓴이가 가장 강조해서 말하고자 하는 것을 찾아본다.

11~12 다음 글을 읽고 물음에 답하시오.

㈎ 계절별로 날씨와 관련이 있는 토박이말을 알아보자. 토박이말은 우리말에 본디부터 있던 말이나 그것에 더해 새로 만들어진 말이다. 다른 말로 순우리말, 고유어라고도 한다. 옛날부터 우리 할아버지, 할머니께서 만들어 써 오신 말이 토박이말이다. 이 가운데에는 봄, 여름, 가을, 겨울의 날씨를 나타내는 말도 많은데 어떤 말들이 있는지 알아보자.

㈏ 봄 날씨를 나타내는 토박이말에는 '꽃샘추위', '꽃샘바람', '소소리 바람' 같은 말이 있다. 이른 봄, 꽃이 필 무렵에 찾아오는 추위를 '꽃샘추위'라고 한다. 여기서 '샘'은 시기, 질투라는 뜻이다. 그래서 '꽃샘추위'는 꽃이 피는 것을 시샘하듯 몰아닥친 추위라는 뜻이 된다. 꽃샘추위 때 부는 바람은 '꽃샘바람'인데, 이보다 차고 매서운 바람은 '소소리바람'이다. 이 바람은 이른 봄에 살 속으로 스며드는 듯한 차고 매서운 바람을 일컫는다.

11 토박이말의 다른 말을 두 가지 고르시오.

(,)

① 준말　　　　　② 우리말
③ 고유어　　　　④ 순우리말
⑤ 날씨를 나타내는 말

12 글 ㈎와 ㈏의 중심 문장을 찾아 선으로 이으시오.

(1) 글 ㈎ •

• ㉠ 계절별로 날씨와 관련이 있는 토박이말을 알아보자.

(2) 글 ㈏ •

• ㉡ 봄 날씨를 나타내는 토박이말에는 '꽃샘추위', '꽃샘바람', '소소리 바람' 같은 말이 있다.

13~15 다음 글을 읽고 물음에 답하시오.

겨울 날씨를 나타내는 토박이말에는 '가랑눈', '진눈깨비', '함박눈', '도둑눈' 같은 말이 있다. 겨울에는 눈이 와야 겨울답다고 한다. 같은 눈이라도 눈의 생김새나 크기에 따라 그 이름이 다르다. '가랑눈'은 조금씩 잘게 부서져서 내리는 눈을 말한다. 가늘게 가루처럼 내리는 비를 '가랑비'라고 하는 것과 같다. 비가 섞여 내리는 눈은 '진눈깨비', 굵고 탐스럽게 내리는 눈은 '함박눈', 밤에 사람들이 모르게 내린 눈은 '도둑눈'이라고 한다. 도둑눈은 사람들 몰래 왔다는 뜻을 담은 말이다.

이처럼 계절에 따라 ㉠알고 쓰면 좋은 토박이말이 많다. 우리가 우리말의 말뜻을 배우고 익혀 제대로 쓰는 일에 더욱 힘을 쏟을 때, 더 아름답고 넉넉한 우리말과 우리글을 쓸 수 있게 될 것이다.

13 겨울 날씨를 나타내는 토박이말이 <u>아닌</u> 것은 무엇입니까? (　　　　)

① 가랑비　　　　② 도둑눈
③ 가랑눈　　　　④ 함박눈
⑤ 진눈깨비

14 이 글의 중심 생각에 맞게 괄호 안에 알맞은 말을 써넣으시오.

((1)　　　　　　) 을/를 나타내는 ((2)　　　　　　) 이/가 많이 있으니 알고 자주 사용하자.

📝서술형

15 ㉠과 서로 뜻이 반대인 낱말을 모두 사용해 문장을 만들어 쓰시오.

_____

_____

16~18 다음 글을 읽고 물음에 답하시오.

옛날에는 자연에서 얻은 실로 짠 옷감으로 옷을 만들었지만 오늘날에는 합성 섬유로 옷을 만드는 경우가 많다. 우리 조상은 식물이나 누에고치에서 실을 뽑아 옷감을 얻었다. 식물에서 뽑은 실로 짠 옷감으로는 삼베, 모시, 무명 따위가 있고, 누에고치에서 뽑은 실로 짠 옷감으로는 비단이 있다. 오늘날에는 옛날처럼 자연에서 얻은 실로 옷감을 짜기도 하지만 공장에서 만든 합성 섬유에서 옷감을 더 많이 얻는다.

16 우리 조상들이 입던 옷이 오늘날의 옷과 다른 점은 무엇입니까? (   )

① 옛날에는 얇은 옷을 입고, 오늘날은 두꺼운 옷을 입는다.

② 옛날에는 흰색 옷을 입고, 오늘날은 여러 가지 색의 옷을 입는다.

③ 옛날에는 신분이 따라 다른 옷을 입고, 오늘날은 직업에 따라 다른 옷을 입는다.

④ 옛날에는 남자, 여자의 복장이 달랐고, 오늘날은 남자, 여자의 구분이 엄격하지 않다.

⑤ 옛날에는 자연에서 얻은 옷감으로 옷을 만들고, 오늘날은 합성 섬유인 경우가 많다.

17 다음 가운데 성격이 다른 한 가지는 무엇입니까?

(   )

① 삼베　　　　② 모시
③ 무명　　　　④ 비단
⑤ 합성 섬유

서술형

18 이 글의 중심 문장과 다음의 제목을 참고하여 이 글의 중심 생각을 쓰시오.

> 옷차림이 바뀌었어요

_____

_____

국어활동

19~20 다음 글을 읽고 물음에 답하시오.

그러나 수많은 참새가 모여들어 날개를 활짝 ㉠펴고 마음껏 곡식을 쪼는 이 커다란 그림은 오히려 가을의 풍요로움을 느끼게 해 줍니다. 중국 청나라 때는 '참새 무리' 그림이 축복을 전해 주는 그림으로 인기를 누렸는데, 이 그림도 그런 배경에서 그려진 것으로 보입니다.

쉰 마리가 훨씬 넘는 참새 떼가 그려진 이 그림은 지금은 한 폭만 전해지지만, 원래는 이어지는 폭이 더 있었던 듯합니다. 그렇다면 참새가 거의 1백여 마리 있는 커다란 병풍일 테니, 마치 가을 들녘 수수밭을 마주하고 있는 듯한 착각을 일으킬 만한 멋진 장면이었을 것입니다.

「축복을 전해 주는 참새」, 고연희

19 ㉠'펴고'와 뜻이 서로 반대되는 낱말은 무엇입니까? (   )

① 접고　　　　② 앉고
③ 날고　　　　④ 서고
⑤ 펼치고

20 이 글의 중심 생각에 맞게 알맞은 말에 ○표를 하시오.

참새를 그린 그림은 (축복 , 희망)을 전해 줍니다.

국어 66~95쪽 국어 활동 22~29쪽

1~2 다음 글을 읽고 물음에 답하시오.

닭싸움 놀이는 한쪽 다리를 들어 올려 두 손으로 잡고, 다른 다리로 균형을 잡아 깨금발로 뛰면서 상대를 밀어 넘어뜨리는 놀이입니다. 준비물이 필요하지 않고 놀이 방법이 간단해 요즘도 어린이는 물론 청소년과 어른도 즐기는 놀이입니다.

'닭싸움'은 두 사람이 겨루는 모습이 닭이 싸우는 것과 비슷하다고 해서 지어진 이름입니다. 닭싸움 놀이는 한 발로 서서 하므로 '외발 싸움', '깨금발 싸움'이라고도 부르고, 무릎을 부딪쳐 싸운다고 해서 '무릎 싸움'이라고도 부릅니다. 닭싸움 놀이는 두 명이 할 수도 있고 여러 명이 할 수도 있습니다.

1 이 글을 읽고 알게 된 내용을 두 가지 찾아 ○표를 하시오.

(1) 닭싸움 놀이는 두 명만 할 수 있다. (   )

(2) 닭싸움 놀이의 다른 이름에는 '외발 싸움, 깨금발 싸움, 무릎 싸움'이 있다. (   )

(3) 닭싸움이라는 이름은 두 사람이 겨루는 모습이 닭이 싸우는 것과 비슷해서 지어졌다.
(   )

2 아는 내용이나 겪은 일과 관련지어 글을 읽으면 좋은 점으로 알맞지 않은 것은 무엇입니까?
(   )

① 글을 더 빨리 읽을 수 있다.

② 글의 내용이 쉽게 기억에 남는다.

③ 글이 내용에 더 흥미를 느끼게 된다.

④ 글의 내용을 더 쉽게 이해할 수 있다.

⑤ 글을 읽으면서 그 모습을 잘 상상할 수 있다.

3~5 다음 글을 읽고 물음에 답하시오.

(가) 어린이들은 과학 실험을 하면서 호기심이 생기고 평소에 품었던 궁금증을 해결합니다. 또 실험을 하면서 탐구 능력을 키우기도 합니다. 과학 실험을 하면 이와 같은 좋은 점이 있지만 안전사고가 발생하는 경우도 있습니다. 그러므로 안전하게 과학 실험을 하려면 과학 실험 안전 수칙을 확인하고 실천해 안전사고의 위험을 줄여야겠습니다.

(나) 첫째, 선생님께서 계시지 않을 때에는 과학 실험을 하지 않습니다. 과학실에는 조심히 다루어야 할 실험 기구와 위험한 화학 약품이 많습니다. 선생님의 말씀에 따라 실험 기구나 화학 약품을 다루어야 사고가 나는 것을 예방할 수 있습니다. 그러므로 선생님께서 계시지 않을 때에는 과학 실험을 해서는 안 됩니다.

3 과학 실험을 하면 좋은 점은 무엇인지 괄호 안에 알맞은 말을 쓰시오.

((1)   )이/가 생기고, ((2)
) 을/를 키운다.

4 과학실에서 실험 기구를 다룰 때에는 어떻게 해야 합니까? (   )

① 계속 실험을 한다.

② 몰래 재빨리 실험실을 나온다.

③ 선생님과 함께 과학실을 나온다.

④ 깨진 실험 기구를 재빨리 치운다.

⑤ 선생님의 말씀에 따라 다루어야 한다.

서술형

5 과학실에서 지킬 일을 더 생각해 보고, 나만의 과학 실험 안전 수칙을 한 가지 만들어 쓰시오.

_____

_____

6~10 다음 글을 읽고 물음에 답하시오.

갯벌을 보존해야 하는 까닭

(가) 갯벌에 가 본 적이 있나요? 갯벌에서 무엇을 보았나요? 바닷물이 빠져나가는 썰물 때에 육지로 드러나는 바닷가의 편평한 곳을 갯벌이라고 불러요. 바닷물이 육지로 밀려오는 밀물 때 갯벌은 바닷물로 덮여 있어 보이지 않지만 자연과 사람에게 여러 가지 도움을 줍니다.

(나) 둘째, 어민들은 갯벌에서 수산물을 키우고 거두어 돈을 법니다. 어민들은 갯벌에서 조개나 물고기, 낙지 따위를 잡아 팝니다. 또 갯벌은 생물이 살기에 좋은 환경이므로 어민들이 바다 생물들을 직접 키우기도 합니다. 이것을 양식이라고 하는데, 양식은 농민들이 밭이나 논에서 농작물을 키워 파는 것과 비슷합니다.

(다) 셋째, 갯벌은 육지에서 나오는 오염 물질을 분해해 좋은 환경을 만듭니다. 갯벌은 겉으로는 그냥 진흙탕처럼 보이지만 작은 생물이 갯벌에 많이 살고 있습니다. 이 생물들은 오염 물질 분해가 잘 이루어지게 합니다. 갯벌에서 흔히 사는 갯지렁이도 오염 물질 분해를 돕습니다.

(라) 넷째, 갯벌은 기후를 조절하고 홍수를 줄여 주는 역할을 합니다. 갯벌 흙은 물을 많이 흡수해 저장했다가 내보내는 기능을 합니다. 그러므로 갯벌은 비가 많이 오면 빗물을 저장해 갑작스러운 홍수를 막아 줍니다. 그리고 주변 온도와 습도에 따라 물을 흡수하고 내보내는 역할을 알맞게 수행해 기후를 알맞게 만들어 줍니다.

(마) 갯벌의 환경은 특별하고 다양합니다. 갯벌과 그 속에 사는 여러 생물은 자연과 사람을 위해 좋은 역할을 많이 합니다. 그러므로 갯벌은 쓸모없는 땅이 아니라 우리와 함께 살아가는 소중한 장소입니다. 소중한 갯벌을 잘 보존해야겠습니다.

6 이 글의 제목을 보고 알 수 있는 것은 무엇인지 쓰시오.

( )을/를 보존하면 우리에게 좋은 점이 많다는 것을 알려 주고 싶다.

7 갯벌에 대해 바르게 말하지 <u>못한</u> 것은 무엇입니까? ( )

① 갯벌은 홍수를 줄여 준다.
② 갯벌은 쓸모 없는 땅이다.
③ 갯벌은 기후를 알맞게 만들어 준다.
④ 갯벌은 함께 살아가는 소중한 곳이다.
⑤ 갯벌에는 게, 조개, 갯지렁이 등이 산다.

서술형

8 글 (가)~(마)의 중심 문장을 쓰시오.

(1) 글 (가)	
(2) 글 (나)	
(3) 글 (다)	
(4) 글 (라)	
(5) 글 (마)	

9 글 (마)에서 글쓴이가 하고 싶은 말은 무엇입니까? ( )

① 갯벌이 점점 줄어들고 있다.
② 갯벌을 서둘러 개발해야 한다.
③ 갯벌에 사는 생물이 다양하다.
④ 소중한 갯벌을 잘 보존해야겠다.
⑤ 갯벌에서 얻을 수 있는 것이 많다.

10 이 글의 중심 생각으로 가장 알맞은 것을 찾아 ○ 표를 하시오.

(1) 갯벌은 좋은 점이 많다. ( )
(2) 갯벌은 사람에게 도움을 준다. ( )
(3) 갯벌을 보존해야 하는 까닭을 알고 소중한 갯벌을 보존해야 한다. ( )

11~13 다음 글을 읽고 물음에 답하시오.

가을 날씨를 나타내는 토박이말에는 '건들바람', '건들장마', '무서리', '올서리', '된서리' 같은 말이 있다. 여름이 지나고 가을이 되면 서늘한 바람이 불고 늦가을이 되면 서리가 내린다. 이른 가을날, 가볍고 부드럽게 건들건들 부는 서늘한 바람을 '건들바람'이라고 한다. 이 무렵, 비가 쏟아져 내리다가 번쩍 개고 또 오다가 개는 장마를 '건들장마'라고 한다. 늦가을, 수증기가 땅이나 물체 표면에 얼어붙은 것을 '서리'라고 한다. 처음 생기는 묽은 서리를 '무서리'라고 하는데, '물+서리'로 무더위와 ㉠같은 짜임이다. 다른 해보다 일찍 생기는 서리를 '올서리'라고 하고, 늦가을에 아주 되게 생기는 서리를 '된서리'라고 한다.

11 이 글에서 말하는 것은 무엇입니까? (   )

① 날씨를 조사하는 방법
② 봄 날씨를 나타내는 토박이말
③ 여름 날씨를 나타내는 토박이말
④ 가을 날씨를 나타내는 토박이말
⑤ 겨울 날씨를 나타내는 토박이말

12 다음 보기 의 뜻을 가진 토박이말을 이 글에서 찾아 쓰시오.

보기

다른 해보다 일찍 내리는 서리

(   )

13 ㉠ '같은'과 뜻이 반대인 낱말은 무엇입니까?
(   )

① 부는   ② 다른
③ 이른   ④ 가벼운
⑤ 내리는

14~15 다음 글을 읽고 물음에 답하시오.

㉮ 겨울 날씨를 나타내는 토박이말에는 '가랑눈', '진눈깨비', '함박눈', '도둑눈' 같은 말이 있다. 겨울에는 눈이 와야 겨울답다고 한다. 같은 눈이라도 눈의 생김새나 크기에 따라 그 이름이 다르다. '가랑눈'은 조금씩 잘게 부서져서 내리는 눈을 말한다. 가늘게 가루처럼 내리는 비를 '가랑비'라고 하는 것과 같다. 비가 섞여 내리는 눈은 '진눈깨비', 굵고 탐스럽게 내리는 눈은 '함박눈', 밤에 사람들이 모르게 내린 눈은 '도둑눈'이라고 한다.

㉯ 이처럼 계절에 따라 알고 쓰면 좋은 토박이말이 많다. 우리가 우리말의 말뜻을 배우고 익혀 제대로 쓰는 일에 더욱 힘을 쏟을 때, 더 아름답고 넉넉한 우리말과 우리글을 쓸 수 있게 될 것이다.

14 다음 토박이말의 뜻을 바르게 찾아 선으로 이으시오.

(1) 가랑눈 •   • ㉠ 비가 섞여 내리는 눈

(2) 함박눈 •   • ㉡ 굵고 탐스럽게 내리는 눈

(3) 진눈깨비 •   • ㉢ 조금씩 잘게 부서져서 내리는 눈

⚑서술형

15 각 문단의 중심 문장을 정리하여 보고, 이 글의 중심 생각을 쓰시오.

(1) 글 ㉮	
(2) 글 ㉯	
(3) 중심 생각	

16~18 다음 글을 읽고 물음에 답하시오.

다음으로, 옛날에는 사람들이 성별에 따라 다른 옷을 입었지만 오늘날에는 자신이 좋아하는 옷을 입는다. 옛날에 남자는 아래에 바지를 입고 위에는 저고리와 조끼, 마고자를 입었다. 그리고 춥거나 나들이를 갈 때에는 겉에 두루마기를 입었다. 여자는 아래에 속바지와 치마를 입고 위에는 저고리를 입었다. 여자도 두루마기를 입지만 남자가 입는 두루마기와 모양이 달랐다. 오늘날에는 남자와 여자의 옷차림을 엄격하게 구분하지 않는다. 대신 각자 좋아하는 옷을 입기 때문에 옷차림이 사람에 따라 다르다.

16 옛날 남자가 입던 한복이 <u>아닌</u> 것은 무엇입니까?
( )

① 바지　　② 조끼　　③ 치마
④ 마고자　　⑤ 두루마기

17 이 글의 중심 문장과 다음 그림을 보고 알 수 있는 중심 생각을 찾아 ○표를 하시오.

(1) 우리 조상들은 옷 입는 것을 즐겼다. ( )
(2) 오늘날의 옷차림이 더 간편하고 아름답다.
( )
(3) 옛날 사람들의 옷차림은 오늘날의 옷차림과 달랐다. ( )

서술형

18 이 글을 읽고 더 조사해서 알고 싶은 내용은 무엇인지 쓰시오.

_____

19~20 다음 글을 읽고 물음에 답하시오.

㈎ 과일 나무는 아주 오랜 옛날부터 산이나 들에서 저절로 자랐어요. 지금 우리가 먹는 과일은 옛날보다 맛도 좋고, 크기도 훨씬 크답니다. 요즘은 제철 구분 없이 다양한 과일이 나와요. 하지만 제철에 나는 과일이 맛도 좋고 영양도 많아요.

㈏ 배는 즙이 많아서 맛이 시원하지요. 배를 김치에 넣으면 김치 맛을 시원하게 해 줘요. 또 기침감기에 걸렸을 때, 소화가 잘 안될 때 약으로 쓰기도 해요. 배를 기를 때도 벌레가 먹는 것을 막으려고 종이봉투를 씌운답니다.

㈐ 잘 익은 감은 물렁물렁하고 달아요. 덜 익어서 딱딱하고 떫은 땡감도 소금물에 며칠 담가 두면 떫은맛이 감쪽같이 사라지지요. 감은 껍질을 벗긴 뒤에 말려서 곶감을 만들어 먹기도 해요. 단감은 홍시가 되기 전에도 맛이 달아요.
「과일, 알고 먹으면 더 좋아요」, 윤구병 기획, 보리 글

19 이 글에서 말한 과일은 무엇무엇인지 쓰시오.
( )

20 이 글을 읽고 알고 싶은 내용을 바르게 말한 친구는 누구인지 쓰시오.

> 준안: 감을 먹으면 좋은 점을 더 알고 싶습니다.
> 채이: 감을 말리면 곶감이 된다는 것을 알게 되었습니다.
> 치형: 복숭아를 잼으로 만들어 먹는다는 것을 알고 있었습니다.

( )

국어 66~95쪽 국어 활동 22~29쪽

도움말

☆ 아는 내용이나 겪은 일과 관련 지어 설명하는 글을 읽을 수 있습니다.

1~3

안전하게 과학 실험을 하려면 과학 실험 안전 수칙을 확인하고 실천해 안전사고의 위험을 줄여야겠습니다. 지금부터 과학 실험 안전 수칙을 알아보겠습니다.

첫째, 선생님께서 계시지 않을 때에는 과학 실험을 하지 않습니다. 과학실에는 조심히 다루어야 할 실험 기구와 위험한 화학 약품이 많습니다. 선생님의 말씀에 따라 실험 기구나 화학 약품을 다루어야 사고가 나는 것을 예방할 수 있습니다. 그러므로 선생님께서 계시지 않을 때에는 과학 실험을 해서는 안 됩니다.

둘째, 과학실에서는 절대 장난을 치면 안 됩니다. 과학실에는 깨지기 쉽거나 위험한 실험 기구가 많습니다. 장난을 치다가 유리로 만든 실험 기구가 깨지면 날카로운 유리 조각이 생겨 이 유리 조각에 사람이 다칠 수 있습니다. 또 장난을 치다가 알코올램프가 바닥에 떨어지면 과학실에 화재가 발생할 수도 있습니다. 그러므로 과학실에서는 장난을 치지 말고 진지한 자세로 실험을 해야 합니다.

1 이 글을 읽고 다음 그림에서 두 번째 수칙을 어긴 친구는 누구인지 쓰시오.

( )

1 과학실 안전 수칙을 어긴 친구를 찾아봅니다.

2 이 글을 읽고 알고 있었던 내용과 다른 내용을 비교해 쓰시오.

_____

_____

2 과학실 안전 수칙에서 잘못 알고 있었던 내용을 살펴봅니다.

3 우리 학교의 급식실에서 지켜야 할 안전 수칙을 두 가지 정해 쓰시오.

• _____

• _____

3 급식실에서 안전하게 식사를 할 수 있는 수칙을 정해 봅니다.

4~6

도움말

⭐ 글의 제목과 중심 문장을 정리해 보고 글의 중심 생각을 찾아봅니다.

（가） 첫째, 갯벌은 다양한 생물이 살 수 있는 장소입니다. 갯벌에 물이 들어오기도 하고 빠지기도 하면서 생물이 살기에 적합한 환경을 만듭니다. 그래서 게, 조개, 갯지렁이, 불가사리, 물고기 같은 여러 가지 생명체가 삽니다.

（나） 셋째, 갯벌은 육지에서 나오는 오염 물질을 분해해 좋은 환경을 만듭니다. 갯벌은 겉으로는 그냥 진흙탕처럼 보이지만 작은 생물이 갯벌에 많이 살고 있습니다. 이 생물들은 오염 물질 분해가 잘 이루어지게 합니다. 갯벌에서 흔히 사는 갯지렁이도 오염 물질 분해를 돕습니다.

（다） 갯벌의 환경은 특별하고 다양합니다. 갯벌과 그 속에 사는 여러 생물은 자연과 사람을 위해 좋은 역할을 많이 합니다. 그러므로 갯벌은 쓸모 없는 땅이 아니라 우리와 함께 살아가는 소중한 장소입니다. 소중한 갯벌을 잘 보존해야겠습니다.

4 ☐☐☐☐ 안에 들어갈 글쓴이의 생각을 나타낼 수 있는 제목을 쓰시오.

_____

4 글의 제목을 보고 글쓴이의 생각을 알 수 있습니다.

5 이 글을 읽고 묻고 답하기 놀이를 할 때 빈칸에 알맞은 말을 쓰시오.

물음	답
갯벌을 보존해야 하는 까닭은 무엇입니까?	

5 각 문단에서 갯벌을 보존해야 하는 까닭을 말하고 있습니다.

6 이 글의 중심 생각을 표어로 표현해 쓰시오.

_____

_____

6 표어는 주장하고자 하는 생각을 간결하고 호소력 있게 표현한 짧은 말입니다.

단원 요점 정리 | 3. 자신의 경험을 글로 써요

국어 96~119쪽   국어 활동 30~37쪽

┌→ 있었던 일을 구체적으로 떠올려 보고 자신의 생각이나
│ 느낌, 그렇게 생각한 까닭을 생각해 봅니다.

핵심 1 **기억에 남는 일에 대해 이야기 나누기**

• 자신이 겪은 일을 떠올려 봅니다.
• 기억에 남는 일을 정리해 봅니다.

> **기억에 남는 일을 정리하면 좋은 점**
> • 기억에 남는 일을 자세히 떠올릴 수 있습니다.
> • 기억에 남는 일을 글로 쓸 수 있습니다.
> • 자신이 한 일을 되돌아볼 수 있습니다.
> • 어떤 내용을 말하거나 쓸지 ★점검할 수 있습니다.

핵심 2 **자신의 경험에서 인상 깊은 일을 글로 쓰는 방법 알기**

• 겪은 일 가운데에서 어떤 일을 글로 쓸지 정합니다.
• 쓸 내용을 정리합니다.
  – 언제, 어디에서, 누구와 있었던 일인지 정리합니다.
  – 무슨 일이 있었는지 자세히 떠올립니다.
  – 어떤 마음이 들었는지 생각합니다.
• 글을 씁니다.
• 고쳐쓰기를 합니다.

> **띄어쓰기를 바르게 하면 좋은 점**
> • 전하고자 하는 뜻을 정확히 전할 수 있습니다.
> • 글을 읽는 사람도 편하게 읽을 수 있습니다.

┌→ 인상 깊은 일을 구체적으로 정리하면 일어난 일을 자세히 떠올려
│ 표현할 수 있고, 자신이 한 일을 되돌아볼 수 있습니다.

핵심 3 **인상 깊은 일로 글 쓰기**

• 언제, 어디서, 누구와 있었던 일인지 정리합니다.
• 무슨 일이 있었는지 자세히 떠올립니다.
• 어떤 마음이 들었는지 생각합니다.
• 그런 마음이 왜 들었는지 생각합니다.

핵심 4 **자신이 쓴 글을 고쳐쓰기**

• 자신이 쓴 글을 친구와 바꾸어 읽고 고쳐 쓸 부분을 찾아봅니다.
• 자신이 점검한 내용과 친구의 의견을 확인합니다.
• 자신이 쓴 글을 고쳐 씁니다.
• 고쳐 쓴 글을 돌려 읽고 친구의 잘한 점을 찾아 칭찬해 봅니다.

> **고쳐쓰기를 하면 좋은 점**
> • 전하고자 하는 내용을 효과적으로 표현했는지 확인할 수 있습니다.
> • 잘못된 띄어쓰기나 표현 따위를 고칠 수 있습니다.

핵심 5 **우리 반 소식지 만들기**

• 지금까지 우리 반에서 있었던 일을 떠올려 봅니다.
• 지금까지 우리 반에서 있었던 일과 관련된 사진을 모아 봅니다.
• 지금까지 우리 반에서 있었던 일 가운데에서 다섯 가지를 투표로 정합니다.
• 다섯 가지 ★사건을 가지고 모둠별 소식지를 만듭니다.
• 모둠별 소식지를 모아 우리 반 소식지를 만듭니다.

국어활동

핵심 6 **자신이 쓴 글을 띄어쓰기에 맞게 고쳐 쓸 수 있는지 확인하기**

• 낱말과 낱말 사이는 띄어 쓰되, '이/가, 을/를, 은/는, 의' 등과 같은 말은 앞말에 붙여 씁니다.
• 마침표(.)나 쉼표(,) 뒤에 오는 말은 띄어 씁니다.
• 수를 나타내는 말과 ★단위를 나타내는 말 사이는 띄어 씁니다.
예 연필한자루 ➡ 연필 한 자루

조금 더 알기

❁ 기억에 남는 일을 친구들에게 바로 말했을 때 어려운 점
  • 말할 내용이 바로 떠오르지 않습니다.
  • 말할 내용이 정리가 되지 않습니다.

❁ 인상 깊은 일 가운데 무엇을 쓸지 정하기

  평소에 일어났던 일이나 평소와 달리 특별하게 생긴 일 또는 자신의 생각이나 느낌이 달라진 일을 정합니다.

❁ 띄어쓰기

  띄어쓰기는 글을 쓸 때 규칙에 따라 어떤 말을 앞말과 띄어 쓰는 일을 말합니다. 같은 문장이라도 띄어쓰기에 따라 문장의 뜻이 달라지기 때문에 규칙에 맞게 띄어 써야 합니다. 우리나라에서는 띄어쓰기 규칙을 '한글 맞춤법'으로 정해 표기하도록 하고 있습니다.

낱말 사전

★ 점검 낱낱이 검사함. 또는 그런 검사.
★ 사건 사회적으로 문제를 일으키거나 주목을 받을 만한 뜻밖의 일.
★ 단위 길이, 무게, 수효, 시간 따위의 수량을 수치로 나타낼 때 기초가 되는 일정한 기준.

개념을 확인해요

3 단원

1 ☐☐☐☐☐☐ 에 대해 이야기를 나누면 어떤 내용을 말하거나 쓸지 점검할 수 있습니다.

2 ☐☐☐☐☐ 을 글로 쓰려면 평소에 일어났던 일이나 평소와 달리 특별하게 생긴 일 또는 자신의 생각이나 느낌이 달라진 일을 정합니다.

3 자신의 경험에서 인상적인 일을 글로 쓸 때엔 내용을 ☐ ☐ 한 후 글을 쓰고 고쳐쓰기를 합니다.

4 인상 깊었던 일을 구체적으로 정리하면 일어난 일을 자세히 떠올려 표현할 수 있고, 자신이 한 일을 ☐☐☐☐ 수 있습니다.

5 인상 깊은 일로 글을 쓸 때엔 어떤 ☐☐ 이 들었는지 생각합니다.

6 글을 고쳐 쓰려면 자신이 쓴 글을 친구와 ☐☐☐ 읽고 고쳐 쓸 부분을 찾아봅니다.

7 ☐☐☐☐ 를 하면 전하고자 한 내용을 효과적으로 표현했는지 확인할 수 있습니다.

8 낱말과 낱말 사이는 띄어 쓰되, '이/가, 을/를, 은/는, 의' 등과 같은 말은 ☐☐ 에 붙여 써도 됩니다.

9 마침표(.)나 쉼표(,) 뒤에 오는 말은 ☐☐ 씁니다.

10 수를 나타내는 말과 ☐☐ 를 나타내는 말 사이는 띄어 씁니다.

도움말

1. 생각한 것을 정리하지 않고 표현한 경험과 정리하고 표현한 경험을 비교해 봅니다.

핵심 1

1 기억에 남는 일을 정리하면 좋은 점이 아닌 것은 무엇입니까? (   )

① 자신이 한 일을 되돌아볼 수 있다.
② 말할 내용이 바로 떠오르지 않는다.
③ 기억에 남는 일을 글로 쓸 수 있다.
④ 어떤 내용을 말하거나 쓸지 점검할 수 있다.
⑤ 기억에 남는 일을 자세히 떠올릴 수 있다.

2. 글을 쓴 뒤에는 잘못된 표현을 썼는지, 띄어쓰기가 잘 되어 있는지 확인해야 합니다.

핵심 2

2 자신의 경험에서 인상적인 일을 글로 쓰는 방법이 아닌 것은 무엇입니까? (   )

① 처음 쓴 글을 고치지 않는다.
② 어떤 마음이 들었는지 생각한다.
③ 무슨 일이 있었는지 자세히 떠올린다.
④ 언제, 어디에서, 누구와 있었던 일인지 정리한다.
⑤ 겪은 일 가운데에서 어떤 일을 글로 쓸지 정한다.

3. 자신의 인상 깊은 경험을 떠올려 글을 쓰는 경험을 떠올려 봅니다.

핵심 3

3 빈칸에 알맞은 말을 쓰시오.

┌───┐
│ [   ]을 구체적으로 정리하면 일어난 일을 자세히 표현할 수 있 │
│ 고, 자신이 한 일을 되돌아볼 수 있다.   │
└───┘

(   )

도움말

핵심 4

4 고쳐쓰기를 하면 좋은 점으로 알맞은 것에 모두 ○표를 하시오.

(1) 남들에게 자랑하기 좋다. ( )

(2) 띄어쓰기 등 잘못 사용한 표현을 고칠 수 있다. ( )

(3) 전하고자 하는 내용을 효과적으로 표현했는지 확인할 수 있다.

( )

4. 한 문단의 전체 내용을 대표하는 문장이 문단의 중심 문장입니다.

핵심 5

5 우리 반 소식지를 만들 때 확인해야 할 것이 <u>아닌</u> 것은 무엇입니까?

( )

① 생각이나 느낌이 드러나 있는지 확인한다.

② 다섯 가지 사건이 모두 들어가 있는지 확인한다.

③ 있었던 일이 구체적으로 나타나 있는지 확인한다.

④ 어려운 말을 써서 똑똑하게 표현했는지 확인한다.

⑤ 언제, 어디에서, 누구와 있었던 일인지를 밝혔는지 확인한다.

5. 다른 모둠의 소식지를 보고 평가할 때 확인할 것이 무엇인지 생각해 봅니다.

핵심 6

6 다음 중 띄어쓰기를 바르게 한 것을 쓰시오.

| 소 아홉마리 열살 연필 한 자루 |

( )

6. 바른 띄어쓰기 방법을 생각해 봅니다.

3. 자신의 경험을 글로 써요

국어 96~119쪽 국어 활동 30~37쪽

1~3 다음 그림을 보고 물음에 답하시오.

(가)　　　　(나)

1 그림 (가)를 보고 떠올릴 수 있는 기억에 남는 일은 무엇입니까? (　　　)

① 친구들과 축구를 하고 있다.
② 가족과 요리를 만들고 있다.
③ 가족과 종이접기를 하고 있다.
④ 음악 시간에 노래를 부르고 있다.
⑤ 친구들과 갯벌 체험을 하고 있다.

2 그림 (나)는 어디에서 있었던 일을 떠올린 것입니까? (　　　)

① 운동장　　　　② 친척 집
③ 친구 집　　　　④ 학교 교실
⑤ 야구 경기장

3 그림 (나)를 기억에 남는 일로 떠올린 까닭을 바르게 말한 것의 기호를 쓰시오.

> ㉠ 친구와 함께 공 굴리기를 했기 때문이다.
> ㉡ 가족과 함께 보내는 시간을 좋아하기 때문이다.
> ㉢ 오빠와 즐겁게 놀면서 기쁜 마음이 들었기 때문이다.

(　　　　　)

서술형

4 자신이 겪은 일 가운데에서 기억에 남는 일을 다음 빈칸에 정리해 쓰시오.

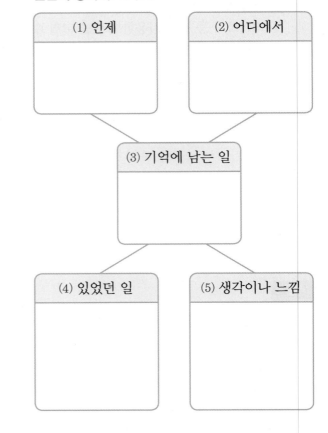

5 기억에 남는 일을 정리해 보면 좋은 점으로 알맞지 않은 것은 무엇입니까? (　　　)

① 자신이 한 일을 되돌아볼 수 있다.
② 자신의 마음을 상대에게 전할 수 있다.
③ 기억에 남는 일을 자세히 떠올릴 수 있다.
④ 기억에 남는 일을 글로 자세히 쓸 수 있다.
⑤ 어떤 내용을 말하거나 쓸지 점검할 수 있다.

다음 그림을 보고 물음에 답하시오.

(가) "아이고, 배야."

　동생 주혁이가 끙끙 앓는 소리에 잠에서 깼다.

　"열이 39도가 넘잖아! 배도 많이 아파하고, 큰일이네."

　걱정스럽게 말씀하시는 아빠의 목소리도 들렸다. 나는 눈을 비비고 자리에서 일어났다.

　"아빠, 무슨 일이에요?"

　나는 주혁이 머리맡에 앉아 계신 아빠 옆으로 다가갔다.

　"주혁이가 열이 많이 나는구나. 아무래도 장염에 걸린 것 같다. 이번 가을에만 두 번째네."

(나) "누나, 나 아파."

　㉠주혁이가눈물이 그렁그렁한 얼굴로 말했다.

　"병원 다녀오면 금방 나을 거야."

　나는 주혁이의 이마에 차가운 물수건을 얹어 주었다.

　마음이 아팠다. 동생이 얼른 나았으면 좋겠다.

6 이 글은 서연이가 하루 동안 겪은 일 가운데에서 무엇을 쓴 글입니까? (　　　)

① 학교에 간 일
② 동생이 아팠던 일
③ 저녁에 책을 읽은 일
④ 수업 시간에 발표를 한 일
⑤ 친구와 재미있게 놀았던 일

7 서연이가 이 글을 쓰기 전에 정리해야 할 것으로 알맞지 <u>않은</u> 것은 무엇입니까? (　　　)

① 자랑하고 싶은 일만 떠올린다.
② 누구와 있었던 일인지 정리한다.
③ 어떤 마음이 들었는지 떠올린다.
④ 무슨 일이 있었는지 자세히 떠올린다.
⑤ 언제, 어디에서 있었던 일인지 정리한다.

8 서연이의 마음은 어떠했습니까? (　　　)

① 부모님이 걱정되었다.
② 부모님이 원망스러웠다.
③ 감기가 나아서 기분이 좋았다.
④ 동생이 얼른 나았으면 좋겠다.
⑤ 동생과 즐거운 시간을 보내어 즐거웠다.

서술형

9 서연이가 하루 동안 겪은 일 가운데에서 문제 6번 답을 쓴 까닭은 무엇이겠는지 쓰시오.

_____

_____

_____

10 ㉠을 띄어 써야 할 부분에 ∨표를 하고 바르게 띄어 쓰시오.

주혁이가눈물이 그렁그렁한 얼굴로 말했다.

⚠ 주의

11 다음 문장 중 바르게 띄어 쓴 문장은 어느 것인지 찾아 ○표를 하시오.

(1)	하늘이맑고 푸르다.	(	)
	하늘이 맑고 푸르다.	(	)
(2)	우정은예쁘게가꿀수록 좋다.	(	)
	우정은 예쁘게 가꿀수록 좋다.	(	)

12 띄어쓰기를 하면 좋은 점을 두 가지 고르시오.

(,)

① 글을 빨리 쓸 수 있다.
② 글을 간단하게 쓸 수 있다.
③ 글을 읽는 사람이 편하게 읽을 수 있다.
④ 더 많은 사람에게 뜻을 전달할 수 있다.
⑤ 전하고자 하는 뜻이 정확히 전달될 수 있다.

13 인상적인 일을 글로 쓰는 방법에 알맞게 차례대로 기호를 쓰시오.

㉠ 글을 쓴다.
㉡ 고쳐쓰기를 한다.
㉢ 쓸 내용을 정리한다.
㉣ 겪은 일 중에서 어떤 일을 글로 쓸지 정한다.

( ) → ( ) → ( ) → ( )

📝 서술형

14 자신의 경험에서 인상 깊었던 일을 떠올리고 그 일을 선택할 까닭과 함께 쓰시오.

_____

_____

_____

15 자신이 쓴 글에서 어떤 부분을 점검하는 것이 좋은지 이야기를 나누고 있는 그림입니다. 바르게 말하지 못한 친구는 누구인지 쓰시오.

( )

16 자신이 쓴 글을 친구들과 바꾸어 읽고 고쳐 쓸 점을 바르게 말한 것을 찾아 ○표를 하시오.

(1) 있었던 일을 자세히 쓰면 좋을 것 같아.

( )

(2) 어떤 생각이나 느낌이 들었는지는 쓰지 않아도 좋아.

( )

(3) 친구들이 이해하기 쉬운 표현은 어려운 표현으로 고치는 것이 좋겠어.

( )

(4) 잘못된 띄어쓰기나 표현 따위는 굳이 고치지 않아도 될 거야.

( )

(5) 내가 쓴 글이니까 굳이 전하고자 한 내용을 잘 표현하지 않아도 돼.

( )

17 우리 반 소식지를 만드는 과정에 맞게 빈칸에 알맞은 기호를 쓰시오.

> ㉠ 모둠별 소식지를 모아 우리 반 소식지를 만든다.
> ㉡ 다섯 사진을 가지고 모둠별 소식지를 만든다.
> ㉢ 지금까지 우리 반에서 있었던 일을 떠올려 본다.
> ㉣ 지금까지 우리 반에서 있었던 일과 관련된 사진을 모은다.
> ㉤ 지금까지 우리 반에서 있었던 일 가운데에서 기억에 남는 일 다섯 가지를 투표로 정한다.

㉢ → ( ) → ( ) → ㉡ → ( )

18 다음 상황에 알맞은 문장을 찾아 기호를 쓰시오.

> ㉮ 아기 가오리를 보았다.
> ㉯ 아기가 오리를 보았다.

( )

3단원

19 다음 그림을 설명하는 문장에서 띄어쓰기가 바른 것은 어느 것입니까? ( )

① 예쁜신한켤레 ② 예쁜신 한켤레
③ 예쁜 신 한켤레 ④ 예쁜신 한 켤레
⑤ 예쁜 신 한 켤레

20 띄어쓰기를 바르게 하여 문장을 다시 쓰시오.

> 소아홉마리

[   ]

1~3 다음 그림을 보고 물음에 답하시오.

(가)   (나)

1 그림 (가)에서 떠올린 일은 무엇입니까?
( )

① 수영하기
② 공 굴리기
③ 그림 그리기
④ 송편 만들기
⑤ 할머니께 안마해 드리기

2 그림 (나)는 누구와 있었던 일을 떠올린 것입니까?
( )

① 방송국   ② 할머니
③ 아버지   ④ 친구들
⑤ 교장 선생님

3 그림 (나)를 기억에 남는 일로 떠올린 까닭으로 가장 알맞은 것은 무엇입니까? ( )

① 새로운 것을 알게 되어 기뻤다.
② 친구들과 공을 굴리니 즐거웠다.
③ 처음 공을 만들었더니 신기했다.
④ 할머니께서 기뻐하시니 뿌듯했다.
⑤ 부모님을 기쁘게 해 드려서 기분이 좋았다.

국어 96~119쪽 국어 활동 30~37쪽

🖊서술형
4 다음 그림과 비슷한 기억을 떠올려 보고, 있었던 일과 그때의 생각이나 느낌을 쓰시오.

(1) 있었던 일	
(2) 생각이나 느낌	

🖊서술형
5 기억에 남는 일을 정리해 보면 좋은 점을 한 가지 더 쓰시오.

• 자신이 한 일을 되돌아볼 수 있다.

•_____
_____
_____

서술형

6 다음 그림을 보고 자신이라면 어떤 일을 글로 쓰고 싶은지 쓰시오.

____

____

7~10 다음 글을 읽고 물음에 답하시오.

㉠ “아이고,배야.”
동생 주혁이가 끙끙 앓는 소리에 잠에서 깼다.
“열이 39도가 넘잖아! 배도 많이 아파하고, 큰 일이네.”
걱정스럽게 말씀하시는 아빠의 목소리도 들렸다. 나는 눈을 비비고 자리에서 일어났다.
“아빠, 무슨 일이에요?”
나는 주혁이 머리맡에 앉아 계신 아빠 옆으로 다가갔다.
“주혁이가 열이 많이 나는구나. 아무래도 장염에 걸린 것 같다. ㉡ 이번가을에만두번째네.”
아빠께서 걱정스럽게 말씀하셨다. 주혁이는 얼굴을 찡그리며 힘들어했다. 아빠께서 병원 갈 채비를 하시는 동안 나는 주혁이 옆에 앉아 있었다.
“누나, 나 아파.”
주혁이가 눈물이 그렁그렁한 얼굴로 말했다.
“병원 다녀오면 금방 나을 거야.”
나는 주혁이의 이마에 차가운 물수건을 얹어 주었다.
마음이 아팠다. 동생이 얼른 나았으면 좋겠다.

7 언제, 어떤 일이 있었습니까? (　　　　)

① 어제 학교에서 친구가 아팠다.
② 지난밤에 동생 주혁이가 아팠다.
③ 지난 봄에 가족들과 등산을 갔다.
④ 아침에 일찍 일어나서 학교에 갔다.
⑤ 지난밤에 동생 주혁이에게 책을 읽어 주었다.

8 서연이가 한 일은 무엇입니까? (　　　　)

① 계속 잠을 잤다.
② 동생에게 약을 먹였다.
③ 동생을 병원에 데리고 갔다.
④ 동생의 이마에 차가운 물수건을 얹어 주었다.
⑤ 동생에게 음식을 조심해서 먹으라고 주의를 주었다.

9 서연이의 마음은 어떠합니까? (　　　　)

① 얄밉다. ② 고소하다.
③ 후회스럽다. ④ 기분이 좋다.
⑤ 마음이 아프다.

10 ㉠과 ㉡에서 띄어 써야 할 부분에 ∨표를 하고 바르게 띄어 쓰시오.

㉠ “아이고,배야.”
㉡ “이번가을에만두번째네.”

3 단원

11 바르게 띄어 쓴 문장은 어느 것인지 찾아 ○표를 하시오.

(1) 하늘이 맑고 푸르다. ( )
(2) 책을읽으면 지식이 쌓인다. ( )
(3) 우정은예쁘게가꿀수록 좋다. ( )

12 띄어쓰기를 하면 좋은 점을 바르게 말한 친구는 누구인지 쓰시오.

전하고자 하는 뜻을 정확히 전달할 수 있어.

글을 읽는 사람은 시간이 더 오래 걸려서 더 힘들 수 있어.

하영   승연

( )

13 인상적인 일을 글로 쓰는 방법에 알맞게 빈칸에 알맞은 말을 쓰시오.

㉠ 겪은 일 중에서 어떤 일을 글로 쓸지 정한다.
㉡ 쓸 내용을 ( )한다.
㉢ 글을 쓴다.
㉣ ( )을/를 한다.

14 자신이 일 년 동안 경험한 일 가운데에서 다음 그림에서 떠올린 것은 무엇입니까? ( )

① 언덕에서 썰매를 탄 일
② 꽃밭에 꽃을 심었던 일
③ 바다에서 수영을 한 일
④ 피자 만들기 체험을 한 일
⑤ 운동장에서 눈싸움을 한 일

15 인상 깊었던 일을 한 가지를 골라 정리하는 과정에 맞게 빈칸에 알맞은 말을 쓰시오.

언제, 어디에서 누구와 있었던 일인가요?

↓

무슨 일이 있었나요?

↓

↓

그런 마음이 왜 생겼나요?

✎서술형

16 고쳐쓰기를 하면 좋은 점은 무엇인지 쓰시오.

_____

_____

_____

17 우리 반 소식지를 만드는 과정에 맞게 기호를 쓰시오.

> ㉠ 모둠별 소식지를 모아 우리 반 소식지를 만든다.
> ㉡ 다섯 사진을 가지고 모둠별 소식지를 만든다.
> ㉢ 지금까지 우리 반에서 있었던 일을 떠올려 본다.
> ㉣ 지금까지 우리 반에서 있었던 일과 관련된 사진을 모은다.
> ㉤ 지금까지 우리 반에서 있었던 일 가운데에서 기억에 남는 일 다섯 가지를 투표로 정한다.

( ) → ( ) → ( ) → ( ) → ( )

18 띄어쓰기를 바르게 하여 문장을 다시 쓰시오.

> 하늘은높고,단풍은붉게물든다.

↓

_____

국어활동

19~20 다음 글을 읽고 물음에 답하시오.

> 지난주 월요일에 우리 반은 희망 목장으로 현장 체험학습을 갔다. 희망 목장에서는 내가 좋아하는 피자와 치즈를 만들 수 있다. 학교에서 출발해 시간이 흘러 드디어 목장에 도착했다. 도착하자마자 피자 만들기 체험장에 들어갔다. 우리는 모둠별로 의자에 앉았다. 먼저, 밀가루 반죽을 동그랗게 만들고 여러 가지 재료를 그 위에 올려놓았다. 피자가 구워질 동안 우리는 치즈 만들기 체험장에 갔다.
> 치즈 만들기 체험장에서는 치즈와 관련된 영상을 보았다. 영상을 보고 나서 본격적으로 치즈 만들기를 시작했다. 조몰락조몰락하며 치즈를 만드는 모습이 체험장을 가득 채웠다. 친구들의 표정은 모두 밝은 표정으로 신바람이 나 있었다. 현장 체험학습은 새로운 것을 체험할 수 있어서 좋다. 다음에 또 오고 싶다.

19 이 글의 내용에 알맞게 짝지어지지 <u>않은</u> 것은 어느 것입니까? ( )

①	언제	지난주 월요일에
②	어디에서	희망목장으로
③	누가	우리 가족은
④	무엇을	현장 체험학습을
⑤	생각이나 느낀 점	현장 체함학습은 새로운 것을 체험할 수 있어서 좋다.

20 목장에서 가장 먼저 간 곳은 어디인지 쓰시오.

( )

국어 96~119쪽 국어 활동 30~37쪽

1~3

도움말

☆ 서연이가 겪은 일을 자신이 겪은 일과 비교하며 그림을 봅니다.

1 이 그림은 무엇을 나타내는 그림인지 쓰시오.

• 서연이가 (   ) 동안 있었던 일

1 아침, 점심, 저녁, 밤의 차례대로 나타낸 그림입니다.

2 이 그림에서 있었던 일을 차례대로 쓰시오.

등교 준비를 했다. ➡ (1) (   ) ➡

(2) (   ) ➡ 집에서 책을 읽었다. ➡

(3) (   )

2 서연이가 한 일을 차례대로 생각해 봅니다.

3 자신이 서연이라면 어떤 일을 글로 쓰고 싶은지 그 까닭과 함께 쓰시오.

(1) 쓰고 싶은 일	
(2) 쓰고 싶은 까닭	

3 무엇을 쓸지 정하는 방법을 생각해 봅니다. 글입니다.

4 자신이 일 년 동안 경험한 일 가운데에서 인상 깊었던 일을 한 가지 골라 다음에 맞게 정리해 쓰시오.

(1) 어떤 일이 떠오르나요?	
(2) 언제 어디에서 누구와 있었던 일인가요?	
(3) 무슨 일이 있었나요?	
(4) 어떤 마음이 들었나요?	
(5) 그런 마음이 왜 생겼나요?	

도움말

☆ 인상 깊은 일을 글로 써 봅니다.

4 인상 깊은 일을 글로 쓰기 전에 정리하는 과정입니다.

3 단원

5~6

"누나, 나 아파."
주혁이가눈물이 그렁그렁한 얼굴로 말했다.

5 파란색으로 쓴 부분이 이해가 되지 <u>않는</u> 까닭은 무엇인지 쓰시오.

_____

5 잘못된 표현을 찾아봅니다.

6 파란색으로 쓴 부분을 바르게 고쳐 쓰시오.

_____

6 띄어쓰기 방법을 생각해 봅니다.

핵심 1 ★감각적 표현을 사용해 느낌 나타내기

• 눈으로 보고, 귀로 듣고, 입으로 맛보고, 코로 냄새 맡고, 손으로 만지면서 대상의 느낌을 생생하게 표현한 것을 감각적 표현이라고 합니다.

• 대상을 떠올리고 그 느낌을 감각적 표현으로 나타내 봅니다.

> **대상을 감각적으로 나타내면 좋은 점**
> • 대상의 느낌을 생생하게 표현할 수 있습니다.
> • 대상의 느낌을 재미있게 나타낼 수 있습니다.
> • 감각적 표현을 말하려고 대상을 더 자세히 관찰할 수 있습니다.

핵심 2 시를 읽고 여러 가지 감각적 표현 말하기

• 시의 장면을 떠올리며 읽어 봅니다.
• 시를 읽고 감각적 표현을 찾아봅니다.
예 「감기」에 나타난 감각적 표현

뜨끈뜨끈, 느릿느릿, 오들오들, 까무룩, 거북이도 들어오고, 잠꾸러기도 들어왔다 등	→	감기에 걸린 상태

핵심 3 시를 읽고 재미나 감동 나누기

• 시를 읽고 친구들과 묻고 답하기를 해 봅니다. 「지구도 대답해 주는구나」를 읽고 모래밭에서 발가락으로 모래 속을 파고들면 어떤 일이 벌어지는지 생각해 봅니다.
• 시에 나타난 감각적 표현을 생각해 봅니다.
• 시를 읽고 떠오른 생각이나 느낌을 친구들과 이야기해 봅니다.
• 시와 관련된 경험을 써 봅니다.

핵심 4 이야기를 읽고 생각이나 느낌 표현하기

• 이야기를 읽고 이야기의 내용을 파악합니다.
• 이야기 속 사건의 흐름을 알아봅니다.
• 이야기에 대한 생각이나 느낌을 정리합니다.
• 이야기에 대한 생각이나 느낌을 표현합니다.
예 「진짜 투명 인간」을 읽고 생각이나 느낌을 친구들과 이야기하기

블링크 아저씨가 피아노로 색깔을 표현하는 장면이 감동 깊었어.

아저씨가 세상을 볼 수 있을 때 어떤 느낌이 들지 궁금해.

핵심 5 느낌을 살려 시 쓰기

• 재미있는 표현을 생각하며 시를 읽어 봅니다.
• 시를 다시 읽고 표현 방법을 이야기해 봅니다.
• 무엇을 시로 쓸지 정해 봅니다.
• 평소에 관심을 두었던 사물을 시로 씁니다. 인상 깊었던 일에 대한 시를 쓸 수도 있습니다.
• 시로 쓸 대상을 자세히 ★관찰해 봅니다.
• 대상을 떠올리고 그 느낌을 정리해 봅니다.
• 생각한 내용을 바탕으로 하여 시를 써 봅니다.

국어활동

핵심 6 이야기를 읽고 생각이나 느낌을 표현할 수 있는지 확인하기

• 어떤 일이 일어났는지 생각하며 이야기를 읽어 봅니다.
• 이야기를 읽고 떠오른 생각이나 느낌을 글로 써 봅니다.

4
단원

조금 더 알기

❈ 감각적 표현의 효과
- 사물에 대한 느낌을 더 재미있게 표현할 수 있습니다.
- 사물에 대한 느낌을 더 실감 나게 표현할 수 있습니다.

❈ 이야기를 읽고 생각이나 느낌을 표현하는 방법
- 인물에게 편지 쓰기
- 이야기를 소개하는 책 표지 만들기
- 인물 책갈피 만들기
- 노랫말로 감동 표현하기
- 이야기를 읽고 떠오른 생각을 네 컷 만화로 그리기

❈ 시를 쓸 때 주의할 점
- 대상을 주의 깊게 관찰합니다.
- 대상을 떠올리고 그 느낌을 보거나 듣거나 만지는 것처럼 표현합니다.
- 시의 내용에 어울리는 제목을 붙입니다.
- 시의 내용을 짧은 글로 씁니다.

낱말 사전

★ **감각** 눈, 코, 귀, 혀, 살갗을 통하여 바깥의 어떤 자극을 알아차림.
★ **관찰** 사물이나 현상을 주의하여 자세히 살펴봄.

개념을 확인해요

1 눈으로 보고, 귀로 듣고, 입으로 맛보고, 코로 냄새 맡고, 손으로 만지면서 대상의 느낌을 표현한 것을 ☐ ☐ ☐ 표현이라고 합니다.

2 대상을 감각적으로 나타내면 대상의 느낌을 ☐ ☐ ☐ ☐ 표현할 수 있습니다.

3 감각적 표현을 말하려면 대상을 더 ☐ ☐ ☐ 관찰할 수 있습니다.

4 시를 읽고 재미나 ☐ ☐ 을 나누려면 시를 읽고 떠오른 생각이나 느낌을 친구들과 이야기해 봅니다.

5 이야기를 읽고 생각이나 느낌을 표현하려면 내용을 ☐ ☐ 하고 생각이나 느낌을 정리하여 표현해야 합니다.

6 이야기를 읽고 생각이나 느낌을 표현하는 방법에는 인물에게 ☐ ☐ 쓰기, 인물 책갈피 만들기 등이 있습니다.

7 이야기를 읽고 떠오른 생각을 네 컷 만화로 그려서 ☐ ☐ 이나 느낌을 표현할 수 있습니다.

8 느낌을 살려 시를 쓰려면 시로 쓸 대상을 자세히 ☐ ☐ 하고 느낌을 정리하여 시를 씁니다.

9 시를 쓸 때는 대상을 떠올리고 그 ☐ ☐ 을 보거나 듣거나 만지는 것처럼 표현합니다.

10 시를 쓸 때에는 시의 내용에 어울리는 ☐ ☐ 을 붙입니다.

국어 120~155쪽   국어 활동 38~55쪽

도움말

1. 우리 몸의 다섯 가지 감각을 이용하여 표현하는 방법입니다.

2. 감각적 표현을 넣고 글을 읽으면 표현이 구체적이고, 대상을 더 자세하고 실감 나게 느낄 수 있습니다.

3. 시를 읽고 재미나 감동을 나눠 봅니다.

핵심 1

1 다음은 무엇에 대한 설명인지 쓰시오.

> 눈으로 보고, 귀로 듣고, 입으로 맛보고, 코로 냄새 맡고, 손으로 만지면서 대상의 느낌을 생생하게 표현한 것이다.

(   )

핵심 2

2 다음을 읽고 감각적 표현을 찾아 ○표를 하시오.

> 약을 먹고 나니
>
> 느릿느릿,
>
> 거북이도 들어오고
>
> 까무룩,
>
> 잠꾸러기도 들어왔다.

핵심 3

3 시를 읽고 재미나 감동을 나누는 방법이 <u>아닌</u> 것은 무엇입니까?

(   )

① 시와 관련된 경험을 써 본다.
② 시에 나타난 감각적 표현을 생각해 본다.
③ 시를 읽고 친구들과 묻고 답하기를 해 본다.
④ 시를 읽고 떠오른 생각이나 느낌은 되도록 혼자 간직한다.
⑤ 시를 읽고 떠오른 생각이나 느낌을 친구들과 이야기해 본다.

핵심 4

4 다음은 무엇에 대한 것인지 쓰시오.

> • 인물에게 편지 쓰기   • 인물 책갈피 만들기
> • 노랫말로 감동 표현하기   • 이야기를 소개하는 책 표지 만들기
> • 이야기를 읽고 떠오른 생각을 네 컷 만화로 그려보기

(   ) 표현하기

핵심 5

5 다음 ㉠, ㉡에 알맞은 말을 쓰시오

> • 평소에 관심을 두었던   ㉠   을 시로 쓴다.
> •   ㉡   깊었던 일을 시로 쓸 수도 있다.

(1) ㉠: (   )
(2) ㉡: (   )

핵심 6

6 이야기를 읽고 생각이나 느낌을 표현할 수 있는지 확인하는 방법을 한 가지 쓰시오.

_____

_____

국어 120~155쪽 국어 활동 38~55쪽

1~2 다음 시를 읽고 물음에 답하시오.

공을 차다가 그만
㉠햇빛을 뻥!
차 버렸어요.

운동화가 우아! 하고
한참 솟구쳐 오를 때

친구는
공 몰고 어느새
골문까지 간걸요.

「공을 차다가」, 이정환

1 ㉠과 같이 표현한 까닭은 무엇입니까? (   )

① 공을 잃어버렸기 때문이다.
② 햇빛이 눈이 부셨기 때문이다.
③ 나한테 공이 오지 않았기 때문이다.
④ 헛발질로 공을 차지 못했기 때문이다.
⑤ 친구들이 운동장에 나오지 않았기 때문이다.

2 운동화가 하늘로 솟구치는 사이에 어떤 일이 일어났습니까? (   )

① 공을 잃어버렸다.
② 친구가 운동화에 맞았다.
③ 친구랑 부딪혀 넘어졌다.
④ 친구가 집으로 가 버렸다.
⑤ 친구가 공을 몰고 골문까지 가 버렸다.

3 다음을 무엇이라고 하는지 쓰시오.

눈으로 보고, 귀로 듣고, 입으로 맛보고, 코로 냄새 맡고, 손으로 만지면서 알게 된 대상의 느낌을 생생하게 표현한 것

(   )

4 다음 그림에 어울리는 표현으로 가장 알맞지 않은 것은 어느 것입니까? (   )

① 푹신푹신
② 물렁물렁
③ 데굴데굴
④ 보들보들
⑤ 폭신폭신

중요

5 다음 그림을 보고 감각적 표현을 넣어 말한 친구를 찾아 ○표를 하시오.

(1) 사과가 공처럼 둥그스름해.

(2) 사과를 먹고 싶어.

(   )   (   )

6~10 다음 시를 읽고 물음에 답하시오.

내 몸에
불덩이가 들어왔다.
ㅡ 뜨끈뜨끈.
불덩이를 따라
몹시 추운 사람도 들어왔다.
ㅡ 오들오들.

약을 먹고 나니
느릿느릿,
거북이도 들어오고
까무룩,
잠꾸러기도 들어왔다.

내 몸에
너무 많은 것들이 들어왔다.
그래서
내 몸이 아주 무거워졌다.

「감기」, 정유경

6 이 시의 특징은 무엇입니까? (   )

① 고마운 마음이 잘 표현되었다.
② 자신의 꿈을 아름답게 표현했다.
③ 겨울 날씨를 생생하게 표현했다.
④ 감기에 걸린 상태를 감각적으로 표현했다.
⑤ 하루 동안 있었던 일을 차례대로 나타내었다.

7 '내' 몸에 들어온 것이 아닌 것은 무엇입니까?

(   )

① 친구   ② 거북이
③ 불덩이   ④ 잠꾸러기
⑤ 몹시 추운 사람

8 '나'는 감기약을 먹고 몸이 무거운 상태를 어떻게 표현하였는지 쓰시오.

_____

_____

9 이 시에 나타난 감각적 표현이 아닌 것은 무엇입니까? (   )

① 까무룩
② 느릿느릿
③ 약을 먹고 나니
④ 거북이도 들어오고
⑤ 잠꾸러기도 들어왔다

📝서술형

10 이 시에서 거북이가 들어왔다고 한 까닭은 무엇인지 쓰시오.

_____

_____

11~15 다음 시를 읽고 물음에 답하시오.

> 강가 고운 모래밭에서
> 발가락 옴지락거려
> 두더지처럼 파고들었다.
>
> 지구가 간지러운지
> ㉠굼질굼질 움직였다.
>
> 아, 내 작은 신호에도
> ㉡지구는 대답해 주는구나.
>
> 그 큰 몸짓에
> 이 조그마한 발짓
> 그래도 지구는 대답해 주는구나.
>
> 「지구도 대답해 주는구나」, 박행신

11 말하는 이는 지금 무엇을 하고 있습니까?
(   )

① 바닷가에서 파도를 보고 있다.
② 교실에서 지구 지도를 보고 있다.
③ 강가 모래밭에 발을 담그고 있다.
④ 강가 모래밭에서 모래성을 쌓고 있다.
⑤ 두더지가 굴을 파는 모습을 보고 있다.

12 ㉠은 어떤 모습을 감각적으로 표현한 것입니까?
(   )

① 빠르게 도는 모습
② 재빨리 변하는 모습
③ 멀리 날아가는 모습
④ 힘차게 솟아오르는 모습
⑤ 느리게 조금씩 움직이는 모습

응용

13 ㉡과 같이 표현한 까닭은 무엇입니까? (   )

① 해가 졌기 때문이다.
② 어지러웠기 때문이다.
③ 모래에 싹이 났기 때문이다.
④ 모래의 색깔이 변했기 때문이다.
⑤ 모래의 움직임을 지구가 움직이는 것으로 생각했기 때문이다.

14 시에 나타난 감각적 표현을 한 가지 찾아 쓰시오.

_____

_____

서술형

15 이 시를 읽고 떠오른 생각이나 느낌을 친구들과 이야기하고 있습니다. 빈 말주머니에 들어갈 알맞은 말을 쓰시오.

지구가 굼질굼질 움직였다는 표현이 재미있어.

_____

_____

16~17 다음 시를 읽고 물음에 답하시오.

> 하늘에 사는 아이들도
> 체육 시간이 있나 보다
>
> 우르르 쿵쾅,
> 운동장으로
> 뛰쳐나가는 소리
>
> 「천둥소리」, 유강희

16 이 시에서 감각적으로 표현한 것은 무엇입니까?
( )

① 천둥소리
② 비 오는 소리
③ 바람 부는 소리
④ 꽃이 지는 모습
⑤ 무지개가 뜬 모습

17 이 글에 쓰인 흉내 내는 말을 찾아 쓰시오.
( )

18 시를 쓸 때 주의할 점이 아닌 것은 무엇입니까?
( )

① 시의 내용을 짧은 글로 쓴다.
② 대상을 주의 깊게 관찰하고 쓴다.
③ 시의 내용에 어울리는 제목을 정한다.
④ 대상을 자세히 설명해서 구체적으로 쓴다.
⑤ 대상에 대한 느낌을 보거나 만지는 것처럼 표현한다.

19~20 다음 시를 읽고 물음에 답하시오.

> 초승달아 초승달아 무엇이 되련?
> 풀 베는 아저씨 낫이 되련다
>
> 초승달아 초승달아 무엇이 되련?
> 어여쁜 언니 머리빗이 되련다
>
> 초승달아 초승달아 무엇이 되련?
> 귀여운 아가 꼬까신이 되련다

19 초승달이 되고 싶다고 한 것이 아닌 것은 무엇입니까? (,)

① 동생의 눈썹
② 언니 머리빗
③ 귀여운 꼬까신
④ 할머니 물바가지
⑤ 풀 베는 아저씨 낫

20 이 시에 대한 느낌을 바르게 말한 친구는 누구인지 쓰시오.

> 상은: 비가 내리는 소리가 들리듯이 표현한 시야.
> 유림: 비가 그치고 하늘에 걸린 아름다운 무지개의 모습을 표현했어.
> 해인: 밤 하늘에 걸린 초승달의 모습을 눈에 보이듯이 감각적으로 표현했어.

( )

4 단원

국어 120~155쪽 국어 활동 38~55쪽

1~2 다음 시를 읽고 물음에 답하시오.

공을 차다가 그만
햇빛을 뻥!
차 버렸어요.

운동화가 우아! 하고
한참 솟구쳐 오를 때

친구는
공 몰고 어느새
골문까지 간걸요.

1 이 시를 읽고 떠오른 장면으로 알맞은 것을 모두 고르시오. (,)

① 텅 빈 운동장이 떠오른다.
② 구름 낀 하늘이 떠오른다.
③ 하늘로 솟구치는 운동화가 떠오른다.
④ 하늘에서 굵은 빗방울이 떨어지는 모습이 떠오른다.
⑤ 공을 차려고 햇빛에 닿을 정도로 다리를 높게 올린 아이의 모습이 떠오른다.

🖊️서술형

2 자신이라면 공을 찰 때의 느낌을 어떻게 표현하고 싶은지 쓰시오.

_____

_____

3 다음 그림에 어울리는 표현을 한 가지 더 쓰시오.

• 와삭
• 매끈매끈
• 동글동글
• ( )

4 감각적 표현이 쓰이지 않은 것은 어느 것입니까?
( )

① 드르륵 열리는 문
② 데굴데굴 구르는 공
③ 공처럼 둥그스름한 귤
④ 귀여운 아기 같은 곰 인형
⑤ 책상 위에 놓여 있는 연필

5 대상을 감각적 표현으로 나타내면 좋은 점은 무엇입니까? (,)

① 대상을 자세하게 설명할 수 있다.
② 대상의 느낌을 재미있게 나타낼 수 있다.
③ 대상의 느낌을 생생하게 표현할 수 있다.
④ 대상의 느낌을 사실적으로 나타낼 수 있다.
⑤ 대상을 보이지 않는 것처럼 표현해서 대상을 상상할 수 있게 한다.

6~10 다음 시를 읽고 물음에 답하시오.

내 몸에
불덩이가 들어왔다.
– 뜨끈뜨끈.
불덩이를 따라
몹시 추운 사람도 들어왔다.
– 오들오들.

약을 먹고 나니
느릿느릿,
거북이도 들어오고
까무룩,
잠꾸러기도 들어왔다.

내 몸에
너무 많은 것들이 들어왔다.
그래서
내 몸이 아주 무거워졌다.

6 내 몸에 불덩이가 들어왔다고 한 까닭은 무엇입니까? (   )

① 부끄럽기 때문이다.
② 화가 났기 때문이다.
③ 빨간 옷을 입었기 때문이다.
④ 매운 것을 먹었기 때문이다.
⑤ 감기에 걸려 열이 많이 나기 때문이다.

7 시에서 말하는 이는 지금 어떤 상태입니까?
(   )

① 몸이 가볍다.
② 감기에 걸렸다.
③ 몸이 차가워졌다.
④ 몸이 일기를 썼다.
⑤ 학교 숙제를 했다.

8 이 시를 읽고 감각적 표현이 알맞게 짝지어진 것끼리 선으로 이으시오.

(1) 뜨끈뜨끈 •   • ㉠ 잠꾸러기가 들어왔다.

(2) 오들오들 •   • ㉡ 불덩이가 들어왔다.

(3) 느릿느릿 •   • ㉢ 거북이가 들어왔다.

(4) 까무룩 •   • ㉣ 몹시 추운 사람이 들어왔다.

9 이 시를 읽은 생각이나 느낌이 바르지 않은 것은 무엇입니까? (   )

① 활기찬 목소리로 낭송해야 가장 어울린다.
② '까무룩'이라는 표현이 졸린 상태를 잘 나타내 준다.
③ 내 몸에 거북이가 들어왔다는 표현이 실감나고 재미있다.
④ '뜨끈뜨끈'이라는 말이 들어가니까 감기 걸린 모습이 생생하게 느껴진다.
⑤ 감기에 걸린 상태를 몸에 무엇이 들어온 것처럼 표현한 점이 창의적이다.

📝 서술형

10 감각적 표현에 주의하며 이 시를 읽고 시에 대한 생각이나 느낌을 쓰시오.

_____

_____

_____

11~15 다음 시를 읽고 물음에 답하시오.

강가 고운 모래밭에서
㉠ 발가락 옴지락거려
두더지처럼 파고들었다.

㉡ 지구가 간지러운지
굼질굼질 움직였다.

아, ㉢ 내 작은 신호에도
지구는 대답해 주는구나.

그 큰 몸짓에
이 조그마한 발짓
그래도 지구는 대답해 주는구나.

11 ㉠은 어떤 모습을 감각적으로 표현한 것인지 쓰시오.

_____

_____

12 ㉡은 무엇의 움직임을 감각적으로 표현한 것입니까? (   )

① 파도의 움직임
② 모래의 움직임
③ 발가락의 움직임
④ 두더지의 움직임
⑤ 물고기의 움직임

13 ㉢이 뜻하는 것은 무엇입니까? (   )

① 강가를 바라본 것
② 두더지를 생각한 것
③ 고운 모래를 만진 것
④ 고운 모래를 주머니에 넣은 것
⑤ 발가락으로 모래밭을 파고든 것

14 이 시를 읽은 생각이나 느낌을 바르게 말한 친구는 누구인지 쓰시오.

> 우리의 작은 행동에서 자연이 대답해 준다는 생각이 들어.

현서

> 두더지를 기르는 일은 힘든 일이야.

준범

> 지구에는 많은 사람들이 살고 있어.

아람

(   )

🖊 서술형

15 이 시의 말하는 이처럼 지구가 살아 있다고 생각한 경험을 다음 조건에 맞게 쓰시오.

〈조건〉
언제, 어디에서 무엇을 보았는지 나타나게 쓸 것

↓

16~18 다음 시를 읽고 물음에 답하시오.

하늘에 사는 아이들도
체육 시간이 있나 보다

㉠우르르 쿵쾅,
운동장으로
뛰쳐나가는 소리

16 이 시에 쓰인 표현 방법으로 알맞지 않은 것은 어느 것입니까? (   )

① 감각적 표현을 사용했다.
② 소리를 흉내 내는 말을 사용했다.
③ 하늘의 모습을 코로 냄새를 맡듯이 표현했다.
④ 말하고 싶은 내용을 짧은 글에 담아 표현했다.
⑤ 천둥소리를 하늘나라 아이들이 운동장으로 뛰쳐나가는 소리처럼 표현했다.

17 ㉠은 무엇을 뜻하는 것인지 쓰시오.

(   )

18 다음 그림을 보고 대상에 대한 느낌을 다른 대상에 빗대어 보기 처럼 표현해 쓰시오.

> 보 기
>
> 공처럼 둥그스르한 귤

_____

_____

19~20 다음 글을 읽고 물음에 답하시오.

선달은 끈을 고리 모양으로 만들어 물개의 목에 슬쩍 걸었어요. 그러자 배가 천천히 물살을 가르며 앞으로 나아가는 것이 아닌가요?
"이야!"
"재밌겠는걸."
다른 이들도 덩달아 너도나도 물개의 목에 끈을 걸었어요. 그러자 그 빠르기가 바람을 가르듯 해서 어지러울 정도였지요.
우두머리 뱃사공 최보출이
"이제껏 이토록 빠른 배는 타 본 적이 없노라!"
하였듯이 배는 아주 빨랐답니다. 더구나 뒤이어 센바람이 거푸 불어 대니, 배는 물살 위를 스치며 날듯이 앞으로 나아갔습니다. 나중에는 배에 탄 사람들이 또다시 배에 바짝 엎드려야 했어요.
그렇게 며칠 밤낮 정신없이 갔을까요?
누군가 소리를 쳤습니다.
"뭍이다!"

「별난 양반 이 선달 표류기」, 김기정

19 이 글에서 일어난 일은 무엇입니까? (   )

① 사람들이 물개를 잡았다.
② 사람들이 힘을 모아 배를 저었다.
③ 사람들이 배를 타고 바다로 나갔다.
④ 사람들이 물개가 재주를 부리는 것을 보았다.
⑤ 사람들이 물개가 이끄는 배를 타고 뭍에 도착했다.

20 이 이야기를 읽고 떠오른 생각이나 느낌을 쓰시오.

국어 120~155쪽 국어 활동 38~55쪽

1~3

내 몸에
불덩이가 들어왔다.
– 뜨끈뜨끈.
불덩이를 따라
몹시 추운 사람도 들어왔다.
– 오들오들.

약을 먹고 나니
느릿느릿,
거북이도 들어오고
까무룩,
잠꾸러기도 들어왔다.

내 몸에
너무 많은 것들이 들어왔다.
그래서
내 몸이 아주 무거워졌다.

도움말

☆ 여러 가지 감각적 표현을 살펴
보며 시를 읽어 봅니다.

1 '내' 몸에 들어온 것은 무엇인지 모두 쓰시오.

( )

1 내 몸에 많은 것들이 들어와서 몸
이 무거워졌다고 했습니다.

2 이 시에서 잠꾸러기가 들어왔다고 한 까닭은 무엇인지 쓰시오.

_____

_____

2 "까무룩, / 잠꾸러기도 들어왔다."
는 감기에 걸린 상태를 감각적으
로 표현한 부분입니다.

3 파란색으로 쓰인 낱말을 빼고 읽을 때와 넣고 읽을 때, 느낌이 어떻게 다른
지 쓰시오.

_____

_____

3 감각적 표현의 효과를 생각해 봅
니다.

4~6

강가 고운 모래밭에서
발가락 옴지락거려
두더지처럼 파고들었다.

지구가 간지러운지
굼질굼질 움직였다.

아, 내 작은 신호에도
지구는 대답해 주는구나.

그 큰 몸짓에
이 조그마한 발짓
그래도 지구는 대답해 주는구나.

도움말

⭐ 감각적 표현이 쓰인 사를 읽어
봅니다.

4 '나'는 모래밭에서 어떤 행동을 했는지 쓰시오.

_____

_____

4 '내'가 무슨 행동을 했는지 찾아 봅
니다.

5 지구가 대답해 준다고 표현한 까닭을 쓰시오.

_____

_____

5 '나'는 지구의 어떤 모습을 보고 대
답해 준다고 표현했습니다.

6 이 시의 말하는 이처럼 지구가 살아 있다고 생각한 경험을 쓰시오.

_____

_____

6 '나'의 행동에 지구가 답했다고 생
각한 경험을 생각해 봅니다.

학습목표
언어 예절을 생각하며 바르게 대화해 봅시다.

국어 164~185쪽   국어 활동 56~61쪽

핵심 1 **대화할 때 고려해야 할 점 떠올리기**
• 상대가 누구인지 생각합니다.
• 대화하는 목적이 무엇인지 생각합니다.
• 어떤 대화*상황인지 생각합니다.
• 상대가 *웃어른일 때에는 높임 표현을 사용합니다.
• 상대의 기분을 생각합니다.

핵심 2 **대상에 따라 알맞은 높임 표현을 사용해 말하기**
• 상황에 어울리는 말을 해야 합니다.
• 대상에 따라 알맞은 높임 표현을 사용해 대화해야 합니다. → 웃어른과 대화할 때에는 공손한 태도로 말합니다.
• 상대를 바라보고 상대의 말을 존중하며 대화해야 합니다. → 대화를 나눌 때에는 상대가 하는 말을 집중해서 들어야 합니다.

핵심 3 **전화할 때의 바른 대화 예절 알기**

• 전화를 거는 사람과 받는 사람이 있습니다.
• "여보세요?"처럼 자주 사용하는 말이 있습니다.
• 듣고 있음을 나타내는 말을 해야 합니다.
• 상대가 상황을 볼 수 없기 때문에 정확하고 구체적으로 표현해야 합니다.
• 직접 만나지 않아도 멀리 있는 사람에게 소식을 전할 수 있습니다.
• 자신이 누구인지 밝혀야 합니다.

핵심 4 **상황에 어울리는 표정, 몸짓, 말투로 대화하기**
• 자신이 맡은 인물이 어떤 상황인지 잘 생각하며 친구들과 함께 역할놀이를 해 봅니다.
• 상황에 어울리는 표정, 몸짓, 말투인지 생각하며 표현해 봅니다.
• 다른 사람에게 잘 전달될 수 있도록 알맞은 목소리로 말하고 몸짓은 정확하게 합니다.

> **상황에 알맞은 표정, 몸짓, 말투로 대화했는지 스스로 확인하기**
> • 상황에 어울리는 표정, 몸짓, 말투로 대화했는지 확인합니다.
> • 대상에 따라 알맞은 높임 표현을 사용해 대화했는지 확인합니다.
> • 언어 예절을 지키며 대화했는지 확인합니다.

핵심 5 **언어 예절에 맞게 역할놀이 하기**
• 역할놀이를 할 대화 상황을 한 가지 선택합니다.
• 모둠별로 또는 친구들끼리 의논해 맡을 역할을 정합니다.
• 선택한 상황에 맞게 대화 내용을 써 봅니다.
• 모둠별 또는 친구들끼리 역할놀이를 연습해 봅니다.
• 역할놀이에 필요한 소품을 준비하거나 만들어 봅니다.
• 앞에서 정한 상황과 대화 내용을 바탕으로 하여 역할놀이를 해 봅니다.
→ 상황에 어울리는 표정, 몸짓, 말투로 대화해야 합니다. / 대상에 따라 알맞은 높임 표현을 사용해 대화해야 합니다. / 대화할 때의 예절을 지키며 대화해야 합니다.

국어활동

핵심 6 **전화할 때의 바른 대화 예절을 아는지 확인해 보기**
• 자신이 누구인지 밝히고 상대가 누구인지 확인합니다.
• 상대의 얼굴을 보지 않고 이야기하므로 더 공손하게 말합니다.
• 상대의 상황을 헤아립니다.
• 공공장소에서는 작은 목소리로 말합니다.

✿ 같은 뜻이지만 형태가 다르게 말하는 까닭

친구와 대화할 때	선생님과 대화할 때
고마워.	고맙습니다.
• 대화 상대가 다르기 때문입니다.	

✿ 전화할 때의 바른 대화 예절 알기

전화 대화를 할 때에는 상대의 얼굴을 보지 않은 채로 자신의 말을 전하고 다른 사람의 말을 듣습니다. 그렇기 때문에 다른 사람의 입장을 배려하며 대화하고 상대의 표정이나 몸짓이 어떨지 생각하며 잘 들으려고 노력해야 합니다.

✿ 역할놀이를 볼 때 주의할 점
• 상황에 어울리는 표정, 몸짓, 말투로 대화하는지 살펴봐야 합니다.
• 대상에 따라 알맞은 높임 표현을 사용해 대화하는지 살펴봐야 합니다.
• 언어 예절을 지키며 대화하는지 살펴봐야 합니다.

낱말 사전

★ 상황 일이 되어 가는 과정이나 형편.
★ 웃어른 나이나 지위, 신분, 항렬 따위가 자기보다 높아 직접 또는 간접으로 모시는 어른.

개념을 확인해요

1 대화할 때는 ☐☐가 누구인지 생각합니다.

2 대화할 때는 대화하는 ☐☐이 무엇인지 생각합니다.

3 대상에 따라 알맞은 ☐☐☐☐을 사용해 대화해야 합니다.

4 상대를 바라보고 상대의 말을 ☐☐하며 대화해야 합니다.

5 전화할 때는 상대가 상황을 볼 수 없기 때문에 정확하고 ☐ ☐☐으로 표현해야 합니다.

6 상황에 어울리는 표정, 몸짓, 말투로 대화하려면 내용을 다른 사람에게 잘 전달될 수 있도록 알맞은 ☐☐☐로 말하고 몸짓은 정확하게 합니다.

7 역할놀이를 볼 때는 ☐☐☐☐을 지키며 대화하는지 살펴보아야 합니다.

8 전화로 대화할 때에는 ☐☐이 누구인지 밝히고 상대가 누구인지 확인합니다.

9 전화는 상대 얼굴을 보지 않고 이야기하므로 ☐☐하게 말합니다.

10 같은 뜻이지만 ☐☐가 다르게 말하는 까닭은 대화 상대가 다르기 때문입니다.

5
단원

5. 바르게 대화해요

국어 164~185쪽 국어 활동 56~61쪽

도움말

1. 다양한 경험을 친구들과 이야기 해 보고, 대화할 때 어떤 점을 고려해야 할지 생각해 봅니다.

핵심 1

1 대화를 할 때 고려해야 할 점을 한 가지 쓰시오.

_____

2. 대상에 따라 알맞은 높임 표현을 생각해 봅니다.

핵심 2

2 선생님이나 아버지와 대화할 때와 친구들과 대화할 때 다른 점을 쓰시오.

_____

_____

3. 일반적인 대화와 전화 대화가 다른 점을 생각해 봅니다.

핵심 3

3 전화할 때의 특징이 아닌 것은 무엇입니까? (   )

① 듣고 있음을 나타내는 말을 해야 한다.
② 전화를 거는 사람과 받는 사람이 있다.
③ "여보세요?"처럼 자주 사용하는 말이 있다.
④ 직접 만나지 않아도 멀리 있는 사람에게 소식을 전할 수 있다.
⑤ 상대가 상황을 볼 수 없기 때문에 상상력을 발휘하여 표현해야 한다.

핵심 4

4 상황에 알맞은 몸짓이나 말투를 찾아 선으로 이으시오.

(1) 기쁠 때 •

(2) 슬플 때 •

(3) 무서울 때 •

• ㉠ 나지막하면서 떨리는 말투로 말한다.

• ㉡ 얼굴을 가리며 우는 몸짓을 한다.

• ㉢ 활짝 웃으며 엄지손가락을 들어 올린다.

4. 다양한 상황에 어울리는 몸짓과 말투를 찾아 봅니다.

핵심 5

5 상황에 맞게 대화하려면 어떤 점에 주의해야 하는지 한 가지 쓰시오.

_____

5. 대상에 따라 알맞은 높임 표현을 사용해야 하고, 대화할 때의 예절을 잘 지키는 것도 중요합니다.

핵심 6

6 다음은 전화할 때 지켜야 할 예절입니다. ㉠, ㉡에 알맞은 말을 쓰시오.

• 상대의 [㉠] 을/를 헤아린다.
• 공공장소에서는 [㉡] (으)로 말한다.

(1) ㉠: (　　　　　　　　　)
(2) ㉡: (　　　　　　　　　)

6. 전화할 때의 바른 대화 예절에 대해 생각해 봅니다.

국어 164~185쪽 국어 활동 56~61쪽

1~4 다음 글을 읽고 물음에 답하시오.

⑦ 엄마: 진수야, 몸은 좀 괜찮니?

진수: 엄마, 어제보다 많이 좋아졌어. 내일은 학교에 갈 거야.

엄마: 그래.

⑷ 수정: 여보세요?

진수: 수정이니? 나, 진수야. 수정아, 내일 준비물이 뭐야?

수정: 풀이랑 가위야.

진수: 그리고…….

수정: (전화를 뚝 끊는다.)

⑶ (문구점 안. 남녀 학생들이 시끄럽게 떠드는 소리가 들린다.)

진수: 아저씨, 이 풀 얼마예요?

문구점 주인아저씨: 뭐라고? 시끄러워서 잘안 들리는데 다시 한번 말해 줄래?

⑷ 여자아이: 진수야, 내가 가위를 깜빡하고 안가져왔어. 가위 좀 빌려줄래?

진수: 안 돼. 내가 쓸 거야. 나도 가위가 계속필요하거든.

1 ⑦~⑷에서 진수는 누구와 이야기를 나누고 있는지 각각 쓰시오.

(1) 글 ⑦ ( )

(2) 글 ⑷ ( )

(3) 글 ⑶ ( )

(4) 글 ⑷ ( )

2 ⑦~⑷에서 높임 표현을 써서 말해야 하는 상황을 두 가지 찾아 기호를 쓰시오.

( )

3 ⑷에서 진수가 당황한 까닭은 무엇입니까?

( )

① 수정이가 아무 말도 하지 않아서

② 수정이가 높임 표현을 쓰지 않아서

③ 수정이가 자기 할 말만 너무 오래 해서

④ 수정이가 준비물을 가르쳐 주지 않아서

⑤ 수정이가 진수의 말을 더 듣지 않고 전화를 끊어서

4 ⑷에서 진수가 잘못한 점은 무엇입니까?

( )

① 높임 표현을 잘못 썼다.

② 누구인지 확인하지 않았다.

③ 여자아이를 놀리는 말을 했다.

④ 자신의 생각을 말하지 않았다.

⑤ 여자아이의 기분을 생각하지 않았다.

중요

5 다른 사람과 대화할 때 고려해야 할 점을 찾아 색칠하시오.

대화하는 목적이 무엇인지 생각한다.		상대가 누구인지 생각한다.	
어떤 대화 상황인지 생각한다.	자신의 기분만 생각한다.		상대의 말을 듣지 않는다.

6 다음 그림에서 승민이의 대화 태도로 알맞지 않은 것은 무엇입니까? (   )

① 공손한 태도로 대화하고 있다.
② 할머니의 눈을 바라보고 있다.
③ 높임말을 사용해 말하고 있다.
④ 할머니의 말씀을 잘 듣고 있다.
⑤ 자신이 할 말을 하지 못하고 있다.

7 다음 대화를 보고 빈칸에 들어갈 알맞은 말에 ○표를 하시오.

사과주스 (나오셨습니다 , 나왔습니다).

8~10 다음 글을 읽고 물음에 답하시오.

(가) (전화벨이 울린다.)
　　민지: 여보세요?
　　지원: 여보세요, 민지 있나요?
　　민지: ㉠제가 민지인데, 누구신가요?
　　지원: 나, 지원이야.
(나) 지원: 나, 아까 학교 앞 문구점에서 미술 준비물을 샀는데 망가져 있어.
　　민지: 뭐가? 물감에 구멍이 났니? 아니면 물통?
　　지원: 아니, 물통에 물이 샌다고.
　　민지: 아, 물통을 말하는 거구나.

8 ㉠이라고 말한 까닭은 무엇입니까? (   )

① 주변에 시끄러운 소리가 나서
② 지원이가 높임말을 쓰지 않아서
③ 옆 사람이 큰 소리로 대화를 해서
④ 민지가 자신이 누구인지 밝히지 않아서
⑤ 지원이가 자신이 누구인지 밝히지 않아서

9 (나)에서 지원이가 민지에게 하고 싶은 말은 무엇입니까? (   )

① 물감에 구멍이 났다.
② 물통에서 물이 샌다.
③ 문구점에 준비물이 없다.
④ 문구점에서 물통을 사기 힘들다.
⑤ 문구점에 준비물을 같이 사러 가자.

서술형
10 (나)의 대화를 보고 알 수 있는 전화 대화의 특징은 무엇인지 쓰시오.

_____

_____

_____

11~12 다음 글을 읽고 물음에 답하시오.

(가) (전화벨이 울린다.)

예원이 언니: 여보세요?

수진: 예원아! 우리 내일 어디에서 만나서 놀기로 했지?

예원이 언니: (생각) 나는 예원이 언니인데…… 누구지?

(나) (전화벨이 울린다.)

유진: 여보세요?

할머니: 유진이냐? 할머다.

유진: 네, 할머니! 안녕하세요?

할머니: 그래. 여기는 괜찮은데, 요즘 한국은 많이 덥지?

유진: 네, 많이 더워요.

할머니: 네 엄마는?

유진: 시장에 장 보러 가셨어요.

할머니: 엄마 오시면 할머니가 이번 토요일에 한국에 간다고 전해 다오.

유진: 네.(전화를 끊는다. 전화 끊는 소리 "찰칵 뚜뚜뚜……")

할머니: 세 시까지 공항에 데리러 오라고 말해야 하는데…….

11 (가)와 (나)의 문제를 해결하기 위한 방법을 다음 **보기**에서 찾아 각각 기호를 쓰시오.

보기

㉠ 상대의 말을 끝까지 듣고 공손하게 말한다.

㉡ 공공장소에서는 작은 목소리로 대화해야 한다.

㉢ 전화를 건 사람이 자신이 누구인지 밝히고 상대가 누구인지도 확인해야 한다.

(1) (가) ( )

(2) (나) ( )

12 (나)에서 할머니가 유진이에게 전하고 싶었던 말은 무엇인지 쓰시오.

( )

13~15 다음 장면을 보고 물음에 답하시오.

강이

상황: 훈이가 차에 치일 뻔한 것을 보고 강이가 깜짝 놀랐다.

13 이 장면에 알맞은 상황은 무엇입니까? ( )

① 강이가 엄마께 꾸중을 듣는 상황

② 훈이와 강이가 화해를 하는 상황

③ 훈이가 강이를 유치원생 같다고 놀리는 상황

④ 강이가 엄마께 밝은색 옷을 입으라는 이야기를 듣는 상황

⑤ 훈이가 차가 오는지 보지 않고 횡단보도로 뛰어가는 것을 보고 강이가 놀라는 상황

14 강이의 마음으로 알맞은 것은 무엇입니까?

( )

① 후회스럽다.

② 안심이 된다.

③ 즐겁고 신난다.

④ 미안하고 부끄럽다.

⑤ 놀라면서 당황스럽다.

서술형

15 이 장면의 강이에게 어울리는 표정, 몸짓, 말투는 무엇인지 쓰시오.

_____

_____

_____

16~18 다음 글을 읽고 물음에 답하시오.

> (가) 선생님: 이번 주 금요일까지 우리 주위 사람들이 좋아하는 음식을 조사해 오세요.
>
> 미나: 선생님, 주위 사람이면 누구를 말하는 건가요?
>
> 선생님: 가족, 친척, 이웃처럼 가까운 사람을 말한단다.
>
> (나) 미나: 참, 민철아! 너, 가장 좋아하는 음식이 뭐야?
>
> 남동생: 에이, 누난 그것도 몰라?
>
> 미나: ⓒ 하하, 맞아. 우리 민철이는 통닭을 가장 좋아하지!

16 선생님께서 조사해 오라고 하신 것은 무엇입니까? (　　　)

① 음식의 종류
② 음식의 역사
③ 주위 사람들이 잘하는 일
④ 반 친구들이 좋아하는 음식
⑤ 주위 사람들이 좋아하는 음식

17 다음 대화에 알맞은 말의 기호를 쓰시오.

> ㉠ 할아버지, 가장 좋아하시는 음식이 뭐야?
> ㉡ 할아버지, 가장 좋아하시는 음식이 뭐예요?

(　　　　　　　)

서술형

18 ⓒ에 알맞은 표정, 몸짓, 말투를 쓰시오.

_____

_____

국어활동

19 다음 전화 대화를 보고 바른 대화 예절을 찾아 ○표를 하시오.

(1) 상대의 상황 헤아리기　　　　　(　　　)
(2) 상대의 얼굴을 보지 않고 이야기하므로 공손하게 말하기　　　　　(　　　)

20 친구가 국어 시간에 필요한 모둠 준비물을 가져오지 않았을 때 다음과 같이 다른 두 반응을 보고, 친구는 어떤 기분이 들었을지 각각 쓰시오.

(1)

(2)

_____

5
단원

1~5 다음 글을 읽고 물음에 답하시오.

(가) 엄마: 진수야, 몸은 좀 괜찮니?

진수: 엄마, 어제보다 많이 좋아졌어. 내일은 학교에 갈 거야.

엄마: 그래.

(나) 수정: 여보세요?

진수: 수정이니? 나, 진수야. 수정아, 내일 준비물이 뭐야?

수정: 풀이랑 가위야.

진수: 그리고……

수정: (전화를 뚝 끊는다.)

(다) (문구점 안. 남녀 학생들이 시끄럽게 떠드는 소리가 들린다.)

진수: 아저씨, 이 풀 얼마예요?

문구점 주인아저씨: 뭐라고? 시끄러워서 잘 안 들리는데 다시 한번 말해 줄래?

(라) 여자아이: 진수야, 내가 가위를 깜빡하고 안 가져왔어. 가위 좀 빌려줄래?

진수: [   ]

1 (가)~(라)에서 진수는 누구와 이야기를 나누고 있는지 찾아 선으로 이으시오.

(1) 글 (가) •   • ㉠   엄마

(2) 글 (나) •   • ㉡   여자아이

(3) 글 (다) •   • ㉢   친구 수정

(4) 글 (라) •   • ㉣   문구점 주인아저씨

2 다음 (가)~(라)에서 다음의 대화 상황을 찾아 기호를 쓰시오.

전화로 준비물을 물어보는 상황

(   )

3 (다)에서 대화가 잘 이루어지지 않은 까닭은 무엇입니까? (   )

① 진수가 딴생각을 해서
② 주인아저씨가 딴생각을 해서
③ 진수가 무엇을 물어볼지 몰라서
④ 진수가 너무 작은 목소리로 말해서
⑤ 큰 소리로 대화하는 아이들 때문에

4 여자아이의 기분을 생각해서 (라)의 빈칸에 들어갈 말로 알맞은 것을 찾아 ○표를 하시오.

(1) 너 또 가위 안 가지고 왔니? 정신 차려!
(   )

(2) 안 돼. 내가 쓸 거야. 나도 가위가 계속 필요하거든. (   )

(3) 나도 가위를 써야 하거든. 미안한데 내가 먼저 쓰고 빌려줄게 조금만 기다릴래? (   )

🖊서술형

5 (가)~(라)의 대화를 살펴보고, 대화할 때 어떤 점을 고려해야 하는지 두 가지 쓰시오.

_____

_____

서술형

6 다음 대화를 보고 빈칸에 들어갈 알맞은 말에 ○ 표를 하고, 그 표현을 고른 까닭을 쓰시오.

할머니 지금 뭐 하시니?

(1)
할머니께서 주스를 (먹고 있어요 , 드시고 계세요).

(2) 고른 까닭: _____

7 다음 대화에 들어갈 알맞은 말을 찾아 기호를 쓰시오.

승민아, 지난 주 말에 뭐 했니?

㉠ 응, 책을 사러 서점에 갔어.
㉡ 네, 책을 사러 서점에 갔습니다.

(   )

8~10 다음 글을 읽고 물음에 답하시오.

㈎ (전화벨이 울린다.)
　민지: 여보세요?
　지원: 여보세요, 민지 있나요?
　민지: 제가 민지인데, 누구신가요?
　지원: 나, 지원이야.
㈏ 지원: ㉠나, 아까 학교 앞 문구점에서 미술 준비물을 샀는데 망가져 있어.
　민지: 뭐가? 물감에 구멍이 났니? 아니면 물통?
　지원: 아니, 물통에 물이 샌다고.
　민지: 아, 물통을 말하는 거구나.

8 ㈎에서 지원이가 잘못한 점은 무엇입니까?

(   )

① 너무 큰 소리로 말했다.
② 높임 표현을 쓰지 않았다.
③ 자신이 누구인지 밝히지 않았다.
④ 민지의 기분을 상하게 하는 말을 썼다.
⑤ 전화를 걸고 "여보세요?"라고 하지 않았다.

9 ㉠이라고 말했을 때 민지가 한 생각은 무엇인지 쓰시오.

• 정확히 무엇을 말하는지 몰라서 (   ) 과/와 (   )을/를 모두 생각했다.

서술형

10 ㈏의 대화에서 일어난 문제를 해결하기 위해 어떻게 해야 할지 쓰시오.

_____

_____

_____

11~12 다음 글을 읽고 물음에 답하시오.

(가) 지수: 정아야, 어제 우리 반 회의에서 책 당번을 정하기로 했잖아. 내 생각에는 책 당번을 일주일에 한 번씩 바꾸는 건 잘못된 것 같아. 각자 맡고 있는 역할도 있는데 일주일 동안 책을 관리하는 건 너무 힘들어.

정아: 응. 그런데……

지수: 내 생각에는 하루에 한 번씩 책 당번을 바꾸는 게 맞아. 회의 시간에 강력하게 말했어야 하는데, 내가 괜히 의견을 말 안 했나 봐. 내일 선생님께 다시 한번 말씀드려 볼까?

정아: (생각) 내 생각에는 하루에 한 번씩 바꾸면 친구들도 헷갈리고, 책 관리가 안 될 수도 있다고 말하고 싶었는데. 지수는 계속 자기 말만 하네. ㉠ 지수에게 내 생각을 언제 말하지?

지수: 내 의견 어때? 왜 말이 없니?

정아: 그래.

(나) (지하철 소리)

남자아이: (큰 목소리로) 하하! 그래. 너 이번 주에 뭐 하니? 우리, 이번 주에 축구할래? 지난주에 비가 와서 축구를 하지 못했잖아.

11 ㉠이라고 생각한 까닭은 무엇입니까? ( )

① 지수가 딴생각을 해서
② 지수가 전화를 끊어서
③ 지수가 계속 자신이 할 말만 해서
④ 이미 너무 자기 할 말을 많이 해서
⑤ 전화를 건 사람이 누구인지 몰라서

12 (나)에서 지켜야 할 전화 예절은 무엇인지 쓰시오.

_____

13~15 다음 글을 읽고 물음에 답하시오.

❶ 훈이가 노란 우산에 노란 옷을 입은 강이를 유치원생 같다고 놀렸다.	❷ 엄마께서 강이에게 비 오는 날에는 밝은색 옷을 입어야 한다고 하셨기 때문이다.
❸ 훈이가 앞을 잘 보지 않고 뛰어가다가 교통사고가 날 뻔했다. 운전하시는 아저씨께서 훈이가 검은색 옷을 입어서 잘 보이지 않았다고 하셨다.	❹ 우산으로 얼굴을 가리지 말고 길을 건너야 한다고 훈이에게 알려 주며 훈이와 강이는 화해를 했다.

13 ❶에서 강이는 훈이의 말을 듣고 어떤 기분이 들었겠습니까? ( )

① 부럽다.　　② 고맙다.
③ 즐겁다.　　④ 속상하다.
⑤ 다행스럽다.

14 ❸에서 운전자 아저씨의 마음은 어떠했겠는지 쓰시오.

_____

서술형
15 ❸에서 운전자 아저씨의 표정, 몸짓, 말투를 쓰시오.

_____

16~18 다음 글을 읽고 물음에 답하시오.

(가) 선생님: 이번 주 금요일까지 우리 주위 사람들이 좋아하는 음식을 조사해 오세요.

미나: 선생님, 주위 사람이면 누구를 말하는 건가요?

선생님: 가족, 친척, 이웃 등 가까운 사람을 말한단다.

(나) 미나: ㉠할아버지, 가장 좋아하시는 음식이 뭐야?

할아버지: 음식? 어떤 음식?

미나: 불고기, 김밥 같은 음식요.

할아버지: 응, 할아버지는 된장찌개가 최고야.

(다) 미나: 참 민철아! 너, 가장 좋아하는 음식이 뭐야?

남동생: ㉡에이, 누난 그것도 몰라?

미나: 하하, 맞아. 우리 민철이는 통닭을 가장 좋아하지!

16 (나)와 (다)에서 미나는 각각 누구와 대화하고 있는지 쓰시오.

(1) 글 (나) •　　• ㉮ 할아버지

(2) 글 (다) •　　• ㉯ 동생 민철

17 ㉠을 대화 상대에 맞게 알맞은 표현으로 고쳐 쓰시오.

_____

18 ㉡에 알맞은 표정, 몸짓, 말투를 쓰시오.

_____

19 다음 그림을 보고 빈칸에 들어갈 전화 대화로 바른 것을 찾아 ○표를 하시오.

(1) 내일 준비물이 뭐니?　　　　　（　　　）

(2) 나, 희지야. 내일 준비물이 뭐니?　（　　　）

20 다음 괄호 안에 들어갈 표정, 말투, 몸짓으로 알맞은 것은 무엇입니까? （　　　）

① 크고 씩씩한 목소리로

② 짜증 나고 화나는 표정으로

③ 박수를 치며 기쁜 표정으로

④ 팔짱을 낀 채로 눈을 흘기며

⑤ 깜짝 놀라며 당황해하는 표정으로

5
단원

국어 164~185쪽 국어 활동 56~61쪽

1~3

(전화벨이 울린다.)
유진: 여보세요?
할머니: 유진이냐? 할머니다.
유진: 네, 할머니! 안녕하세요?
할머니: 그래. 여기는 괜찮은데, 요즘 한국은 많이 덥지?
유진: 네, 많이 더워요.
할머니: 네 엄마는?
유진: 시장에 장 보러 가셨어요.
할머니: 엄마 오시면 할머니가 이번 토요일에 한국에 간다고 전해 다오.
유진: 네.(전화를 끊는다. 전화 끊는 소리 "찰칵 뚜뚜뚜…….")
할머니: 세 시까지 공항에 데리러 오라고 말해야 하는데…….

도움말

☆ 웃어른과 전화로 대화 할 때의 예절을 생각해 봅니다.

1 이 대화 상황은 무엇인지 빈칸에 알맞은 말을 쓰시오.

•(   )와/과 (   )(으)로 대화를 나누고 있다.

1 대화 상대는 누구인지, 직접 만나서 이야기를 하고 있는지 전화로 대화하는지 살펴봅니다.

2 할머니께서 당황하신 까닭은 무엇인지 쓰시오.

_____

_____

2 할머니께서 유진이가 전화 예절을 지키지 않아서 당황하고 기분이 상하셨을 것입니다.

3 전화로 지켜야 할 예절을 잘 지키며 대화하려면 어떻게 해야 하는지 유진이의 대화를 바르게 쓰시오.

할머니: 엄마 오시면 할머니가 이번 토요일에 한국에 간다고 전해 다오.

유진: _____

_____

할머니: 세 시까지 공항에 데리러 오라고 전해 주렴.

3 전화 예절을 잘 지켜서 대화합니다.

4~6

① 훈이가 앞을 잘 보지 않고 뛰어가다가 교통사고가 날 뻔했다. 운전하시는 아저씨께서 훈이가 검은색 옷을 입어서 잘 보이지 않았다고 하셨다.

② 훈이가 차가 오는지 보지 않고 횡단보도로 뛰어가는 것을 보고 강이가 놀랐다.

③

강이

4 ①에서 훈이에게 사고가 날 뻔한 까닭은 무엇인지 쓰시오.

_____

_____

4 훈이는 조심하지 않고 뛰어갔습니다.

5 단원

5 ③의 빈 말주머니에 들어갈 알맞은 말은 무엇인지 쓰시오.

_____

_____

5 친구의 행동을 말리는 말을 해야 합니다.

6 ①와 ② 가운데에서 한 장면을 골라 역할놀이를 하려고 합니다. 역할놀이를 하고 싶은 장면을 고르고, 자신이라면 어떤 표정, 몸짓, 말투로 표현할지 쓰시오.

_____

_____

_____

6 언어 예절에 주의하며 알맞은 표정, 몸짓, 말투로 표현합니다.

단원 요점 정리 6. 마음을 담아 글을 써요

국어 186~211쪽 국어 활동 62~67쪽

→ 마음을 전할 때에는 상대의 기분을 생각하며 진심으로 말하는 것이 중요합니다.

핵심 1 다른 사람에게 마음을 전해 본 경험 떠올리기

• 화가 났을 때에는 하고 싶은 말이 있어도 잠깐 멈춥니다.
• 말하기 전에 이 말을 하면 상대의 기분이 어떨지 생각합니다.
• 말할 때에는 상대의 마음을 헤아리며 자신의 생각과 마음을 말합니다.

핵심 2 이야기를 듣고 인물의 마음이 어떻게 변했는지 정리하기 →언제 어디에서 어떤 일이 있었는지 생각해 봅니다.

• 이야기를 듣고 주인공이 한 일이나 겪은 일을 차례대로 말해 봅니다.
• 주인공이 한 일이나 겪은 일과 그때의 마음을 알맞게 써 봅니다.
• 시간 흐름에 따라 변하는 주인공의 마음을 도표로 정리해 봅니다.
예 「규리의 하루」에서 규리의 마음 ★도표로 정리하기

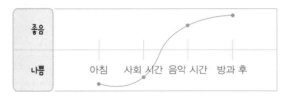

핵심 3 이야기 속 인물의 마음을 헤아리며 글 읽기

• 자신의 마음을 어떤 때 어떻게 느끼는지 생각해 봅니다.
예 억울하면 가슴이 답답하고 눈물이 납니다. 말이 잘 안 나옵니다. / 기쁘고 즐거우면 저절로 웃음이 나고 기분이 좋아집니다.
• 다른 사람의 마음이나 기분을 어떻게 느낄 수 있는지 생각해 봅니다. →표정, 목소리, 소리로 느낄 수 있습니다.

핵심 4 읽는 사람을 생각하며 마음을 전하는 글 쓰기

• 다른 사람에게 들으면 기분이 상하거나 서운한 말이 무엇인지 경험을 나눠 봅니다.
• 역할극으로 마음을 헤아리는 말과 마음을 상하게 하는 말을 ★비교해 봅니다.
• 다른 사람의 마음을 헤아리며 자신의 마음을 전하는 쪽지를 주고받습니다.
• 읽을 사람의 마음을 헤아리면서 자신의 마음을 전하는 글을 써 봅니다.

핵심 5 다른 사람에게 마음을 전하는 글 쓰기

• 마음을 전하고 싶은 사람과 있었던 일을 떠올려 봅니다.
• 상대에게 어떤 말을 하고 싶은지 생각해 봅니다.
• 상대에게 쪽지를 쓸 때 하고 싶은 말을 정리해 봅니다. →어른께 쓸 때는 높임 표현에 맞게 씁니다.
• 상대에게 자신의 마음을 잘 전했는지 확인해 봅니다.

> **상대에게 자신의 마음을 잘 전했는지 확인하기**
> • 있었던 일과 그때 자신의 기분을 솔직하게 썼는지 확인합니다.
> • 상대에게 하고 싶은 말을 진심을 담아 부드럽게 썼다.
> • 앞으로 바라는 점이나 자신의 다짐을 썼는지 확인합니다.

국어활동

핵심 6 이야기를 읽고 인물의 마음이 어떻게 변했는지를 정리할 수 있는지 확인하기

• 인물이 한 일이나 겪은 일을 찾아 봅니다.
• 인물의 생각, 말이나 행동을 살펴 봅니다.

조금 더 알기

🌸 상대에게 전하는 마음 예

> 고마운 마음, 미안한 마음, 자랑
> 스러운 마음, 안타까운 마음, 격려
> 하는 마음, 슬픈 마음, 기쁜 마음,
> 속상한 마음 등

🌸 인물의 마음 짐작하는 방법

글의 내용에서 인물이 처한 상황
을 떠올려 보고 그때 인물이 느꼈던
마음을 짐작해 보는 것입니다.

🌸 친구한테 사과하는 쪽지를 쓸
때 주의할 점

• 장난처럼 말하듯이 쓰지 않아야
합니다.
• 정성껏 바른 글씨로 진심을 담아
써야 합니다.

🌸 상대에게 자신의 마음을 잘 전
했는지 확인하기

• 있었던 일과 그때 자신의 기분을
솔직하게 썼다.
• 진심을 담아 상대에게 하고 싶은
말을 부드럽게 썼다.
• 앞으로 바라는 점이나 자신의 다
짐을 썼다.

낱말 사전

★ 도표   여러 가지 자료를 분
석하여 그 관계를 일정한
양식의 그림으로 나타낸 표.
★ 비교   둘 이상의 사물을 견
주어 서로 간의 유사점, 차
이점, 일반 법칙 따위를 고
찰하는 일.

개념을 확인해요

1 다른 사람에게 마음을 전할 때에는 말하기 전에 이 말을 하면 상대
의 ☐☐ 이 어떨지 생각합니다.

2 말할 때에는 상대의 마음을 ☐☐☐☐ 자신의 생
각과 마음을 말합니다.

3 이야기를 듣고 인물의 마음이 어떻게 변했는지 알기 위해서는 주
인공이 ☐☐☐ 과 그때의 마음을 알맞게 써 봅니다.

4 이야기 속 인물의 마음을 헤아리려면 ☐☐ 의 마음을 어
떤 때 어떻게 느끼는지 생각해 봅니다.

5 다른 사람의 ☐☐ 이나 기분을 어떻게 느낄 수 있는지 생
각해 봅니다.

6 친구한테 사과하는 쪽지를 쓸 때에는 ☐☐ 처럼 말하듯이
쓰지 않아야 합니다.

7 마음을 전하는 글을 쓸 때에는 먼저 다른 사람에게 들으면 기분이
상하거나 ☐☐☐ 말이 무엇인지 경험을 나눠 봅니다.

8 ☐☐☐☐ 의 마음을 헤아리면서 자신의 마음을
전하는 글을 씁니다.

9 상대에게 ☐☐ 를 쓸 때 하고 싶은 말을 정리해 봅니다.

10 어른께 쓸 때는 ☐☐☐☐ 에 맞게 씁니다.

단원 6

도움말

1. 다른 사람에게 자신의 마음을 어떻게 전하는지 생각해 봅니다.

2. 경험한 일에 어울리는 마음을 생각해 봅니다.

3. 인물의 마음을 헤아리려면 먼저 자신은 어떤 때 어떻게 느끼는지 생각해 봅니다.

핵심 1

1 다른 사람에게 마음을 전할 때 어떻게 하면 좋을지 한 가지 쓰시오.

_____

_____

핵심 2

2 다음의 경험한 일과 어울리는 마음을 찾아 선으로 이으시오.

(1) 발표할 차례가 다가옴. •

(2) 친구네 하얀 강아지의 털을 쓰다듬어 줌. •

• ㉠ 행복한 마음

• ㉡ 걱정스러운 마음, 불안한 마음

핵심 3

3 다른 사람의 마음이나 기분을 느낄 수 있는 방법을 모두 고르시오.

(, ,)

① 표정으로 느낄 수 있다.
② 목소리로 느낄 수 있다.
③ 행동으로 느낄 수 있다.
④ 옷차림으로 느낄 수 있다.
⑤ 겉모습으로 느낄 수 있다.

도움말

핵심 4

4 친구에게 사과하는 쪽지를 쓸 때 주의할 점은 무엇인지 한 가지 더 쓰시오.

• 장난처럼 말하듯이 쓰지 않는다.

• _____

4. 다른 사람의 마음을 헤아리며 자신의 마음을 남에게 잘 전하는 방법을 생각해 봅니다.

핵심 5

5 상대에게 쪽지를 쓸 때 지켜야 할 것이 아닌 것을 고르시오. ( )

① 전하고 싶은 마음을 쓴다.

② 상대가 듣기 좋은 말만 쓴다.

③ 앞으로 바라는 점이나 자신의 다짐을 쓴다.

④ 있었던 일과 그때 자신의 기분을 솔직하게 쓴다.

⑤ 상대에게 하고 싶은 말을 진심을 담아 부드럽게 쓴다.

5. 상대에게 쪽지를 쓸 때 하고 싶은 말을 정리해 보고, 상대에게 자신을 잘 전하는 방법을 확인해 봅니다.

6 단원

핵심 6

6 이야기에서 인물의 마음을 알 수 있는 방법으로 알맞은 것을 찾아 ○표를 하시오.

(1) 인물의 생김새를 잘 떠올려 본다. ( )

(2) 인물이 한 일이나 겪은 일을 찾아본다. ( )

(3) 인물의 생각, 말이나 행동을 살펴 본다. ( )

6. 이야기를 읽고 인물의 마음이 어떻게 변했는지 파악하기 위해 살펴봐야 할 것들을 생각해 봅니다.

6. 마음을 담아 글을 써요

국어 186~211쪽 국어 활동 62~67쪽

1~4 다음 그림을 보고 물음에 답하시오.

(가)

(나)

미안해.

(다)

가을 현장 체험학습

와, 신난다!

(라)

빨리 나아야 해.

1 (가)의 빈 말주머니에 들어갈 알맞은 말은 무엇입니까? (   )

① 미안해.
② 괜찮니?
③ 고맙습니다.
④ 빨리 나아야 해.
⑤ 다음에는 더 잘하겠습니다.

2 (나)의 "미안해."에 담긴 마음은 무엇입니까?
(   )

① 미안한 마음
② 즐거운 마음
③ 고민되는 마음
④ 기대되는 마음
⑤ 실망스러운 마음

3 (다)의 "와, 신난다!"라는 말을 해야 하는 상황으로 알맞은 것은 무엇입니까? (   )

① 친구가 전학을 갈 때
② 부모님께 꾸중을 들을 때
③ 친구가 약속 시간에 늦었을 때
④ 친구의 그림에 물통을 엎었을 때
⑤ 우리 팀이 농구 경기에서 이겼을 때

서술형

4 (라)에서 "빨리 나아야 해."라고 말한 까닭은 무엇인지 쓰시오.

_____

_____

5 다음 그림에서 경기장 밖에서 넘어진 친구를 지켜본 친구는 넘어진 친구에게 어떤 말을 해야 할지 찾아 ○표를 하시오.

(1) 다친 데는 없니? (   )
(2) 또 넘어진 거야? 너는 왜 그러냐? (   )

6~9 다음 글을 읽고 물음에 답하시오.

(가) 곧 수업시간을 알리는 종이 울렸다.

1교시는 사회 시간이었다. 우리 지역의 자랑거리를 조사해서 발표하는 시간이었다.

우리 모둠 발표자는 나였다. 앞 모둠 발표가 거의 끝나 가자 나는 가슴이 콩닥콩닥 뛰기 시작했다.

'어쩌지? 실수하면 안 되는데……'

발표 내용이 갑자기 뒤죽박죽되는 느낌이었다.

우리 모둠 차례가 되었고 겨우겨우 발표를 끝내고 자리로 돌아왔다. 얼른 이 시간이 지나가면 좋겠다고 생각했다.

(나) 3교시는 내가 가장 좋아하는 음악 시간이었다. 나는 여러 가지 악기를 잘 다루고 노래도 잘 부르는 편이다. 오늘 음악 시간에는 리코더를 연주했다. 내 짝 민호는 리코더 연주가 서툴다. 선생님께서는 민호가 리코더를 연주하는 것을 보시더니 내게 말씀하셨다.

"규리야, 네가 민호 좀 도와주렴."

나는 음악 시간 내내 민호의 리코더 선생님이 되었다.

"규리야, '솔' 음은 어떻게 소리 내니?"

"응, 내가 가르쳐 줄게."

민호는 가르쳐 주는 대로 잘 따라 했다.

"아, 이렇게 하는 거구나. 고마워, 규리야."

민호가 잘하자 나도 덩달아 기분이 좋아졌다.

수업이 모두 끝났다. 집으로 가는 길에 놀이터를 지나게 되었다.

"멍멍!"

어디선가 강아지 소리가 들려왔다.

6 (가)에서 규리의 마음은 어떠합니까? (　　　)

① 즐거운 마음
② 당당한 마음
③ 화나는 마음
④ 불안한 마음
⑤ 뿌듯한 마음

7 문제 6번과 같은 마음이 든 까닭은 무엇입니까?
(　　　)

① 사회 시간에 친구를 도와주어서
② 사회 시간에 발표 차례가 돌아와서
③ 사회 시간에 친구의 칭찬을 들어서
④ 사회 시간에 수업이 너무 지루해서
⑤ 사회 시간에 선생님께 꾸중을 들어서

8 (나)는 언제 일어난 일인지 쓰시오.
(　　　　　　　　　)

중요

9 (나)에서 규리는 어떤 마음이 들었는지 빈칸에 알맞은 말을 쓰시오.

> 민호에게 리코더 연주를 가르쳐 주어서 　　　　　 마음이 들었다.

(　　　　　　　　　)

서술형

10 자신의 하루를 돌아보고 일어난 일과 그때의 마음을 쓰시오.

(1) 언제	
(2) 일어난 일	
(3) 그때의 마음	

11~13 다음 글을 읽고 물음에 답하시오.

운동회가 코앞으로 다가왔지만 기찬이는 멀찍이 앉아 물끄러미 친구들을 쳐다보았어요.
'치, 하나도 재미없어!'
기찬이는 운동에 자신이 없었거든요. 심술이 나 돌멩이를 발로 뻥 차 버렸어요. 그런데 기찬이가 찬 돌멩이가 그만 책가방을 맞혀 버렸어요.
"으악!"
공책과 연필이 친구들의 머리 위로 우수수 쏟아졌어요.
"나기찬, 방해하지 말고 집에나 가!"
머리에 혹이 난 친구들이 화가 나서 한마디씩 거들었어요. ㉠기찬이는 사과를 하려고 했지만 할 말이 생각나지 않았어요.
"난 운동회가 정말 싫어!"

「꼴찌라도 괜찮아!」, 유계영

11 기찬이가 한 행동은 무엇입니까? (   )

① 돌멩이를 발로 찼다.
② 책상에 엎드려 울었다.
③ 기뻐서 펄쩍펄쩍 뛰었다.
④ 달리기 연습을 열심히 했다.
⑤ 운동회에서 응원을 하기로 했다.

12 기찬이의 마음은 어떠하겠습니까? (   )

① 즐겁다.   ② 부끄럽다.
③ 속상하다.   ④ 기대가 된다.
⑤ 친구들이 고맙다.

서술형

13 자신이 기찬이라면 ㉠에서 어떻게 사과하는 말을 할지 쓰시오.

_____

14~15 다음 글을 읽고 물음에 답하시오.

그런데 기찬이가 한 바퀴를 더 도는 게 아니겠어요? 그때 이호가 휴지를 들고 헐레벌떡 뛰어왔어요. 친구들은 그제야 이마를 탁 쳤어요.
"뭐야, 이긴 게 아니야?"
"그것도 한 바퀴나 차이 나게 진 거야?"
이호는 머리를 긁적이며 멋쩍게 웃었어요.
"어디 갔다 왔어!"
기찬이는 이호에게 배턴을 넘겨주었어요.
"너만 믿다가 졌잖아."
기찬이는 괜히 웃음이 나왔어요. 친구들도 웃음이 나오는 것을 참을 수 없었어요. 모두 기찬이를 둘러싸고 웃으며 운동장을 달렸어요.

14 기찬이가 운동장을 한 바퀴 더 돈 까닭은 무엇입니까? (   )

① 화가 나서
② 빨리 달려서
③ 이호 대신 뛰어서
④ 경기에서 지고 싶어서
⑤ 달리기를 늦게 출발해서

15 이호에게 배턴을 넘겨주는 기찬이의 마음은 어떠하겠는지 알맞게 말한 친구를 찾아 ○표를 하시오.

(1) 최선을 다해서 결과와 상관없이 뿌듯한 마음일 거야.

(   )

(2) 이호가 원망스럽고 꼴찌를 해서 부끄러웠을 거야.

(   )

16~17 다음 장면을 보고 물음에 답하시오.

❶ 그래, 결심했어! 가서 원호에게 사과하자!

주은

❷ 미안해, 미안하 다고, 됐냐?

16 ❷에서 주은이가 원호에게 사과를 할 때 잘못한 점을 두 가지 고르시오. (,   )

① 직접 만나서 말하였다.
② 사과의 선물을 주지 않았다.
③ 진심을 담아 말하지 않았다.
④ 미안하다는 말을 하지 않았다.
⑤ 표정이나 분위기가 알맞지 않았다.

17 주은이가 원호에게 사과하는 쪽지를 쓰려고 합니다. 쓸 내용을 바르게 말하지 <u>못한</u> 친구를 찾아 ○표를 하시오.

(1) 주은이와 원호에게 어떤 일이 있었는지 쓰면 좋겠어.

(2) 주은이가 원호에게 자신의 감정을 솔직하게 쓰면 좋겠어.

(3) 주은이가 원호에게 바라는 마음을 쓰면 안 돼.

(   )　(   )　(   )

서술형

18 친구에게 마음을 전하는 쪽지를 써 본 경험을 생각해 쓰시오.

_____

_____

_____

국어활동

19 다음 그림에서 남자아이의 마음은 어떠합니까?
(   )

토요일까지 못 기다리겠어!

① 기쁜 마음
② 슬픈 마음
③ 속상한 마음
④ 고민하는 마음
⑤ 실망스러운 마음

20 다른 사람의 감정을 그대로 인정해 주는 말을 찾아 ○표를 하시오.

(1) 에이, 뭐 그런 일로 짜증을 내니?   (   )
(2) 그렇게 짜증을 내는 걸 보니, 그 일이 너를 많이 속상하게 했구나.   (   )

국어 186~211쪽   국어 활동 62~67쪽

1~2 다음 그림을 보고 물음에 답하시오.

(가)

(나)

(다)
가을 현장 체험학습

(라)

1 (가)~(라)에 들어갈 알맞은 말을 찾아 선으로 이으시오.

(1) 글 (가) • • ㉠ 정말 미안해.

(2) 글 (나) • • ㉡ 고맙습니다.

(3) 글 (다) • • ㉢ 와, 신난다!

(4) 글 (라) • • ㉣ 빨리 나아야 해.

2 (가)에서 문제 1번의 답과 같은 말을 한 까닭은 무엇입니까? (   )

① 이사를 가서 서운한 마음을 전하려고
② 음식을 받은 고마운 마음을 전하려고
③ 초대해 주어서 고마운 마음을 전하려고
④ 친구가 아파서 걱정되는 마음을 전하려고
⑤ 오랜만에 만나서 반가운 마음을 전하려고

3~4 다음 그림을 보고 물음에 답하시오.

㉠

3 이 그림에서 일어난 일은 무엇입니까? (   )

① 친구들과 운동장을 돌았다.
② 친구가 달리기에서 우승을 했다.
③ 친구가 달리기를 하다가 넘어졌다.
④ 친구들과 청소를 하다가 넘어졌다.
⑤ 넘어진 친구를 다른 친구가 일으켜 주었다.

서술형

4 ㉠에 들어갈 알맞은 말은 무엇인지 쓰시오.

_____

_____

5 다른 사람에게 자신의 마음을 전하는 알맞은 방법을 모두 고르시오. (,   ,   )

① 어떤 마음이든 솔직하게 표현한다.
② 말을 하면 상대의 기분이 어떨지 생각한다.
③ 자신의 생각과 마음을 가장 잘 전하는 거친 말을 한다.
④ 화가 났을 때에는 하고 싶은 말이 있어도 잠깐 멈춘다.
⑤ 상대의 마음을 헤아리며 자신의 생각과 마음을 말한다.

6~10 다음 글을 읽고 물음에 답하시오.

(가) "규리야, 얼른 일어나. 학교 가야지!"

엄마의 목소리가 귀에 울려 퍼졌다.

"5분만요."

"지금 안 일어나면 지각이야."

엄마 손이 이불을 걷어 냈다.

"아이참! 엄마, 알았다고요."

나는 눈을 비비며 부스스 자리에서 일어났다. 차가운 물로 세수를 하자, 졸음이 싹 달아났다. 아침밥을 먹는 둥 마는 둥 하고 서둘러 집을 나섰다.

마음이 바빠져서 거의 뛰다시피 걸었다. 덕분에 1교시 시작하기 직전에 교실에 들어갈 수 있었다.

"규리야, 왜 이렇게 늦었어? 걱정했잖아."

짝 민호가 핀잔 투로 말했다.

"그랬어? 늦잠 자는 바람에……."

곧 수업 시작을 알리는 종이 울렸다.

(나) 수업이 모두 끝났다. 집으로 가는 길에 놀이터를 지나게 되었다.

"멍멍!"

어디선가 강아지 소리가 들려왔다.

자세히 보니 옆집 수호네 엄마께서 강아지를 데리고 산책을 나오셨다. 너무너무 반가웠다. 수호네 강아지는 털이 하얗고 조그만 강아지여서 내가 아주 귀여워한다. 나는 수호 엄마께 반갑게 인사한 뒤에 수호네 강아지의 하얀 털을 조심조심 쓰다듬어 주었다. 구름을 만지는 기분이 이런 기분일까?

수호네 강아지 덕분에 오늘 하루가 행복하게 마무리되었다.

6 규리가 학교에 늦은 까닭은 무엇입니까?

( )

① 늦잠을 자서

② 책을 읽느라

③ 운동을 하느라

④ 엄마의 꾸중을 듣느라

⑤ 강아지 집을 찾아주느라

7 방과 후에 집으로 가던 규리가 본 것은 무엇인지 쓰시오.

( )

8 규리가 한 일이나 겪은 일을 차례대로 빈칸에 쓰시오.

(1)

↓

(2)

9 (가)와 (나)에서 규리의 마음은 어떻게 변했는지 바르게 짝지어진 것은 어느 것입니까? ( )

① 상쾌한 마음 → 슬픈 마음

② 편안한 마음 → 속상한 마음

③ 속상한 마음 → 행복한 마음

④ 상쾌한 마음 → 부러운 마음

⑤ 속상한 마음 → 자랑스러운 마음

10 (나)에서 규리가 겪은 일과 비슷한 경험을 떠올려 규리에게 하고 싶은 말을 바르게 한 친구를 찾아 ○표를 하시오.

(1) 친구와 재미있게 놀았더니 기분이 좋았지?

(2) 나도 강아지를 보면 기분이 좋은데 너도 그렇구나.

( ) ( )

6
단원

11~12 다음 글을 읽고 물음에 답하시오.

이튿날, 운동회에 나갈 선수를 뽑기로 했어요. 모두 들뜬 마음으로 선생님의 말씀에 귀 기울였어요.

"제비뽑기로 선수를 뽑자. 누구나 한 경기씩 나갈 수 있도록 말이야."

"말도 안 돼. 가장 잘하는 사람이 나가야 하는 것 아닌가요?"

아이들은 투덜거리며 제비를 뽑았어요. 기찬이의 제비뽑기 순서가 다가왔어요. 기찬이는 '이어달리기'가 쓰인 쪽지를 뽑았어요. 울상이 된 기찬이를 보고 친구들이 몰려들었어요.

"안 봐도 질 게 뻔해!"

11 이 글에서 일어난 일은 무엇입니까? (　　　)

① 기찬이가 이어달리기 선수로 뽑혔다.
② 이어달리기에서 기찬이네 반이 졌다.
③ 제비뽑기로 이어달리기를 하지 않게 되었다.
④ 가장 잘 달리는 친구가 이어달리기 선수로 뽑혔다.
⑤ 선생님께서 기찬이에게 이어달리기 선수로 나가라고 하셨다.

서술형
12 기찬이의 마음은 어떠했을지 쓰시오.

_____

_____

_____

13 이야기를 읽고 인물의 마음을 짐작할 수 있는 방법이 아닌 것은 무엇입니까? (　　　)

① 인물의 행동을 살펴본다.
② 인물의 생김새를 살펴본다.
③ 인물이 겪은 일을 찾아본다.
④ 인물의 말이나 생각을 살펴본다.
⑤ 인물이 처한 상황을 떠올려 본다.

14~15 다음 글을 읽고 물음에 답하시오.

"꾸르르륵······!"

그때 이호의 배 속에서 천둥처럼 큰 소리가 났어요. 이호는 갑자기 가로질러 뛰쳐나갔어요. 더 이상 참을 수가 없었던 거예요!

백군의 마지막 선수와 청군의 세 번째 선수 기찬이가 같은 자리를 뛰고 있었어요. 이호가 화장실에 가 버리는 바람에 기찬이의 다음에는 아무도 없었어요. 그런데 누군가 기찬이를 가리키며 소리쳤어요.

"어? 나기찬이 이기고 있어!"

14 기찬이의 다음에 아무도 없었던 까닭은 무엇입니까? (　　　)

① 기찬이가 너무 느려서
② 운동회가 끝나 버려서
③ 기찬이가 마지막 선수여서
④ 이호가 화장실에 가 버려서
⑤ 이호가 화가 나서 가 버려서

15 기찬이가 한 행동은 무엇입니까? (　　　)

① 이호를 찾으러 다녔다.
② 백군의 마지막 선수와 함께 달렸다.
③ 다른 친구에게 배턴을 넘겨 주었다.
④ 이미 졌다고 여기고 천천히 달렸다.
⑤ 자기가 달릴 바퀴만 달리고 그만두었다.

대한초등학교	대한통신	20○○년 10월

'마음을 전하는 우리 반' 행사에 많이 참여해 주세요

　우리 학교 전교 어린이회에서는 2학기를 맞이해 10월에 어떤 행사를 하면 좋을지 의논했습니다. 회의 시간에 각 학년 학생들은 각자 하고 싶은 행사를 많이 추천해 주었습니다. 그 가운데에서 전교 어린이회에서는 '마음을 전하는 우리 반' 행사를 함께하기로 결정했습니다.

　10월 넷째 주에 '마음을 전하는 우리 반'이라는 이름으로 각 반에서 행사를 합니다. '마음을 전하는 우리 반'은 자신의 마음을 다른 사람에게 전하는 행사입니다. 이때에는 친구들뿐만 아니라 주위 사람들에게 고마운 마음, 존경하는 마음, 미안한 마음 따위를 전할 수 있습니다. 전하는 방법은 다양하지만 예쁜 종이에 마음을 담아 손 편지를 써서 전하자는 의견이 많았습니다.

16 '마음을 전하는 우리 반' 행사는 언제 하기로 했는지 쓰시오.

(   )

17 전교 어린이회에서 추천한 마음을 전하는 방법은 무엇입니까? (   )

① 마음을 담은 선물을 전달한다.
② 마음을 나타낸 시를 써서 전달한다.
③ 마음을 담은 그림을 그려서 전달한다.
④ 우리 반 게시판에 마음을 담은 글을 올린다.
⑤ 예쁜 종이에 마음을 담아 손 편지를 써서 전달한다.

서술형

18 자신이라면 어떤 방법으로 마음을 전하고 싶은지 쓰시오.

_____

_____

국어활동

19 다음 그림에서 여자아이의 마음은 어떠합니까?

(   )

찌돌이가　　저런,　　네가　　울지 마,
죽었어.　　불쌍해라.　오랫동안　나도 슬퍼.
　　　　　　　　　　길렀는데
　　　　　　　　　　……

① 슬픈 마음
② 기쁜 마음
③ 홀가분한 마음
④ 안심스러운 마음
⑤ 다행스러운 마음

20 다른 사람의 마음을 헤아리며 자신의 마음을 전하는 말로 알맞지 <u>않은</u> 것은 무엇입니까? (   )

① 네가 도와줘서 고마워.
② 그렇게 하지 말랬잖아!
③ 우리, 같이 그려 볼까?
④ 네가 기뻐해 줘서 나도 기뻐.
⑤ 부탁을 들어주지 못해 내 마음이 아파.

국어 186~211쪽 국어 활동 62~67쪽

1~3

(개) 1교시는 사회 시간이었다. 우리 지역의 자랑거리를 조사해서 발표하는 시간이었다.

우리 모둠 발표자는 나였다. 앞 모둠 발표가 거의 끝나 가자 나는 가슴이 콩닥콩닥 뛰기 시작했다.

'어쩌지? 실수하면 안 되는데…….'

발표 내용이 갑자기 뒤죽박죽이 되는 느낌이었다.

우리 모둠 차례가 되었고 겨우겨우 발표를 끝내고 자리로 돌아왔다. 얼른 이 시간이 지나가면 좋겠다고 생각했다.

(내) 수업이 모두 끝났다. 집으로 가는 길에 놀이터를 지나게 되었다.

"멍멍!"

어디선가 강아지 소리가 들려왔다.

자세히 보니 옆집 수호네 엄마께서 강아지를 데리고 산책을 나오셨다. 너무너무 반가웠다. 수호네 강아지는 털이 하얗고 조그만 강아지여서 내가 아주 귀여워한다. 나는 수호 엄마께 반갑게 인사한 뒤에 수호네 강아지의 하얀 털을 조심조심 쓰다듬어 주었다. 구름을 만지는 기분이 이런 기분일까?

수호네 강아지 덕분에 오늘 하루가 행복하게 마무리되었다.

도움말

⭐ 인물의 마음이 어떻게 변했는지 생각해 하며 하루 동안 있었던 일을 살펴봅니다.

1 (개)와 (내)는 언제 일어난 일인지 각각 쓰시오.

(1) (개) (   )

(2) (내) (   )

1 이 글은 하루 동안 있었던 일을 차례대로 쓴 글입니다.

2 (개)에서 규리가 한 일이나 겪은 일과 그때의 마음을 알맞게 쓰시오.

(1) 규리가 겪은 일	
(2) 그때의 마음	

2 인물이 경험한 일과 마음을 정리해 봅니다.

3 규리와 비슷한 경험을 생각해 보고 그때의 마음을 떠올려 규리에게 하고 싶은 말을 쓰시오.

3 규리와 비슷한 경험을 떠올려 봅니다.

4~6

주은이가 딱지치기를 하다가 마음대로 되지 않자 원호에게 "다시 해!", "집에 갈 거야."와 같은 예의 없는 말과 행동을 해서 원호가 화가 많이 났다.

4 이 만화 영화의 장면처럼, 같이 놀던 친구가 갑자기 자신에게 예의 없이 함부로 말하거나 행동한 경험을 생각해 쓰시오.

_____

_____

_____

4 주은이가 예의 없는 말과 행동을 했습니다.

5 문제 4번의 답과 같은 경우에 어떤 마음이 들었는지 쓰시오.

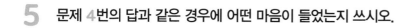

_____

5 친구가 함부로 하는 말을 들었을 때의 경험을 떠올려 봅니다.

6 친구에게 예의 없이 함부로 말한 것을 사과하는 쪽지를 쓰시오.

6 어떤 일이 있었는지 쓰고, 자신의 감정을 솔직하게, 앞으로 바라는 점이 무엇인지 씁니다.

단원 요점 정리

국어 212~237쪽 국어 활동 68~81쪽

핵심 1 글을 읽고 다른 사람에게 소개한 경험 나누기

• 자신이 읽은 글을 다른 사람에게 소개한 경험이 있는지 말해 봅니다.

예

 달팽이 놀이를 하는 방법을 읽고 친구들에게 소개해서 재미있게 한 적이 있어.

 장난감 사용 설명서를 읽고 동생에게 알려 줬어.

 우주에 대한 책을 읽고 친구들 앞에서 발표했어.

글을 읽고 친구에게 소개하면 좋은 점

• 친구에게 새로운 *지식을 알려 줄 수 있어서 좋습니다.
• 새로운 사실을 알려 줄 수 있습니다.
• 소개해 준 친구와 많은 이야기를 나눌 수 있습니다.
• 읽은 글의 내용을 잘 정리할 수 있습니다.
• 자신이 관심 있는 분야를 더 다양하게 생각할 수 있습니다.

핵심 2 여러 가지 방법으로 책 소개하기

• 어떤 책을 소개하고 싶은지 써 봅니다.
• 소개 방법과 내용을 쓰고, 친구들에게 소개해 봅니다.
• 책을 소개하고 느낀 점을 친구들과 이야기해 봅니다.

책을 소개하는 방법 → 책을 보여 주며 소개할 때에는 책 표지, 인상 깊은 내용을 모든 친구들이 잘 볼수 있도록 합니다.

• 책 보여 주며 말하기
• 노랫말 바꾸어 소개하기
• 새롭게 안 내용을 그림으로 보여 주며 소개하기
• 책갈피 만들어 소개하기
• 책 보물 상자 만들어 소개하기

핵심 3 독서 감상문에 대해 알기

• 책을 읽은 뒤에 책을 읽게 된 까닭, 책 내용, 인상 깊은 부분, 읽은 뒤에 든 생각이나 느낌 따위를 쓴 글을 독서 감상문이라고 합니다.

예 「바위나리와 아기별의 우정」을 읽고 독서 감상문의 특징 알아보기

독서 감상문의 내용	독서 감상문 특징
앞표지에 있는 바위나리와 아기별 그림이 무척 예뻐서 내용이 궁금했기 때문이다.	**책을 읽게 된 까닭** 그 책을 어떻게 읽게 되었는지를 말하는 것
아기별을 기다리던 바위나리는 점점 시들다가 그만 바람이 세게 불어 바다로 날려 갔다.	**책 내용** 책에 있는 이야기의 줄거리나 책에 담긴 중요한 정보
나는 이 책에서 바위나리를 그리워하며 울다가 빛을 잃은 아기별이 하늘 나라에서 쫓겨나 바다로 떨어진 장면이 가장 기억에 남는다.	**인상 깊은 부분** 책 내용 가운데에서 읽은 사람에게 가장 기억에 남는 부분
아기별과 같은 친구가 되어야겠다는 생각이 들었다.	**책을 읽은 뒤에 든 생각이나 느낌** 책을 읽고 나서 읽은 사람이 떠올린 생각이나 느낌

핵심 4 독서 감상문으로 우리 반 꾸미기

• 독서 감상문 쓸 내용을 정리하고 써 봅니다.
• 친구가 쓴 독서 감상문을 읽어 봅니다.
• 독서 감상문을 바꾸어 읽어 본 뒤에 든 생각이나 느낌을 말해 봅니다.
• 친구들의 독서 감상문을 읽고 자신이 읽고 싶은 책을 말해 봅니다.
• 나뭇잎 모양 독서 감상문으로 교실을 꾸며 봅니다.

국어활동

핵심 5 독서 감상문에 대해 아는지 확인하기

• 독서 감상문을 쓸 때 책의 중요한 내용이나 사건을 골라 쓸 수 있습니다.
• 독서 감상문은 필요한 내용만 골라 쓸 수 있습니다.

조금 더 알기

❀ 책 보여 주며 말하기

- 책 표지를 보여 주며 제목을 말하고 책 앞표지나 뒤표지에 있는 글과 그림을 소개한다.
- 책 내용 가운데에서 친구들에게 소개하고 싶은 부분을 말한다.
- 가장 기억에 남는 인상 깊은 부분과 그 까닭을 말한다.

❀ 독서 감상문을 쓰는 방법

- 책을 쓴 사람을 반드시 소개할 필요는 없습니다.
- 책 제목을 씁니다.
- 책 전체 내용을 빠짐없이 쓸 필요는 없습니다.
- 책을 읽게 된 까닭을 씁니다.
- 읽은 뒤의 생각과 느낌을 씁니다.

낱말 사전

★ 지식   어떤 대상에 대하여 배우거나 실천을 통하여 알게 된 명확한 인식이나 이해.

★ 인상   어떤 대상에 대하여 마음속에 새겨지는 느낌.

개념을 확인해요

1 글을 읽고 다른 사람에게 소개하면 친구에게 새로운 ☐ ☐ 을 알려 줄 수 있습니다.

2 글을 읽고 다른 사람에게 소개하면 자신이 관심 있는 분야를 더 ☐ ☐ 하게 생각할 수 있습니다.

3 책을 ☐ ☐ 하는 방법에는 책을 보여 주며 말하기, 책 보물 상자 만들어 소개하기 등이 있습니다.

4 책을 읽은 뒤에 책을 읽게 된 까닭, 책 내용, 인상 깊은 부분 따위를 쓴 글을 ☐ ☐ ☐ ☐ ☐ 이라고 합니다.

5 ☐ ☐ ☐ 은 책에 있는 이야기의 줄거리나 책에 담긴 중요한 정보를 말합니다.

6 인상 깊은 부분은 책 내용 가운데에서 읽은 사람에게 가장 ☐ ☐ ☐ ☐ ☐ ☐ ☐ 을 말합니다.

7 책을 읽은 뒤에 든 생각이나 느낌은 책을 읽고 나서 읽은 사람이 떠올린 ☐ ☐ 이나 느낌을 말합니다.

8 책을 보여주며 말할 때엔 책 내용 가운데에서 친구들에게 ☐ ☐ 하고 싶은 부분을 말합니다.

9 독서 감상문을 쓸 때엔 책을 ☐ ☐ ☐ 을 반드시 소개할 필요는 없습니다.

10 독서 감상문을 쓸 때엔 책 ☐ ☐ 내용을 빠짐없이 쓸 필요는 없습니다.

7 단원

국어 212~237쪽   국어 활동 68~81쪽

도움말

1. 자신이 읽은 글을 친구에게 소개 하면 좋은 점을 생각해 봅니다.

핵심 1

1 글을 읽고 친구에게 소개하면 좋은 점을 한 가지 쓰시오.

_____

2. 책을 소개하는 여러 가지 방법을 떠올려 봅니다.

핵심 2

2 다음은 어떤 방법으로 책을 소개하는 것인지 쓰시오.

> • 책 표지를 보여 주며 제목을 말하고 책 앞표지나 뒤표지에 있는 글과 그 림을 소개한다.
> • 책 내용 가운데에서 친구들에게 소개하고 싶은 부분을 말한다.
> • 가장 인상 깊은 부분과 그 까닭을 말한다.

(   )

3. 책을 읽은 뒤에 책을 읽게 된 까 닭, 책 내용, 인상 깊은 부분, 책 을 읽은 뒤에 든 생각이나 느낌 따위를 쓴 글을 독서 감상문이라 고 합니다.

핵심 3

3 독서 감상문에 대해 옳지 않은 것을 고르시오. (   )

① 책을 읽게 된 까닭은 그 책을 어떻게 읽게 되었는지를 말한다.

② 독서 감상문을 쓸 때에는 책 내용 전체를 빠짐없이 다 써야 한다.

③ 책 내용은 책에 있는 이야기의 줄거리나 책에 담긴 중요한 정보를 말 한다.

④ 인상 깊은 부분은 책 내용 가운데에서 읽은 사람에게 가장 기억에 남 는 부분을 말한다.

⑤ 책을 읽은 뒤에 든 생각이나 느낌은 책을 읽고 나서 읽은 사람이 떠 올린 생각이나 느낌을 말한다.

핵심 3

4 다음 독서 감상문의 내용과 특징을 선으로 바르게 이으시오.

(1) 아기별을 기다리던 바위나리는 점점 시들다가 그만 바람이 세게 불어 바다로 날려갔다. •

                 • ㉠   책 내용

(2) 아기별과 같은 친구가 되어야겠다는 생각이 들었다. •

                 • ㉡   책을 읽은 뒤에 든 생각이나 느낌

핵심 4

5 다음은 무슨 방법을 소개하는 것인지 쓰시오.

> • 나뭇잎 모양으로 책 나무 환경판 만들어 꾸미기
> • 독서 감상문을 복도에 전시하기
> • 책 보물 상자를 만들어 전시하기

          (   )

핵심 5

6 다음 빈칸에 알맞은 말을 쓰시오

> • 책을 읽게 된 까닭, 책 내용, 인상 깊은 부분, 읽은 뒤에 든 생각이나 느낌을 쓴 글을 독서 감상문이라고 한다.
> • 독서 감상문을 쓸 때 책의 중요한 내용이나 ㉠ 을/를 골라 쓸 수 있다.
> • 독서 감상문은 필요한 ㉡ 만 골라 쓸 수 있다.

(1) ㉠: (   )
(2) ㉡: (   )

7
단원

국어 212~237쪽 국어 활동 68~81쪽

1~4 다음 글을 읽고 물음에 답하시오.

'앉아서 하는 피구'는 공 하나로 교실에서 쉽게 즐길 수 있는 놀이이다. 먼저 교실에 있는 책상을 모두 뒤로 밀어 가로로 긴 네모 모양으로 피구장을 만든다. 그다음에는 학급 친구 전체를 두 편으로 나누고 두 편 대표가 가위바위보를 해서 먼저 공격할 쪽을 정한다.

규칙은 피구와 같지만 앉은 자세로 하는 것이 특징이다. 공을 굴리는 사람이나 피하는 사람 모두 앉은 자세로 해야 한다. 앉은 자세에서 무릎을 한쪽이라도 펴서 일어나는 자세가 되면 누구든 피구장 밖으로 나가야 한다. 상대를 맞힐 때에는 공을 바닥에 굴려서 맞혀야 한다. 공을 튀기거나 던져서 맞히면 맞은 사람은 밖으로 나가지 않는다. 공을 피할 때에는 옆으로 이동해 피하거나, 무릎을 가슴에 붙여 앉은 자세로 뜀을 뛰어 피할 수 있다.

굴린 공이 아무도 맞히지 못하고 벽에 닿으면, 수비하던 친구가 공을 잡아 공격할 기회를 얻는다. 그러나 굴린 공이 벽에 닿기도 전에 잡으면 공에 맞은 것과 똑같이 밖으로 나가야 한다.

결국 공에 맞거나, 일어서거나, 공이 벽에 닿기 전에 잡으면 밖으로 나가야 하는 것이다. 밖으로 나간 친구들은 놀이가 끝날 때까지 지켜본다. 어느 한 편의 친구 모두가 밖으로 나가면 놀이가 끝난다.

1 이 글은 어떤 글인지 빈칸에 알맞은 말을 쓰시오.

( )을/를 소개하는 글

2 이 글에서 알 수 있는 것을 두 가지 고르시오.

(,)

① 준비물 ② 놀이 이름
③ 놀이를 하는 때 ④ 놀이의 다른 이름
⑤ 놀이를 하는 나라

3 일의 차례대로 기호를 쓰시오.

㉠ 규칙을 지키며 놀이를 한다.
㉡ 학급 친구 전체를 두 편으로 나눈다.
㉢ 가위바위보를 해서 공격할 쪽을 정한다.
㉣ 교실에 있는 책상을 모두 뒤로 밀어 가로로 긴 네모 모양으로 피구장을 만든다.

( ) → ( ) → ( ) → ( )

4 놀이 규칙으로 알맞은 것을 모두 고르시오.

(, ,)

① 모두 앉은 자세로 한다.
② 무릎을 한 번 펼 수 있다.
③ 공을 던져서 상대를 맞힌다.
④ 공을 바닥에 굴려서 상대를 맞힌다.
⑤ 굴린 공이 벽에 닿으면 공격하는 편이 바뀐다.

중요

5 글을 읽고 친구에게 소개하면 좋은 점으로 알맞지 않은 것은 어느 것입니까? ( )

① 친구와 사이가 멀어진다.
② 새로운 지식을 알 수 있다.
③ 읽은 글의 내용을 잘 정리할 수 있다.
④ 친구에게 새로운 지식을 알려 줄 수 있다.
⑤ 소개해 준 친구와 더 많은 이야기를 나눌 수 있다.

다음 글을 읽고 물음에 답하시오.

국기에는 그 나라의 자연이 담겨 있어.

캐나다에는 설탕단풍 나무가 많이 자라.

설탕단풍 나무는 캐나다처럼 추운 날씨에 잘 자라거든.

가을에 붉은색으로 단풍이 들면 얼마나 고운지 몰라.

캐나다 사람들은 설탕단풍 나무에서 나오는 즙으로 달콤한 메이플시럽을 만들어 먹기도 해.

그래서 캐나다 사람들은 국기에 빨간 단풍잎을 그려 넣었어.

「온 세상 국기가 펄럭펄럭」, 서정훈

6 캐나다의 국기에 담긴 것은 무엇입니까?
( )

① 독립
② 전설
③ 자연
④ 평화
⑤ 자유

7 캐나다 국기에 그려진 것은 무엇인지 쓰시오.
( )

8 '책 보물 상자 만들어 소개하기'의 방법으로 이 책의 내용을 소개하려고 합니다. 어떤 물건을 보물 상자에 넣는 것이 가장 알맞습니까? ( )

① 우산
② 선인장
③ 독수리
④ 단풍잎
⑤ 대나무잎

다음 글을 읽고 물음에 답하시오.

우리나라 국기인 태극기도 궁금하지?

일본에 나라를 빼앗긴 시대에는 태극기를 마음대로 사용하지 못했어.

일본이 태극기 사용을 금지했거든.

하지만 우리는 독립하려고 열심히 싸울 때마다 태극기를 힘차게 휘날렸어.

마침내 1945년에 나라를 되찾았고, 그동안 무늬가 조금씩 달랐던 태극기는 1949년에 지금의 태극기 모습으로 정해졌어.

우리나라 사람들의 평화를 사랑하는 마음은 태극기의 흰색에 담겨 있어.

태극 문양은 조화로운 우주를 뜻하고, 네 모서리의 사괘는 하늘, 땅, 물, 불을 나타낸 거야.

9 태극기의 사괘에 담긴 뜻은 무엇입니까?
( )

① 조화로운 우주
② 동, 서, 남, 북
③ 상, 하, 좌, 우
④ 평화로운 마음
⑤ 하늘, 땅, 물, 불

서술형

10 이 글을 읽고 '책 보여 주며 말하기'의 방법으로 소개하려고 합니다. 인상 깊은 부분과 그 까닭을 쓰시오.

_____

_____

_____

7
단원

11~13 다음 글을 읽고 물음에 답하시오.

(가) 오늘은 학교에서 『바위나리와 아기별』이라는 책을 읽었다. 앞표지에 있는 바위나리와 아기별 그림이 무척 예뻐서 내용이 궁금했기 때문이다.

(나) 바위나리는 바닷가에 핀 아름다운 꽃이었다. 하지만 친구가 없어 늘 외로웠다. 어느 날 밤, 아기별이 하늘에서 내려와 둘은 친구가 되었고, 바위나리와 아기별은 밤마다 만나 즐겁게 놀았다.

(다) 이 책을 읽고 주위에 바위나리처럼 외로운 친구가 있는지 생각해 보았다. 그리고 그 친구에게 아기별과 같은 친구가 되어야겠다는 생각이 들었다.

11 이 글과 같이 책을 읽게 된 까닭, 책의 내용, 생각과 느낌 등을 쓴 글을 무엇이라고 하는지 쓰시오.

(   )

 주의

12 이 문단 내용에 알맞게 독서 감상문의 특징을 찾아 선으로 이으시오.

(1) 글 (가) •   • ㉠ 책 내용

(2) 글 (나) •   • ㉡ 책을 읽게 된 까닭

(3) 글 (다) •   • ㉢ 책을 읽은 뒤의 생각과 느낌

13 책을 읽게 된 까닭은 무엇입니까? (   )
① 친구가 권해 주어서
② 부모님께서 사 주셔서
③ 앞표지의 그림이 예뻐서
④ 책의 추천하는 글을 읽고
⑤ 선생님께서 숙제로 내주셔서

14~15 다음 글을 읽고 물음에 답하시오.

그러던 어느 날, 병이 든 바위나리를 ㉠간호하던 아기별은 너무 늦게 하늘나라로 올라가 그 벌로 다시는 바닷가에 내려오지 못했다. 아기별을 기다리던 바위나리는 점점 시들다가 그만 바람이 세게 불어 바다로 날려 갔다. 아기별은 밤마다 울다가 빛을 잃어 바다로 떨어졌다. 바위나리가 날려 간 바로 그 바다였다.

나는 이 책에서 바위나리를 그리워하며 울다가 빛을 잃은 아기별이 하늘 나라에서 쫓겨나 바다로 떨어진 장면이 가장 기억에 남는다. 왜냐하면 살아 있을 때에는 만나지 못하다가 죽은 뒤에야 같이 있을 수 있게 된 것이 너무 슬펐기 때문이다. 바위나리는 몸이 아파 아기별을 만나지 못해 너무 슬펐다. 얼마나 슬펐으면 마음이 미어졌을까?

14 글쓴이가 말한 가장 기억에 남는 장면은 무엇입니까? (   )
① 바위나리와 아기별이 만나는 장면
② 바위나리가 홀로 노래를 부르는 장면
③ 아기별이 하늘나라에서 쫓겨나는 장면
④ 아기별이 바위나리를 간호해 주는 장면
⑤ 바위나리를 그리워하며 울다가 빛을 잃은 아기별이 하늘에서 쫓겨나 바다로 떨어진 장면

 서술형

15 ㉠'간호하던'의 뜻을 짐작해 쓰시오.

_____

_____

16 혼자 책을 읽을 때와 읽은 책의 내용을 친구들에게 소개할 때를 비교할 때, 알맞게 말한 친구를 찾아 ○표를 하시오.

(1) 읽은 책을 친구들에게 소개하면 책의 내용을 더 잘 기억할 수 있어.

(2) 혼자 책을 읽고 내용을 생각할 때 친구들과 더 친해질 수 있어.

( ) ( )

서술형

17 다음 그림처럼 나뭇잎 모양의 독서 감상문으로 교실 꾸미기를 하려고 합니다. 독서 감상문을 간단히 쓰시오.

18~20 다음 글을 읽고 물음에 답하시오.

(가) 나는 음악을 좋아한다. 그래서 도서관에 가면 음악에 대한 책을 자주 찾는다. 이번에는 악기에 대한 책을 읽고 독서 감상문을 썼다.

(나) 책에는 여러 가지 타악기가 나와 있었다. 트라이앵글, 탬버린, 북, 심벌즈는 내가 이미 알고 있는 타악기였다. 내가 모르는 팀파니와 비브라폰도 있었다. 팀파니는 밑이 좁은 통에 막을 씌운 것인데 두드리면 일정한 소리를 낸다. 비브라폰은 실로폰처럼 생긴 쇠막대를 두드려서 연주하는 악기이다.

(다) 책에서 읽은 타악기 가운데에서 마라카스가 가장 기억에 남는다. 마라카스는 '마라카'라는 열매를 말려서 그 속에 말린 씨를 넣고 흔들어서 소리를 낸다. '마라카'라는 열매가 있다니 참 신기했다.

(라) 책을 읽고 나서 나도 타악기를 하나 만들어 보고 싶다는 생각을 했다. 컵라면 그릇 두 개를 준비하고 윗면에 두꺼운 종이로 뚜껑을 만들어 붙인다. 바닥을 서로 붙이고 나무젓가락으로 두드리면 소리가 나겠지?

18 글 (가)~(라) 가운데에서 독서 감상문의 특징 중 인상 깊은 부분이 나타난 글의 기호를 쓰시오.

( )

19 책을 읽은 뒤에 든 생각은 무엇입니까? ( )

① 음악회에 가 보고 싶다.
② 현악기를 알아보고 싶다.
③ 악기를 연주해 보고 싶다.
④ 타악기를 만들어 보고 싶다.
⑤ 타악기 연주자를 만나 보고 싶다.

20 다음은 어떤 낱말의 뜻을 짐작한 것인지 쓰시오.

> 두드려서 소리가 나는 악기

( )

국어 212~237쪽 국어 활동 68~81쪽

1~3 다음 글을 읽고 물음에 답하시오.

'앉아서 하는 피구'는 공 하나로 교실에서 쉽게 즐길 수 있는 놀이이다. 먼저 교실에 있는 책상을 모두 뒤로 밀어 가로로 긴 네모 모양으로 피구장을 만든다. 그다음에는 학급 친구 전체를 두 편으로 나누고 두 편 대표가 가위바위보를 해서 먼저 공격할 쪽을 정한다.

규칙은 피구와 같지만 앉은 자세로 하는 것이 특징이다. 공을 굴리는 사람이나 피하는 사람 모두 앉은 자세로 해야 한다. 앉은 자세에서 무릎을 한쪽이라도 펴서 일어나는 자세가 되면 누구든 피구장 밖으로 나가야 한다. 상대를 맞힐 때에는 공을 바닥에 굴려서 맞혀야 한다. 공을 튀기거나 던져서 맞히면 맞은 사람은 밖으로 나가지 않는다. 공을 피할 때에는 옆으로 이동해 피하거나, 무릎을 가슴에 붙여 앉은 자세로 뜀을 뛰어 피할 수 있다.

굴린 공이 아무도 맞히지 못하고 벽에 닿으면, 수비하던 친구가 공을 잡아 공격할 기회를 얻는다. 그러나 굴린 공이 벽에 닿기도 전에 잡으면 공에 맞은 것과 똑같이 밖으로 나가야 한다.

결국 공에 맞거나, 일어서거나, 공이 벽에 닿기 전에 잡으면 밖으로 나가야 하는 것이다. 밖으로 나간 친구들은 뒤로 밀어 놓은 책상에 앉아 놀이가 끝날 때까지 지켜본다. 어느 한 편의 친구가 모두 밖으로 나가면 놀이가 끝난다.

1 이 글에서 소개하는 놀이 이름은 무엇인지 쓰시오.

(   )

2 이 글에서 소개한 내용을 모두 고르시오.

(,   ,   )

① 준비물   ② 놀이 이름
③ 놀이 역사   ④ 놀이 규칙
⑤ 비슷한 다른 놀이의 이름

3 놀이가 끝나는 때는 언제입니까? (   )

① 공이 밖으로 나갔을 때
② 무릎을 편 친구가 많을 때
③ 어느 한 편의 점수가 높을 때
④ 어느 한 편의 친구가 모두 일어났을 때
⑤ 어느 한 편의 친구가 모두 밖으로 나갔을 때

서술형

4 글을 읽고 친구들과 나누면 좋은 점을 한 가지 더 생각해서 쓰시오.

• 친구와 더 친해질 수 있다.
• 새로운 지식을 알 수 있다.

5 자신이 알고 있는 놀이를 알맞게 소개한 친구를 찾아 ○표를 하시오.

(1)
'긴 줄넘기'는 친구들과 줄넘기를 가지고 줄을 뛰어넘는 놀이야.

(2)
친구들과 놀이를 하고 싶어.

(   )   (   )

6~8 다음 글을 읽고 물음에 답하시오.

국기에는 그 나라의 전설이 담겨 있어.
멕시코 국기 이야기를 들어 볼래?
어느 날, 아즈텍족이 신의 계시를 받았어.
"독사를 물고 날아가는 독수리가 선인장 위에 앉으면 그곳에 도시를 세워라!"
계시대로 독수리가 내려앉은 곳에 도시를 세웠더니 점점 강해져 아즈텍 제국으로 발전했고, 오늘날의 멕시코가 되었대.
그래서 나라를 세운 이야기를 국기에 그려 넣은 거야.

6 멕시코 국기에 담겨진 것은 무엇입니까?

( )

① 멕시코의 자연
② 멕시코의 전설
③ 멕시코의 지도
④ 멕시코에 사는 사람들
⑤ 멕시코 사람들의 마음

7 아즈텍족이 신의 계시에 따라 나라를 세운 곳은 어디인지 쓰시오.

( )

서술형

8 이 글을 읽고 '책 보여 주며 말하기'의 방법으로 소개하려고 합니다. 소개하고 싶은 내용은 무엇인지 쓰시오.

_____

_____

_____

9~10 다음 글을 읽고 물음에 답하시오.

국기에는 그 나라의 땅이 담겨 있어.
미국 국기에는 줄과 별이 참 많지? 도대체 몇 개인지 한번 세어 볼까? 줄이 열세 개, 별이 오십 개야. 미국이 처음 나라를 세울 때에는 주가 열세 개였대. 열세 개의 줄은 그걸 기념하는 거야. 미국 땅이 점점 커져 주가 생길 때마다 국기의 별이 하나씩 늘어났는데 지금은 주가 오십 개라서 별도 오십 개가 된 거야. 땅과 함께 국기도 변한 거지.

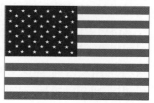

9 미국 국기에 담긴 열세 개의 줄이 뜻하는 것은 무엇입니까? ( )

① 미국의 현재 주의 수
② 미국에 사는 민족의 수
③ 미국을 세운 사람의 수
④ 미국이 처음 나라를 세운 날
⑤ 미국이 처음 나라를 세울 때 주의 수

10 다음 친구가 이 책을 소개하는 방법은 무엇입니까? ( )

나는 '송아지' 노래의 노랫말을 바꾸어 미국 국기에 담긴 뜻을 소개하는 내용으로 부를 거야.

① 책 보물 상자 만들기
② 책 보여 주며 말하기
③ 노랫말 바꾸어 부르기
④ 책갈피 만들어 소개하기
⑤ 알게 된 내용을 그림으로 보여 주며 소개하기

7
단원

11~13 다음 글을 읽고 물음에 답하시오.

오늘은 학교에서 『바위나리와 아기별』이라는 책을 읽었다. 앞표지에 있는 바위나리와 아기별 그림이 무척 예뻐서 내용이 궁금했기 때문이다. 이 책은 바위나리와 아기별의 우정 이야기이다.

바위나리는 바닷가에 핀 아름다운 꽃이었다. 하지만 친구가 없어 늘 외로웠다. 어느 날 밤, 아기별이 하늘에서 내려와 둘은 친구가 되었고, 바위나리와 아기별은 밤마다 만나 즐겁게 놀았다.

그러던 어느 날, 병이 든 바위나리를 간호하던 아기별은 너무 늦게 하늘 나라로 올라가 그 벌로 다시는 바닷가에 내려오지 못했다. 아기별을 기다리던 바위나리는 점점 시들다가 그만 바람이 세게 불어 바다로 날려 갔다. 아기별은 밤마다 울다가 빛을 잃어 바다로 떨어졌다. 바위나리가 날려 간 바로 그 바다였다.

11 이 글은 어떤 책을 읽고 쓴 글인지 쓰시오.

( )

✎서술형

12 이 글을 읽고, 책 내용을 간추려 쓰시오.

_____

_____

_____

13 이 글에 나타난 독서 감상문의 특징을 모두 고르시오. (, ,)

① 책 내용
② 책 제목
③ 인상 깊은 부분
④ 책을 읽게 된 까닭
⑤ 책을 읽은 뒤의 생각과 느낌

14~15 다음 글을 읽고 물음에 답하시오.

㈎ 나는 이 책에서 바위나리를 그리워하며 울다가 빛을 잃은 아기별이 하늘 나라에서 쫓겨나 바다로 떨어진 장면이 가장 기억에 남는다. 왜냐하면 살아 있을 때에는 만나지 못하다가 죽은 뒤에야 같이 있을 수 있게 된 것이 너무 슬펐기 때문이다. 바위나리는 몸이 아파 아기별을 만나지 못해 너무 슬펐다. 얼마나 슬펐으면 가슴이 미어졌을까?

㈏ 이 책을 읽고 주위에 바위나리처럼 외로운 친구가 있는지 생각해 보았다. 그리고 그 친구에게 아기별과 같은 친구가 되어야겠다는 생각이 들었다. 나는 바위나리와 아기별의 우정이 아름다우면서도 안타깝고 슬펐다.

14 문단의 내용에 맞게 독서 감상문의 특징을 찾아 글의 기호를 쓰시오.

(1) 인상 깊은 부분	
(2) 책을 읽은 뒤에 든 생각과 느낌	

15 글쓴이가 책을 읽고 나서 결심한 것은 무엇입니까? ( )

① 부모님께 효도를 하겠다.
② 동생과 사이좋게 지내야겠다.
③ 다툰 친구에게 사과를 해야겠다.
④ 친구들에게 고운 말을 써야겠다.
⑤ 외로운 친구에게 아기별과 같은 친구가 되어야겠다.

16 독서 감상문을 쓰는 방법으로 알맞은 것을 모두 고르시오. (　　,　　,　　)

① 책 제목을 쓴다.
② 책을 읽게 된 까닭을 쓴다.
③ 책 전체 내용을 빠짐없이 쓴다.
④ 책을 읽은 뒤에 든 생각이나 느낌을 쓴다.
⑤ 책을 쓴 사람이나 책을 만든 곳을 반드시 소개한다.

17 다음 그림은 독서 감상문을 가지고 어떤 방법으로 교실을 꾸미고 있습니까? (　　　　)

① 독서 신문 전시하기
② 독서 엽서 만들어 전시하기
③ 책 보물 상자 만들어 전시하기
④ 나뭇잎 모양으로 교실 환경판 만들어 꾸미기
⑤ 모둠별로 책상 위에 전시하고 돌아다니며 감상하기

18~19 다음 글을 읽고 물음에 답하시오.

㈎ 분명 며칠 전까지만 해도 빈터였던 곳에 열차가 한 대 떡하니 서 있었다. 고장 난 증기 기관차처럼 보였다.
　"산꼭대기에 왜 열차가 있지?"
　영롱이는 열차에 가까이 다가갔다.
㈏ "좋아. 그럼 내가 먼저 대답하지. 난 이 열차, 그러니까 탐정 사무소의 주인인 명탐정 아인슈타인이란다."
　"이 기차가 탐정 사무소라고요?"
　영롱이는 아저씨의 모습을 다시 살펴보았다.
　"여기에서 무슨 일을 하시는데요?"
　"잃어버린 물건, 도둑맞은 물건, 해결하지 못한 문제 등 어떤 일이든 해결해 줄 수 있어. 나는 명탐정 아인슈타인이니까."
「산꼭대기에 열차가?」, 김대호

18 '책 보물 상자 보여 주기'의 방법으로 이 책을 소개할 때, 보물 상자에 들어가기에 알맞은 낱말은 무엇입니까? (　　　　)

① 열차　　　　② 우산　　　　③ 가방
④ 바다　　　　⑤ 공책

서술형

19 문제 **18**번의 답을 고른 까닭은 무엇인지 쓰시오.

_____

_____

20 다음 (　　) 안의 낱말 가운데에서 바른 표기를 골라 ○표를 하시오.

• 내일부터 운동을 열심히 (할게요 , 할께요).

7
단원

국어 212~237쪽 국어 활동 68~81쪽

도움말

⭐ 자신이 알고 있는 국기를 생각하며 읽어 보고, 자신만의 국기를 만들어 봅니다.

1~3

(가) 국기에는 그 나라의 자연이 담겨 있어.

캐나다에는 설탕단풍 나무가 많이 자라.

설탕단풍 나무는 캐나다처럼 추운 날씨에 잘 자라거든.

가을에 붉은색으로 단풍이 들면 얼마나 고운지 몰라.

캐나다 사람들은 설탕단풍 나무에서 나오는 즙으로 달콤한 메이플시럽을 만들어 먹기도 해.

그래서 캐나다 사람들은 국기에 빨간 단풍잎을 그려 넣었어.

(나) 국기는 그 나라를 나타내는 얼굴이야.

국제 경기에 참가할 때에도, 메달을 땄을 때에도, 에베레스트산 정상에 올랐을 때에도…… 나라를 빛내는 순간에는 언제나 국기가 함께해.

남극의 과학 기지에도, 우주로 날아가는 우주선에도, 국제연합[유엔] 본부에도…… 나라를 대표하는 자리에는 언제가 국기가 함께해.

국기는 그 나라이자 국민이거든.

1 캐나다 국기에 그려진 것과 국기에 담긴 뜻은 무엇인지 쓰시오.

• ((1)   )이/가 그려져 있고, ((2)   )이/가 담겨 있다.

1 캐나다 국기에 그려진 것이 뜻하는 것을 생각해 봅니다.

2 국기와 함께하는 순간을 한 가지 더 생각해 쓰시오.

• 에베레스트 산 정상에 올랐을 때

• 우주선이 우주로 날아갈 때

• _____

2 나라를 나타내는 얼굴인 국기가 필요한 때를 생각해 봅니다.

3 자신만의 나라를 만든다면 국기를 어떤 모양으로 만들고 싶은지 국기에 대한 설명을 쓰시오.

_____

_____

3 국기에 담을 뜻과 그것을 상징하는 그림을 생각해 봅니다.

4~5

(가) 오늘은 학교에서 『바위나리와 아기별』이라는 책을 읽었다. 앞표지에 있는 바위나리와 아기별 그림이 무척 예뻐서 내용이 궁금했기 때문이다. 이 책은 바위나리와 아기별의 우정 이야기이다.

(나) 병이 든 바위나리를 간호하던 아기별은 너무 늦게 하늘 나라로 올라가 그 벌로 다시는 바닷가에 내려오지 못했다. 아기별을 기다리던 바위나리는 점점 시들다가 그만 바람이 세게 불어 바다로 날려 갔다. 아기별은 밤마다 울다가 빛을 잃어 바다로 떨어졌다. 바위나리가 날려 간 바로 그 바다였다.

(다) 나는 이 책에서 바위나리를 그리워하며 울다가 빛을 잃은 아기별이 하늘 나라에서 쫓겨나 바다로 떨어진 장면이 가장 기억에 남는다. 왜냐하면 살아 있을 때에는 만나지 못하다가 죽은 뒤에야 같이 있을 수 있게 된 것이 너무 슬펐기 때문이다.

도움말

☆ 독서 감상문의 특징을 생각하며 글을 읽어 봅니다.

4 글쓴이가 『바위나리와 아기별』을 읽게 된 까닭은 무엇인지 쓰시오.

4 독서 감상문에서 책을 읽게 된 까닭을 찾아봅니다.

5 글쓴이가 『바위나리와 아기별』을 읽고 가장 인상 깊은 부분과 그렇게 생각한 까닭은 무엇인지 쓰시오.

5 '이 책에서 가장 기억에 남는 부분은~'을 통해 알 수 있습니다.

7
단원

6 자신이 읽은 책 가운데에서 한 가지를 정해 인상 깊은 부분과 그렇게 생각한 까닭은 무엇인지 쓰시오.

6 인상 깊은 부분은 내용 가운데에서 읽은 사람에게 가장 기억에 남는 부분을 말합니다.

단원 요점 정리 · 8. 글의 흐름을 생각해요

핵심 1 **시간 흐름을 생각하며 이야기 읽기**
- 시간 흐름을 생각하며 이야기 읽어 봅니다.
- 이야기의 내용을 잘 파악하려면 시간 흐름을 살펴봅니다.

> **시간 흐름에 따라 내용을 파악하면 좋은 점**
> - 사건이 일어난 차례대로 정리할 수 있습니다.
> - 전체 내용을 잘 이해할 수 있습니다.
> - 내용이 한눈에 들어옵니다.
> - 사건의 원인과 결과가 잘 파악됩니다.

·일 차례를 알려 주는 낱말에 주의하며 간추립니다.

핵심 2 **일하는 방법에 따라 내용 파악하며 글 읽기**
- 일 차례에 *주의하며 글을 간추립니다.
- 일하는 방법을 설명하는 글에는 차례가 있어서 반드시 지켜야 할 때가 많습니다. 그런데 일할 때 주의할 점이나 *도구를 설명하는 글에는 차례가 없을 수도 있습니다.
- 예 「실 팔찌 만들기」와 「감기약을 먹는 방법」을 비교하기

구분	실 팔찌 만들기	감기약을 먹는 방법
비슷한 점	일을 하는 방법을 알려 준다.	
다른점	• 물건을 만드는 차례를 알려 준다. • 차례가 정해져 있다.	• 일할 때 주의할 점을 알려 준다. • 차례가 정해져 있지 않다.

핵심 3 **장소 변화에 따라 글의 내용 간추리기**
- 장소의 변화에 따라 사건이 달라지는 이야기는 어떤 장소에서 어떤 일이 일어났는지 생각하며 들으면 쉽게 간추릴 수 있습니다.
- 이동한 장소에 따라 겪은 일 가운데에서 중요한 일을 간추려 봅니다.
- 친구가 간추린 것을 들으며 장소와 일어난 일이 올바른지, 중요한 내용이 빠지지 않았는지 생각해 봅니다.

핵심 4 **글의 흐름에 따라 내용 간추려 쓰기**
- 시간 흐름에 따라 쓴 글은 시간 차례대로 간추립니다.
- 일 차례를 설명한 글은 일 차례가 잘 드러나게 간추립니다.
- 장소가 바뀌면서 사건이 변하는 글은 이동한 장소와 각 장소에서 겪은 일을 중심으로 간추립니다.
- 예 「즐거운 직업 체험」에서 글의 흐름을 알 수 있는 부분 찾기

시간의 흐름을 알 수 있는 부분	열 시, 열한 시, 열두 시, 한 시
장소 변화를 알 수 있는 부분	학교, 직업 체험관, 소품 설계관, 제빵 학원, 중앙 광장, 소방관 체험

핵심 5 **우리 지역을 소개하는 글 쓰기**
- 모둠별로 우리 지역에서 소개하고 싶은 자랑거리를 생각해 봅니다.
- 여러 가지 자랑거리를 생각하고 그 가운데에서 한 가지만 골라 봅니다.
- 조사한 내용을 가지고 자신이 선택한 흐름으로 우리 지역을 소개하는 글을 써 봅니다.
- 예 한자를 만드는 방법은 일 차례대로 정리할 수 있으며, 우리 지역의 지명 변화는 시간 차례로, 산막이 옛길은 길을 따라 장소 변화대로 정리할 수 있습니다.

국어활동

핵심 6 **일하는 방법에 따라 내용을 파악하며 글을 읽을 수 있는지 확인해 보기**
- 차례를 나타내는 말과 차례와 관련된 중요한 내용을 파악해야 합니다.
- 시간을 나타내는 말을 찾아보고, 시간의 흐름에 따라 장소나 사건이 어떻게 변했는지 확인해야 합니다.

8
단원

조금 더 알기

🌼 시간을 나타내는 말

직접 시간을 나타내는 말	다음 날 밤, 오늘 낮 등
짐작할 수 있게 해주는 말	수업 시작종이 친 뒤, 식사하기 전, 숙제를 마치자마자 등

🌼 「동물원에서」에서 나타난 장소 변화

곤충관 ➡ 야행관
⬇
큰물새장 ⬅ 열대 조류관

🌼 글의 흐름에 따라 내용을 간추릴 때 주의할 점

- 시간 표현을 사용합니다.
- 차례를 나타내는 말을 사용합니다.
- 이어 주는 말을 사용합니다.
- 중요한 부분을 메모합니다.

낱말 사전

- ★ 주의 마음에 새겨 두고 조심함.
- ★ 도구 일을 할 때 쓰는 연장을 통틀어 이르는 말.

개념을 확인해요

1 ☐☐ 흐름에 따라 내용을 파악하면 전체 내용을 잘 이해할 수 있습니다.

2 시간 흐름에 따라 내용을 파악하면 사건의 ☐☐ 과 결과가 잘 파악됩니다.

3 일하는 ☐☐ 에 따라 내용을 파악하려면 일을 하는 차례에 주의하며 글을 간추립니다.

4 일하는 방법을 설명하는 글에는 ☐☐ 가 있어서 반드시 지켜야 할 때가 많습니다.

5 장소 ☐☐ 에 따라 사건이 달라지는 이야기는 어떤 장소에서 어떤 일이 일어났는지 생각하며 들으면 쉽게 간추릴 수 있습니다.

6 학교, 직업 체험관, 소품 설계관 등은 ☐☐ 변화를 알 수 있는 부분입니다.

7 열 시, 열두 시 등은 ☐☐ 흐름을 알 수 있는 부분입니다.

8 시간 흐름으로 쓴 글은 시간의 ☐☐ 대로 간추립니다.

9 일 차례를 설명한 글은 ☐ 의 차례가 잘 드러나게 간추립니다.

10 장소가 바뀌면서 ☐☐ 이 변하는 글은 장소의 바뀜과 그 장소에서 일어난 일을 중심으로 간추립니다.

8. 글의 흐름을 생각해요

국어 238~267쪽 국어 활동 82~97쪽

도움말

1. 각각의 글에는 그 글에 맞는 흐름이 있고, 내용을 파악해 정리할 때에는 글의 흐름을 파악하는 것이 중요합니다.

핵심 1

1 시간 흐름을 생각하며 이야기를 읽으면 좋은 점으로 알맞지 <u>않은</u> 것은 무엇입니까? (   )

① 내용이 한눈에 들어온다.
② 전체 내용을 잘 이해할 수 있다.
③ 사건의 원인과 결과가 잘 파악된다.
④ 사건이 일어난 차례대로 정리할 수 있다.
⑤ 모든 이야기를 시간의 흐름대로 정리할 수 있다.

2. 책을 소개하는 여러 가지 방법을 떠올려 봅니다.

핵심 2

2 일하는 방법을 설명하는 글을 간추리는 방법을 쓰시오.

_____

3. 여러 가지 글의 흐름에 따라 간추리는 방법을 생각해 봅니다.

핵심 3

3 흐름에 따라 내용을 간추리는 방법으로 알맞지 <u>않은</u> 것은 무엇입니까?
(   )

① 시간 표현을 사용한다.
② 중요한 부분을 메모한다.
③ 이어 주는 말을 사용한다.
④ 차례를 나타내는 말을 사용한다.
⑤ 시간 흐름에 따라 쓴 글은 장소에서 겪은 일을 중심으로 간추린다.

핵심 4

4 다음은 글을 읽고 글의 흐름을 알 수 있는 부분을 찾은 것입니다. 빈칸에 알맞은 말을 쓰시오.

(1) ⬚ 의 흐름을 알 수 있는 부분	(2) ⬚ 변화를 알 수 있는 부분
열 시, 열한 시, 열두 시, 한 시	학교, 직업 체험관, 소품 설계관, 제빵 학원, 중앙 광장, 소방관 체험

(1) (   )

(2) (   )

핵심 5

5 우리 지역을 소개하는 글을 쓰려고 합니다. 그 중 '옛길 안내' 글은 어떤 흐름에 따라 글을 써야 하는지 쓰시오.

(   )

8 단원

핵심 6

6 일의 방법에 따라 내용을 파악하는 방법을 바르게 말한 것을 찾아 ○표를 하시오.

(1) 결과가 원인보다 먼저 일어난 일이다. (   )

(2) 같은 장소에서 일어난 사건은 모두 같은 시간에 생긴 일이다.

(   )

(3) 차례를 나타내는 말과 차례와 관련된 중요한 내용을 파악해야 한다.

(   )

(4) 시간을 나타내는 말을 찾아보고, 시간의 흐름에 따라 장소나 사건이 어떻게 변했는지 확인해 본다. (   )

국어 238~267쪽 국어 활동 82~97쪽

1~2 다음 글을 읽고 물음에 답하시오.

㉮ "그건 아마 '커졌다 작아졌다' 마법 열매였을 거예요! 그걸 한 알 더 먹어야 본래 크기로 돌아올 수 있어요."

㉯ 베짱이가 너무도 빠르게 베 한 필을 짜 내었을 뿐 아니라, 솜씨 또한 기가 막혔기 때문이죠.

"자, 할아버지. 이 베를 가지고 쥐들을 찾아가세요. 그러고는 '커졌다 작아졌다' 마법 열매와 바꾸자고 하세요."

㉰ 할아버지는 베짱이에게 고맙다는 인사를 하고 마루 밑으로 들어갔습니다. 쥐들은 자기 크기만 한 작은 사람이 찾아오자 깜짝 놀랐습니다.

㉱ "아니, 너희가 갖고 있는 '커졌다 작아졌다' 마법 열매를 주면 바꾸지."

할아버지 말에 쥐들은 잠깐 자기네들끼리 속닥이더니 말했습니다.

"좋아, 바꾸자."

할아버지가 베를 내주자, 쥐들은 할아버지에게 마법 열매를 주었습니다.

「베짱베짱 베 짜는 베짱이」, 임혜령

1 할아버지가 작아진 까닭은 무엇인지 쓰시오.

_____

_____

2 이 글에서 일어난 사건의 차례대로 기호를 쓰시오.

㉠ 할아버지가 작아졌다.
㉡ 베짱이가 베를 짜 주었다.
㉢ 쥐들에게 '커졌다 작아졌다' 마법 열매를 얻었다.

(   ) → (   ) → (   )

3~5 다음 글을 읽고 물음에 답하시오.

세 가닥 땋기는 머리를 땋을 때 많이 쓰는 방법입니다. 먼저, 왼쪽 첫 번째 그림과 같이 실 세 가닥을 나란히 폅니다. 두 번째, 왼쪽 빨간색 실을 가운데 파란색 실 위로 올립니다. 그러면 왼쪽 실이 가운데로 오고, 가운데 실이 왼쪽으로 가게 됩니다. 세 번째, 오른쪽 노란색 실을 가운데로 온 실 위에 올립니다. 다시 처음처럼 왼쪽으로 간 실을 가운데로, 오른쪽으로 간 실을 가운데로 올립니다. 이 방법을 계속 반복하면 실이 땋아집니다.

3 이 글의 특징을 찾아 ○표를 하시오.

(1) 여행을 다녀와서 쓴 글이다. (   )
(2) 일을 하는 방법을 알려 주는 글이다. (   )
(3) 도구를 사용할 때 주의할 점을 쓴 글이다.
(   )

4 차례를 나타내는 말을 모두 고르시오.
(,   ,   )

① 먼저   ② 왼쪽
③ 두 번째   ④ 그러면
⑤ 세 번째

5 가장 먼저 할 일은 무엇인지 기호를 쓰시오.

㉠ 실 세 가닥을 나란히 편다.
㉡ 오른쪽 노란색 실을 가운데로 온 실 위에 올린다.
㉢ 왼쪽 빨간색 실을 가운데 파란색 실 위로 올린다.

(   )

다음 글을 읽고 물음에 답하시오.

(가) 어떻게 감기약을 먹어야 좋을까요?

먼저, 병원에서 의사와 충분하게 상담한 뒤 자신의 증세에 맞는 감기약을 처방받습니다. 어른들이 먹는 감기약이나 언제 샀는지 모르는 감기약을 먹으면 오히려 더 큰 병에 걸릴 수도 있습니다. 어린이들이 감기약을 먹을 때에는 꼭 의사의 지시에 따릅니다.

(나) 감기약을 먹을 때에는 물과 함께 먹어야 합니다. 우유나 녹차, 주스와 같은 다른 음료와 함께 먹어서는 안 됩니다. 또 물 이외에 밥이나 빵을 같이 먹어서도 안 됩니다.

6 이 글에서 알려 주는 것은 무엇입니까?
( )

① 음식의 종류
② 음식을 먹는 차례
③ 감기약을 먹는 방법
④ 감기약을 먹는 차례
⑤ 감기가 걸리는 까닭

서술형

7 이 글을 읽고 감기약을 먹는 방법을 간추려 쓰시오.

• 의사 선생님과 충분히 상의한 뒤에 증세에 맞는 감기약을 처방받는다.

• _____

_____

다음 글을 읽고 물음에 답하시오.

(가) 우리 가족은 할머니 생신을 맞아 주말에 여행을 다녀왔다.

(나) 토요일 아침 일찍 출발해서, 맨 처음 도착한 고창 관광지는 고인돌 박물관이었다. 고인돌 박물관에서는 영화와 유물들을 보면서 고인돌의 역사를 알 수 있었다. 박물관 일 층에서는 고인돌 영화를 봤고 이 층에서는 고인돌과 관련된 여러 유물을 봤다. 박물관을 다 둘러보고 나니 고인돌 박사가 된 것 같은 기분이었다.

(다) 다음으로 간 곳은 동림 저수지 야생 동식물 보호 구역이었다. 동림 저수지는 겨울 철새가 많이 찾는 곳으로 우리 가족도 혹시 철새 떼의 춤을 볼 수 있을까 하는 기대로 방문해 보았다.

8 이 글은 여행 장소에서 일어난 일에 맞춰 쓴 글입니다. 간추릴 때 주의할 부분은 무엇입니까?
( )

① 일 차례
② 장소 변화
③ 등장인물 수
④ 원인과 결과
⑤ 인물의 변화

9 '나'는 어디에서 어디로 이동했는지 쓰시오.
( ) ➡ ( )

10 글 (나)를 알맞게 간추린 것은 무엇입니까?
( )

① 고인돌의 역사를 알았다.
② 고인돌 영화는 재미있다.
③ 고인돌 유물이 신기했다.
④ 고인돌 박물관은 웅장했다.
⑤ 고인돌의 역사는 아주 오래되었다.

8 단원

[11~15] 다음 글을 읽고 물음에 답하시오.

(가) 우리 모둠은 가장 먼저 소품 설계관으로 출발했다. 소품 설계관은 작은 소품을 설계하고 직접 만들 수 있는 곳이다. 체험학습 계획을 세울 때 민기가 "집안 어른들께 선물로 드릴 만한 물건을 만들면 좋겠어."라고 의견을 냈기 때문에 소품 설계관을 첫 번째 체험활동 장소로 정했다. 민기는 어머니께 드릴 머리 끈을 만들고, 나는 할아버지께 드릴 손수건을 만들기로 했다. 내 손으로 만든 소품들이 어딘가 부족해 보였지만 기분만은 진짜 디자이너가 된 것 같아 뿌듯했다.

(나) 디자이너 체험을 끝내자 거의 열한 시가 되었다. 우리는 제빵사 체험을 하려고 제빵 학원으로 갔다. 제빵 학원 앞에는 크게 '크림빵'이라고 적혀 있었다. 체험관 안으로 들어가자 체험관 선생님께서 밀가루를 나누어 주셨다. 체험관 선생님께서 알려 주시는 차례를 그대로 따라 해서 크림빵을 완성했다.

(다) 제빵사 체험을 마치고 나오니 거의 열두 시가 되었다. 우리 모둠은 중앙 광장에서 아까 만든 크림빵과 각자 싸 온 점심을 먹으며 다른 모둠 친구들과 체험활동 이야기를 나누었다.

(라) 점심시간이 끝난 오후 한 시, 소방서에서 병주가 가장 기대하던 소방관 체험으로 활동을 시작했다. 소방관 복장을 하고, 소방차를 타고 출동하고, 불이 난 곳에 물도 뿌렸다. 원래 소방관에는 관심이 없었는데, 체험해 보니 내 적성에도 잘 맞고 보람도 있어서 미래에 소방관이 되어도 좋겠다고 생각했다.

　소방관 체험을 마치고 나서 시계를 보니 두 시가 조금 넘었다. 두 시 반까지 버스에 타기로 우리 반 선생님과 약속했기 때문에 아쉽지만 체험활동을 끝낼 수밖에 없었다.

11 글쓴이가 오전에 방문한 곳을 두 가지 고르시오.
(　 , 　)

① 신문사　　② 제빵 학원
③ 소방관 체험　　④ 로봇 연구소
⑤ 소품 설계관

12 시간 흐름을 알 수 있는 부분을 모두 고르시오.
(　 , 　 , 　)

① 열한 시
② 열두 시
③ 오후 한 시
④ 첫 번째 체험활동 장소
⑤ 진짜 디자이너가 된 것 같아 뿌듯했다.

13 글쓴이가 소품 설계관에서 한 일은 무엇입니까?
(　)

① 머리 끈을 디자인했다.
② 진열된 소품을 보았다.
③ 디자인에 관한 영화를 보았다.
④ 할아버지께 드릴 손수건을 만들었다.
⑤ 디자이너에게 디자인에 대한 설명을 들었다.

14 글쓴이가 소방관이 되어도 좋겠다고 생각한 까닭은 무엇입니까? (　)

① 소방관 복장이 잘 어울려서
② 소방차를 타는 것이 신기해서
③ 많은 사람에게 도움이 되어서
④ 적성에 잘 맞고 보람도 있어서
⑤ 소방관이 되겠다는 친구가 없어서

서술형

15 글쓴이가 점심시간이 끝난 후 체험한 일을 간추려 쓰시오.

＿＿＿＿＿＿＿＿＿＿＿＿＿＿＿＿＿＿

＿＿＿＿＿＿＿＿＿＿＿＿＿＿＿＿＿＿

16~17 다음 글을 읽고 물음에 답하시오.

(가) **괴산의 특산물, 한지**

　한지는 닥나무 껍질로 만든 우리 종이입니다. 괴산에서 만든 한지는 질기고 보관하기 좋아 외국으로 많이 수출한다고 합니다. 그럼 옛날 사람들은 한지를 어떻게 만들었을까요?

① 닥나무 자르기　② 닥나무 껍질 벗기기　③ 껍질 삶기　④ 껍질 씻기
⑤ 껍질 두드리기　⑥ 닥풀 풀기　⑦ 발로 한지 뜨기　⑧ 한지 말리기

(나) **괴산이라는 이름은 어떻게 변해 왔을까요?**

잉근내군	괴양군	괴주군	괴산군
고구려	신라	고려	조선

　괴산 지역 이름은 시간에 따라 변해 왔습니다. 고구려 때에는 '잉근내군'이라고 불리다가, 신라 경덕왕 때 '괴양군'으로 바뀌었습니다. 그 뒤 고려 시대에는 '괴주'라고 불리다가, 조선 태종 때부터는 지금 이름인 '괴산'이라는 지명으로 불렸습니다.

16 이 글은 어느 지역을 알리는 글인지 쓰시오.

(　　　　　　)

서술형

17 글 (가)와 (나)의 글의 흐름은 어떻게 다른지 쓰시오.

_____

_____

18~19 다음 글을 읽고 물음에 답하시오.

술래잡기하는 방법

　첫 번째, 술래잡기할 공간과 술래를 정한다. 　⊙　, 술래가 숫자를 세는 동안 다른 친구들은 술래를 피한다. 　ⓒ　, 술래가 다른 친구들을 잡으러 간다. 마지막으로, 술래에게 잡힌 친구가 다음 술래가 된다.

18 이 글에서 알려 주는 것은 무엇입니까? (　　)

① 술래잡기의 유래
② 비행기 타는 방법
③ 벌레를 잡는 방법
④ 술래잡기하는 방법
⑤ 종이꽃 만드는 방법

19 ⊙과 ⓒ에 들어갈 말이 바르게 짝지어진 것은 무엇입니까? (　　)

① 첫 번째 – 먼저
② 맨처음 – 첫 번째
③ 두 번째 – 세 번째
④ 첫 번째 – 마지막으로
⑤ 마지막으로 – 처음에는

8 단원

20 다음 글에서 시간 흐름을 알 수 있는 부분을 찾아 쓰시오.

　오후에 환이는 아빠를 따라 쿠리치바 시청에 갔습니다. 버스를 타고 시청까지 가는 길에는 잘 정돈된 나무들이 늘어서 있었습니다. 나무들은 노래하듯 밝은 모습이었지요.

(　　　　　　)

1~5 다음 글을 읽고 물음에 답하시오.

(가) 실 팔찌 만들기의 준비물은 매우 간단합니다. 서로 다른 색깔 털실 세 줄, 셀로판테이프만 있으면 됩니다. 실은 굵을수록 엮기 쉬우므로 굵은 실을 준비하고 길이는 손목 둘레의 서너 배 정도로 자릅니다.

첫 번째, 서로 다른 색깔 실 세 가닥을 함께 잡고 매듭을 짓습니다. 실의 3~4 센티미터를 남겨 두고 실 세 가닥을 한꺼번에 잡아 작은 원을 만듭니다. 그 뒤 짧은 쪽 실 세 가닥을 아까 만든 원 쪽으로 집어넣고 당기면 쉽게 매듭을 지을 수 있습니다.

두 번째, 셀로판테이프로 매듭 위 쪽을 책상에 붙입니다. 셀로판테이프는 실 팔찌를 만드는 동안 실이 움직이거나 꼬이지 않게 고정하는 역할을 합니다.

세 번째, 실 세 가닥을 잡고 세 가닥 땋기를 합니다. 이때 자신이 원하는 길이보다 길게 땋아야 합니다. 손목 둘레의 두세 배 정도 길이로 땋는 것이 좋습니다.

(나) 감기약은 끝까지 먹는 게 좋습니다. 감기약을 먹다가 몸이 나았다고 생각해 그만 먹으면 안 됩니다. 중간에 마음대로 감기약을 먹지 않으면 감기가 더 심해지거나 나중에 감기약을 먹어도 낫지 않을 수 있으므로, 의사가 처방한 날짜만큼 먹어야 합니다.

1 글 (가)와 (나)에서 알려 주는 것은 무엇인지 빈칸에 알맞은 말을 쓰시오.

(1) 글 (가): (   ) 만드는 방법

(2) 글 (나): (   )을/를 먹는 방법

2 글 (가)에서 일 차례를 나타내는 말을 모두 찾아 쓰시오.

(   )

3 글 (가)에서 알려 주는 만들기 방법의 차례대로 기호를 쓰시오.

> ㉠ 실 세 가닥을 잡고 세 가닥 땋기를 합니다.
> ㉡ 셀로판테이프로 매듭 위쪽과 책상을 붙입니다.
> ㉢ 서로 다른 색깔의 실 세 가닥을 함께 잡고 매듭을 짓습니다.

(   ) → (   ) → (   )

4 글 (나)에서 중요한 내용은 무엇입니까? (   )

① 감기약은 끝까지 먹는 게 좋다.
② 감기약은 물과 함께 먹어야 한다.
③ 감기약은 식사를 하고 나서 먹어야 한다.
④ 병원에서 의사 선생님과 상담한 뒤 증세에 맞는 약을 처방받는다.
⑤ 감기약을 먹는 시간을 놓쳤다고 다음에 두 배로 먹으면 안 된다.

서술형

5 글 (가)와 (나)의 다른 점을 비교해 보고, 다른 점을 한 가지 쓰시오.

_____

_____

다음으로 간 곳은 동림 저수지 야생 동식물 보호 구역이었다. 동림 저수지는 겨울 철새가 많이 찾는 곳으로 우리 가족도 혹시 철새 떼의 춤을 볼 수 있을까 하는 기대로 방문해 보았다. 그곳에서 여러 가지 설명을 읽어 보았는데, 고창군 전 지역은 2013년부터 유네스코 생물권 보존 지역으로 지정되어 환경을 해치는 행위를 해서는 안 된다는 안내도 있었다. 아주 많은 수의 철새는 아니었지만 간간이 물 위로 날아오르는 가창오리들을 구경할 수 있었다.

마지막으로 고창의 유명한 절인 선운사를 방문했다. 선운사는 삼국 시대 때부터 지어진 오래된 절이다. 오래된 절답게 웅장한 건물과 많은 관광객이 있었다. 선운사에서 가장 인상 깊었던 것은 선운사 뒤편의 동백나무 숲이었다. 푸른 동백나무잎 위로 하얀 눈이 소복이 쌓여 아름다운 풍경을 만들어 내고 있었다. 내가 본 가장 아름다운 숲이었다.

6 이 글은 무엇을 하고 난 뒤에 쓴 글입니까?
( )

① 여행　　　　　② 책 읽기
③ 영화 보기　　　④ 실험 관찰
⑤ 공연 관람

서술형

7 이 글을 장소의 변화에 따라 간추려 쓰시오.

장소	(1)	(2)
한 일	(3)	(4)

(가) 어제 과학 관찰 보고서를 쓰려고 동물원에 갔다. 내 보고서 주제는 '날개가 있는 동물'로, 동물원의 많은 동물 가운데에서도 날개가 있는 동물을 찾아 관찰하는 것이다.

(나) 동물원 입구를 지나 가장 먼저 간 곳은 '곤충관'이었다. 곤충관에는 여러 지역의 곤충들이 전시되어 있었는데, 날개가 있는 동물로 나비와 벌, 메뚜기와 같은 곤충들이 있었다. 곤충관에서 가장 관심이 갔던 곤충은 톱사슴벌레이다. 톱사슴벌레는 몸 색깔이 갈색이고 톱날 모양의 큰턱이 있다.

(다) 야행관 다음으로 간 곳은 '열대 조류관'이었다. 열대 조류관은 따뜻한 지역에 사는 새들이 사는 곳이었다. 열대 조류관은 아주 큰 실내 전시장으로, 천장이 높아서 머리 위로 화려한 색의 새들이 날아다니는 것을 볼 수 있었다. 앵무새는 책이나 텔레비전에서 본 적이 있었는데, 이렇게 많은 종류의 앵무새가 있는지는 몰랐다. 왕관앵무, 장미앵무, 회색앵무와 같이 색과 크기도 다양한 앵무새들을 관찰할 수 있었다.

8 이 글을 간추릴 때 주의할 부분은 무엇입니까?
( )

① 일 차례　　　　② 시간 흐름
③ 장소 변화　　　④ 원인과 결과
⑤ 만나는 인물의 변화

9 이 글에서 방문한 장소를 차례대로 쓰시오.
( ) ➡ 야행관 ➡ ( )

10 곤충관에서 가장 관심이 갔던 곤충은 무엇입니까? ( )

① 벌　　　　　　② 나비
③ 메뚜기　　　　④ 회색앵무
⑤ 톱사슴벌레

8
단원

11~15 다음 글을 읽고 물음에 답하시오.

(가) 오래전부터 기다려 오던 직업 체험학습을 가는 날이다. 학교에서 모두 함께 출발해 열 시에 직업 체험관에 도착했다. 도착하자마자 우리 반은 모둠별로 흩어졌다. 우리 모둠은 나, 민기, 혜정, 병주까지 네 명으로 모두 활발한 친구들이다.

(나) 디자이너 체험을 끝내자 거의 열한 시가 되었다. 우리는 제빵사 체험을 하려고 제빵 학원으로 갔다. 제빵 학원 앞에는 크게 '크림빵'이라고 적혀 있었다. 체험관 안으로 들어가자 체험관 선생님께서 밀가루를 나누어 주셨다. 체험관 선생님께서 알려 주시는 차례를 그대로 따라 해서 크림빵을 완성했다.

(다) 제빵사 체험을 마치고 나오니 거의 열두 시가 되었다. 우리 모둠은 중앙 광장에서 아까 만든 크림빵과 각자 싸 온 점심을 먹으며 다른 모둠 친구들과 체험활동 이야기를 나누었다. 효지는 공항에서 한 비행기 조종사 체험이 가장 재미있었다고 했고, 준우는 문화재 발굴 현장에서 문화재를 찾는 체험이 가장 재미있었다고 했다.

(라) 점심시간이 끝난 오후 한 시, 병주가 가장 기대하던 소방관 체험으로 활동을 시작했다. 소방관 복장을 하고, 소방차를 타고 출동하고, 불이 난 곳에 물도 뿌렸다. 원래 소방관에는 관심이 없었는데, 체험해 보니 내 적성에도 잘 맞고 보람도 있어서 미래에 소방관이 되어도 좋겠다고 생각했다.

(마) 소방관 체험을 마치고 나서 시계를 보니 두 시가 조금 넘었다. 두 시 반까지 버스에 타기로 우리 반 선생님과 약속했기 때문에 아쉽지만 체험활동을 끝낼 수밖에 없었다.

11 어디에 갔다온 뒤에 쓴 글입니까? ( )

① 빵 공장
② 과학 박물관
③ 전통 체험관
④ 인형 박물관
⑤ 직업 체험관

12 이 글에서 체험한 장소를 차례대로 쓰시오.

( ) ➡ 중앙 광장 ➡
( )

13 이 글에서 시간 흐름을 알 수 있는 부분이 아닌 것은 무엇입니까? ( )

① 열 시
② 두 시
③ 열한 시
④ 체험활동
⑤ 오후 한 시

14 제빵 학원에서 한 일은 무엇입니까? ( )

① 빵의 역사를 알아보았다.
② 빵의 종류에 대한 책을 보았다.
③ 세계 여러 나라의 빵을 맛보았다.
④ 제빵사가 되는 법에 관한 영화를 보았다.
⑤ 선생님의 말씀을 듣고 크림빵을 만들었다.

🖐서술형

15 이 글을 시간과 장소의 변화가 드러나게 체험활동을 중심으로 간추려 쓰시오.

_____

_____

_____

16~17 다음 글을 읽고 물음에 답하시오.

(가) 괴산이라는 이름은 어떻게 변해 왔을까요?

잉근내군	괴양군	괴주군	괴산군
고구려	신라	고려	조선

　괴산 지역 이름은 시간에 따라 변해 왔습니다. 고구려 때에는 '잉근내군'이라고 불리다가, 신라 경덕왕 때 '괴양군'으로 바뀌었습니다. 그 뒤 고려 시대에는 '괴주'라고 불리다가, 조선 태종 때부터는 지금 이름인 '괴산'이라는 지명으로 불렸습니다.

(나) 산막이 옛길 안내

　괴산에는 사오랑 마을에서 산골 마을인 산막이 마을까지 연결되는 10리(4킬로미터)에 걸친 옛길이 있다. 이 옛길을 산책로로 만든 것이 지금의 산막이 옛길이다.

　산막이 옛길은 주차장을 지나 오르막으로 시작한다. 오르막을 걷다 보면 차돌 바위 나루를 지나 소나무 동산에 이를 수 있다. 소나무 동산엔 40년이 넘은 소나무들이 숲을 이룬다.

---

16 (가)와 (나)의 글의 흐름을 찾아 선으로 이으시오.

(1) 글 (가)　·

(2) 글 (나)　·

·　㉠ 시간 흐름

·　㉡ 장소 변화

17 (가)와 (나)에서 소개한 것을 두 가지 고르시오.
(　 , 　)

① 특산물
② 오는 길
③ 지명 변화
④ 옛길 안내
⑤ 유명한 인물

18 일하는 방법에 따라 내용을 파악하는 방법을 바르게 말한 것을 두 가지 찾아 ○표를 하시오.

(1) 원인과 결과에서 결과가 항상 먼저 일어난 일이다.　(　)

(2) 같은 장소에서 일어난 사건은 모두 같은 시간에 생긴 일이다.　(　)

(3) 차례를 나타내는 말과 차례와 관련된 중요한 내용을 파악해야 한다.　(　)

(4) 시간을 나타내는 말을 찾아보고, 시간 흐름에 따라 장소나 사건이 어떻게 변했는지 확인해 본다.　(　)

19 글의 차례대로 기호를 쓰시오.

㉠ 먼저, 소화기의 손잡이를 잡고 불이 난 곳으로 가져갑니다.

㉡ 두 번째, 소화기 안전핀을 뽑습니다. 이때 손잡이를 누르면 안전핀이 빠지지 않으니 손잡이를 누르지 않습니다.

㉢ 끝으로, 손잡이를 꽉 잡고 불을 향해 빗자루로 쓸 듯이 소화제를 뿌립니다.

㉣ 세 번째, 바람을 뒤로하고 소화기 호스를 불이 난 곳으로 향하게 잡습니다.

(　) → (　) → (　) → (　)

20 다음 글에서 장소를 나타내는 말에 밑줄을 그으시오.

　드디어 시청 청사에 도착했습니다. 아빠가 볼일을 마칠 때까지 환이는 혼자서 청사 밖을 거닐었습니다. 말이 안 통해서 누구를 잡고 함께 놀자고 할 수는 없었지만 조금도 지루하지 않았습니다.
「숨 쉬는 도시 쿠리치바」, 안순혜

---

8 단원

국어 238~267쪽 국어 활동 82~97쪽

1~3

첫 번째, 서로 다른 색깔 실 세 가닥을 함께 잡고 매듭을 짓습니다. 실의 3~4 센티미터를 남겨 두고 실 세 가닥을 한꺼번에 잡아 작은 원을 만듭니다. 그 뒤 짧은 쪽 실 세 가닥을 아까 만든 원 쪽으로 집어넣고 당기면 쉽게 매듭을 지을 수 있습니다.

두 번째, 셀로판테이프로 매듭 위 쪽을 책상에 붙입니다. 셀로판테이프는 실 팔찌를 만드는 동안 실이 움직이거나 꼬이지 않게 고정하는 역할을 합니다.

세 번째, 실 세 가닥을 잡고 세 가닥 땋기를 합니다. 이때 자신이 원하는 길이보다 길게 땋아야 합니다. 손목 둘레의 두세 배 정도 길이로 땋는 것이 좋습니다.

네 번째, 땋은 실 끝 쪽에 매듭을 짓습니다. 매듭은 첫 번째 매듭을 지을 때 사용한 방법으로 지으며, 자신이 땋은 부분이 끝나는 곳보다 좀 더 앞쪽에 짓습니다. 매듭을 짓고 보면 줄이 짧아진 게 느껴질 겁니다. 원하는 길이보다 길게 땋아야 하는 까닭은 이렇게 줄이 짧아지기 때문입니다.

마지막으로, 양쪽 끝을 연결합니다. 양쪽 끝을 연결할 때에는 끝끼리 묶어도 좋고, 다른 실로 양쪽 매듭을 함께 이어 줘도 좋습니다.

도움말

⭐ 일을 하는 차례에 주의하며 글을 읽어 봅니다.

1 이 글의 특징은 무엇인지 쓰시오.

⑴ (   )대로 ⑵ (   )을/를 알려 주는 글이다.

1 이 글은 일 차례를 설명하는 글입니다.

2 이 글에서 차례를 나타내는 말을 모두 찾아 쓰시오.

_____

_____

2 이 글은 차례를 나타내는 말 뒤에 중요한 내용이 있습니다.

3 이 글을 간단히 정리해 쓰시오.

_____

_____

_____

3 차례를 나타내는 말과 그 차례와 관련된 중요한 내용을 찾아 표시해 본 뒤에 간추려 봅니다.

4~6

㈎ 오래전부터 기다려 오던 직업 체험학습을 가는 날이다. 학교에서 모두 함께 출발해 열 시에 직업 체험관에 도착했다.

㈏ 우리 모둠은 가장 먼저 소품 설계관으로 출발했다. 소품 설계관은 작은 소품을 설계하고 직접 만들 수 있는 곳이다. 체험학습 계획을 세울 때 민기가 "집안 어른들께 선물로 드릴 만한 물건을 만들면 좋겠어."라고 의견을 냈기 때문에 소품 설계관을 첫 번째 체험활동 장소로 정했다. 민기는 어머니께 드릴 머리 끈을 만들고, 나는 할아버지께 드릴 손수건을 만들기로 했다.

㈐ 디자이너 체험을 끝내자 거의 열한 시가 되었다. 우리는 제빵사 체험을 하려고 제빵 학원으로 갔다. 제빵 학원 앞에는 크게 '크림빵'이라고 적혀 있었다. 체험관 안으로 들어가자 체험관 선생님께서 밀가루를 나누어 주셨다. 체험관 선생님께서 알려 주시는 차례를 그대로 따라 해서 크림빵을 완성했다.

도움말

⭐ 시간 흐름과 장소 변화에 주의하며 글을 읽어 봅니다.

4 글쓴이가 시간 흐름에 따라 이동한 장소를 쓰시오.

_____

_____

4 장소 변화를 살펴봅니다.

5 이 글을 시간 흐름과 장소 변화에 따라 어떤 체험을 했는지 간추려 쓰시오.

_____

_____

5 직업 체험관에서 방문한 곳에서 무엇을 했는지 살펴봅니다.

8
단원

6 자신이 직업 체험관에 견학을 간다면 어디에서 어떤 체험을 하고 싶은지 견학 계획을 세워서 쓰시오.

(1) 체험하고 싶은 곳	(2) 하고 싶은 활동

6 자신이 어떤 체험을 하고 싶은지 생각해 봅니다.

단원 요점 정리 · 9. 작품 속 인물이 되어

학습목표

글을 읽고 인물의 말과 행동을 실감 나게 표현해 봅시다.

국어 268~297쪽 국어 활동 98~115쪽

핵심 1 글을 읽고 인물에 대해 이야기하기

　이야기 속 인물의 성격을 *짐작할 때에는 이야기 속 인물과 비슷한 말이나 행동을 하는 친구가 어떤 성격인지 생각해 보면 좋습니다. 또 자신이 이야기 속 인물이라면 어떤 말이나 행동을 할지 생각해 봅니다.

→인물의 말과 행동을 보고 알 수 있습니다.

핵심 2 인물의 성격을 생각하며 극본을 소리 내어 읽기

• 상황과 인물의 성격에 어울리게 목소리 크기를 조절하여 읽는 것이 좋습니다.

예 「토끼의 *재판」 앞부분 이야기를 읽고 등장인물의 성격에 알맞은 말투 상상하기

| 호랑이 | 호랑이는 자신을 구해 준 나그네를 잡아먹으려고 했다. 그러니 고마움을 모르는 성격이다.
　살려 달라고 사정할 때에는 간절한 말투로 말할 것이다. |
| 나그네 | 나그네는 호랑이의 부탁을 무시하지 못한 점으로 보아 남을 걱정하고 잘 돕는 성격이다.
　호랑이가 잡아먹으려고 할 때에는 억울한 말투로 말할 것이다. |

핵심 3 알맞은 표정, 몸짓, 말투를 생각하며 *극본 읽기

• 인물의 말과 행동을 보고 인물의 성격을 짐작하면 어울리는 표정, 몸짓, 말투를 상상할 수 있습니다.

• 주변에서 비슷한 성격의 인물이 어떠한 표정, 몸짓, 말투를 사용하는지 떠올려 봅니다.

• 자신이 그 인물이라면 어떠한 표정, 몸짓, 말투를 사용할지 생각해 봅니다.

핵심 4 연극 준비하기

• 어떤 모둠이 어느 부분을 공연할지 정해 봅니다.

• 연극 소품은 평소 사용하는 물건이나 재활용품으로 간단히 준비합니다.

• 없는 소품은 그림으로 그리거나 있다고 표현해도 됩니다.

한 사람이 여러 가지 역할을 맡거

• 역할을 정해 봅니다. →나 한 가지 역할을 여러 명이 나누어 맡아도 좋습니다.

• 극본에서 인물의 표정, 몸짓, 말투를 알려 주는 부분을 찾아보고, 그것을 실감 나게 읽을 수 있도록 상상해 봅니다.

예

▲ 발표할 부분　　　▲ 소풍

핵심 5 우리 반 연극 발표회 하기

• 연극을 볼 때 지켜야 할 예절을 이야기해 봅니다.

• 연극 발표회를 하려고 자신이 맡은 역할을 최종 점검해 봅니다.

• 친구들과 연극 발표회를 해 봅니다.

• 인물의 표정, 몸짓, 말투를 실감 나게 표현한 친구를 칭찬해 봅니다.

→무대에서 말을 주고받을 때에는 상대를 바라보되, 연극을 보는 친구들에게도 모습이 잘 보여야 합니다.

국어활동

핵심 6 '-려고'의 바른 표기

　어떤 행동을 할 목적을 드러낼 때 '-ㄹ려고'나 '-ㄹ라고'로 표기하는 경우가 있으나 '-(으)려고'가 바른 표기입니다.

예 일어날려고(×) ➡ 일어나려고(○)
　챙길라고(×) ➡ 챙기려고(○)

조금 더 알기

❀ 인물에게 물어보기 놀이

❶ 교실 앞에 의자를 놓는다.
❷ 「토끼의 재판」에 나오는 인물 가운데에서 한 명을 정한다.
❸ 한 친구가 정한 인물이 되어 의자에 앉는다.
❹ 다른 친구들은 그 인물에게 궁금한 점을 묻는다.
❺ 의자에 앉은 친구는 그 인물이 되어 대답한다.

❀ 연극 관람 예절

• 다른 모둠이 발표할 때 연습하지 않습니다.
• 발표를 끝낸 친구에게 박수를 보냅니다.
• 이야기를 하지 않습니다.
• 집중해서 봅니다.

낱말 사전

★ 짐작 사정이나 형편 따위를 어림잡아 헤아림.
★ 재판 옳고 그름을 따져 판단함.
★ 극본 연극이나 영화, 방송극을 만들려고 배우의 대사나 동작, 장면 차례, 무대 장치 따위를 구체적으로 적어 놓은 글.

개념을 확인해요

1 이야기 속 인물의 성격을 짐작할 때에는 이야기 속 인물과 ☐ ☐☐ 말이나 행동을 하는 친구가 어떤 성격인지 생각해 보면 좋습니다.

2 자신이 이야기 속 인물이라면 어떤 ☐ 이나 ☐☐ 을 할지 생각해 봅니다.

3 인물의 말과 행동을 보고 인물의 ☐☐ 을 알 수 있습니다.

4 인물의 말과 행동을 보고 인물의 성격을 짐작하면 ☐☐ ☐☐ 표정, 몸짓, 말투를 상상할 수 있습니다.

5 극본에는 표정, 몸짓, 말투를 ☐☐ 알려 주는 부분이 있습니다.

6 연극을 준비하려면 극본을 읽고 인물을 ☐☐☐☐ 표현할 줄 알아야 합니다.

7 ☐☐☐ 표정, 말투, 몸짓을 생각하며 실감 나게 극본을 읽어야 합니다.

8 연극 소품은 평소 사용하는 ☐☐ 이나 재활용품으로 간단히 준비합니다.

9 무대에서 말을 주고받을 때에는 ☐☐ 를 바라보되, 연극을 보는 친구들에게도 모습이 잘 보여야 합니다.

10 다른 모둠이 ☐☐ 할 때 연습하지 않습니다.

9
단원

도움말

1. 각각의 글에는 그 글에 맞는 흐름이 있고, 내용을 파악해 정리할 때에는 글의 흐름을 파악하는 것이 중요합니다.

핵심 1

1 빈칸에 알맞은 말을 쓰시오.

이야기 속 인물의 ＿＿＿＿＿을 짐작할 때에는 이야기 속 인물과 비슷한 말이나 행동을 하는 친구가 어떤 ＿＿＿＿＿인지 생각해 보면 좋습니다. 또 자신이 이야기 속 인물이라면 어떤 말이나 행동을 할지 생각해 봅니다.

(＿＿＿＿＿＿＿＿＿＿＿＿)

2. 사람의 성격을 파악하는 것과 이야기 속 인물의 성격을 파악하는 것은 비슷합니다.

핵심 2

2 이야기 속 인물의 성격은 어떻게 알 수 있는지 쓰시오.

＿＿＿＿＿＿＿＿＿＿＿＿＿＿＿＿＿＿＿＿＿＿＿＿＿＿＿＿＿＿＿＿

3. 극본을 실감 나게 읽으려면 어떻게 해야 하는지 생각해 봅니다.

핵심 3

3 다음은 극본을 실감 나게 읽는 방법입니다. 빈칸에 공통으로 들어갈 알맞은 말을 쓰시오.

• 인물의 말과 행동을 보고 인물의 성격을 짐작하면 어울리는 ＿＿＿＿ 을/를 상상할 수 있다.
• 주변에서 비슷한 성격의 인물이 어떠한 ＿＿＿＿ 을/를 사용하는지 떠올려 본다.
• 자신이 그 인물이라면 어떠한 ＿＿＿＿ 을/를 사용할지 생각해 본다.

(＿＿＿＿＿＿＿＿＿＿＿＿)

핵심 4

4 연극을 준비하는 방법 가운데 알맞지 <u>않은</u> 것은 무엇입니까? (   )

① 어떤 모둠이 어느 부분을 공연할지 정해 본다.

② 역할은 반드시 한 사람이 하나의 역할을 맡아야 한다.

③ 없는 소품은 그림으로 그리거나 있다고 표현해도 된다.

④ 연극 소품은 평소 사용하는 물건이나 재활용품으로 간단히 준비한다.

⑤ 극본에서 인물의 표정, 몸짓, 말투를 알려 주는 부분을 찾아보고, 그 것을 실감 나게 읽을 수 있도록 상상해 본다.

핵심 5

5 연극을 볼 때 지켜야 할 예절을 한 가지 쓰시오.

_____

핵심 6

6 다음 문장에서 바른 표기에 ○표를 하시오.

⑴ 밥을 (먹을려고 , 먹으려고) 냉장고에서 반찬을 꺼냈다.

⑵ 내일 소풍을 (갈려고 , 가려고) 도시락을 준비했다.

도움말

4. 연극을 준비하는 과정을 떠올려 봅니다.

5. 연극을 관람할 때 지켜야 할 예절을 생각해 봅니다.

6. '-(으)려고'는 어떤 행동을 할 목적을 드러낼 때 쓰는 표현입니다.

9
단원

국어 268~297쪽 국어 활동 98~115쪽

1~2 다음 그림을 보고 물음에 답하시오.

(가)

(나)

(다)

(라)

1 다음의 인물이 나오는 책 제목을 찾아 쓰시오.

> 파트라셰, 네로, 아로아

( )

3~5 다음 글을 읽고 물음에 답하시오.

옛날옛날, 산토끼 무툴라가 코로로 언덕의 굴 속에서 살고 있었어요. 어느 날 아침, 무툴라는 코가 따끔거려서 잠에서 깼어요. 무툴라는 코로로 언덕 아래로 깡충 뛰어갔어요.

그런데 갑자기 뭔가가 "우두둑, 뚝, 쿵!" 하고 부러지는 소리가 들렸어요. 코끼리 투루가 나타난 거예요.

"안녕, 투루."

투루는 질겅질겅 풀을 씹기만 할 뿐 아무 말도 하지 않았어요.

"안녕이라고 말했잖아. 투루!"

투루는 꼬리를 한 번 씰룩 움직일 뿐 여전히 아무 말도 하지 않았어요.

「대단한 줄다리기」, 베헐리 나이두

3 이 글은 언제 어디에서 일어난 일인지 쓰시오.

⑴ 언제: ( )

⑵ 어디에서: ( )

4 무툴라가 한 일은 무엇입니까? ( )

① 투루를 놀렸다.
② 깊은 잠을 잤다.
③ 투루를 못 본 척했다.
④ 투루에게 인사를 했다.
⑤ 굴 속에서 아침을 먹었다.

2 다음은 책을 읽고 인상적인 장면을 말한 것입니다. 어떤 책을 읽고 말한 것인지 쓰시오.

> 호랑이가 나무 위로 도 망간 오누이를 쫓아가는 장면이 생각납니다.

( )

서술형

5 투루가 대답을 하지 않았을 때 무툴라의 기분은 어떠했겠는지 쓰시오.

_____

_____

6~7 다음 글을 읽고 물음에 답하시오.

> • 때: 옛날 옛적, 호랑이 담배 피우던 때
> • 곳: 산속
> • 나오는 인물: 호랑이, 사냥꾼 1, 사냥꾼 2, 나그네, 소나무, 길, 토끼

막이 열리면 산속 외딴길에 나무가 한 그루 서 있다. 커다란 호랑이를 넣은 궤짝이 놓여 있고, 나무 밑에서 사냥꾼들이 땀을 씻으며 이야기를 하고 있다. 바람 부는 소리와 나무 흔들리는 소리가 들린다.

사냥꾼 1: 여보게, 목이 마른데 근처에 샘이 없을까?
사냥꾼 2: 나도 목이 마른데 같이 찾아볼까?
사냥꾼 1: 얼른 갔다 오세.

두 사람은 아래로 내려간다. 바람 부는 소리와 나무 흔들리는 소리가 들린다.

「토끼의 재판」, 방정환

6 이 연극에 나오는 인물이 <u>아닌</u> 것은 누구입니까?
( )

① 토끼　　　　② 사냥꾼
③ 나그네　　　④ 호랑이
⑤ 고을 원님

7 이 장면에서 일어난 일은 무엇입니까? ( )

① 사냥꾼 둘이 다투었다.
② 사냥꾼이 호랑이를 잡았다.
③ 호랑이가 궤짝에서 뛰쳐나왔다.
④ 사냥꾼이 궤짝에 든 호랑이를 두고 집으로 돌아갔다.
⑤ 사냥꾼이 궤짝에 든 호랑이를 두고 물을 마시러 갔다.

8~10 다음 글을 읽고 물음에 답하시오.

나그네: 아니, 그런 법이 어디 있소? 우리 누가 옳은지 한번 물어보세.
호랑이: 좋아, 소나무에게 물어보자.
나그네: 소나무님, 소나무님! 당신도 보셨으니까 사정을 아시지요? 호랑이가 옳습니까, 제가 옳습니까?
소나무: 물론 호랑이가 옳지. 왜냐하면 사람은 내가 맑은 공기를 마시게 해 주는데도 나를 마구 꺾고 베어 버리기 때문이야. 호랑이야, 얼른 잡아먹어 버려라.
호랑이: ㉠자, 어때? 내가 옳지?
나그네: (머리를 긁으며) 길한테 한 번 더 물어보세. 길님, 길님! 다 보고 들으셨지요? 호랑이가 옳습니까, 제가 옳습니까?
길: 물론 호랑이가 옳지. 왜냐하면 사람들은 날마다 나를 밟고 다니면서도 고맙다는 말 한마디를 하지 않기 때문이야.

8 소나무와 길의 공통적인 의견은 무엇인지 알맞은 곳에 ○표를 하시오.

(호랑이 , 나그네)가 옳다.

중요

9 호랑이의 성격은 어떠합니까? ( )

① 어리석다.　　　② 뻔뻔하다.
③ 소심하다.　　　④ 다정하다.
⑤ 은혜를 잘 갚는다.

서술형

10 ㉠을 읽을 때에 알맞은 말투는 무엇인지 쓰시오.

11~14 다음 글을 읽고 물음에 답하시오.

나그네: 토끼님, 토끼님! 재판 좀 해 주세요. 이 궤짝 속에 갇힌 호랑이를 살려 준 나하고, 살려 준 나를 잡아먹으려는 호랑이하고 누가 옳습니까?

토끼: (귀를 기울이고 한참 생각하다) 누가 누구를 살려 주었어요? 누가 누구를 잡아먹으려 해요? 아, 당신이 이 호랑이를 잡아먹으려고 해요?

나그네: 아니지요. 내가 호랑이를 잡아먹으려 하는 게 아니라, 이 호랑이가 궤짝에 갇혀 있었는데 내가 살려 주었어요.

토끼: 네, 알았습니다. 그러니까 이 호랑이하고 당신이 궤짝 속에 갇혀 있었다고요?

나그네: 아니지요. 호랑이가…….

호랑이: (답답하다는 듯이 화를 내며) 왜 이렇게 말귀를 못 알아듣지? (궤짝 속으로 들어가며) 이 궤짝 속에 내가 이렇게 있었어. 내가 이렇게 갇혀 있었단 말이야. 알았지?

㉠ 토끼가 얼른 달려들어 문고리를 걸어 잠근다.

토끼: ㉡(웃으면서) 이제야 알았습니다. 설명하시지 않아도 잘 알겠습니다. 호랑이님이 어떻게 이 궤짝 속에 들어갔는지 잘 알았습니다. 그럼 저는 바빠서 이만 가 보겠습니다.

나그네: (토끼를 쫓아가며) 토끼님, 대단히 고맙습니다. 이 은혜를 어떻게 갚아야 할지…….

호랑이는 궤짝 속에 쭈그려 울부짖고 사냥꾼들이 돌아와 궤짝을 메고 고개를 넘어간다. 즐거운 음악이 흐르며 막이 내린다.

11 이 장면을 연극으로 꾸밀 때 필요한 소품은 무엇입니까? (   )

① 멍석   ② 화살   ③ 모자
④ 궤짝   ⑤ 토끼풀

12 호랑이가 답답해한 까닭은 무엇입니까?

(   )

① 목이 너무 말라서
② 토끼가 말귀를 못 알아들어서
③ 다시 궤짝으로 들어가야 해서
④ 나그네가 말귀를 못 알아들어서
⑤ 나그네와 호랑이 가운데에서 누가 옳은지 물어볼 사람이 없어서

서술형

13 토끼의 성격과 마음을 고려할 때, ㉠에 알맞은 표정, 말투, 몸짓은 무엇인지 쓰시오.

_____

_____

주의

14 ㉡에서 토끼의 마음은 어떠했을지 바르게 말한 친구는 누구인지 쓰시오.

자신의 꾀로 호랑이를 벌 주어 통쾌했을 거야.
치우

나그네를 골탕 먹이지 못해서 속상했을 거야.
재은

호랑이는 도와주지 못해서 안타까웠을 거야.
준형

(   )

15 연극 공연을 준비할 때 해야 할 일로 알맞지 <u>않은</u> 것은 어느 것입니까? (　　　)

① 역할을 정한다.
② 필요한 소품을 준비한다.
③ 대본에서 공연할 부분을 정한다.
④ 역할에 어울리는 표정, 몸짓, 말투를 상상한다.
⑤ 연극의 준비, 발표, 감상 과정에서 자신의 행동을 되돌아본다.

16 연극 연습을 하는 차례대로 기호를 쓰시오.

> ㉠ 친구들과 함께 연극의 장면 전체를 연습해 본다.
> ㉡ 다른 친구가 읽는 것을 잘 듣고 친구의 말에 적절한 반응을 하면서 연습한다.
> ㉢ 인물의 표정, 몸짓, 말투를 생각하며 대본을 여러 번 소리 내어 연습한다.

(　　　) → (　　　) → (　　　)

17 연극을 볼 때 지켜야 할 예절을 모두 고르시오.
(　　, 　　, 　　)

① 집중해서 본다.
② 진지하게 본다.
③ 옆 사람과 이야기를 나누며 본다.
④ 발표를 끝낸 친구에게 박수를 친다.
⑤ 다른 친구들이 발표할 때 열심히 연습한다.

18~20 다음 글을 읽고 물음에 답하시오.

㉔ 눈은 세상에 내려오는 일이 너무나 신났어요. 그래서 늘 랄랄라 노래를 부르고 춤을 추며 내려왔답니다.

㉕ "친구야, 미안하지만 잠깐 멈춰 주렴. 착한 토끼가 친구들에게 갖다줄 홍당무를 나르고 있단다. 눈이 너무 많이 오면 힘들잖니."
눈은 달님 얘기에 깜짝 놀랐습니다.
"그럴 리가 없어요, 달님! 이 세상에 나를 싫어하는 건 없어요. ㉠이 세상에 나보다 예쁜 건 없단 말이에요!"
눈은 화가 나서 마구 소리쳤어요.
"물론 모두 너를 좋아하지. 네가 예쁜 것도 사실이야. 하지만 친구야! ㉡언제나 너만 좋고 예쁠 수는 없단다. 때로는 시원한 바람이 좋을 수도 있고, 때로는 촉촉한 비가 예쁠 수도 있거든. 그러니까 가끔은 가장 예쁜 자리를 남에게 양보할 줄도 알아야 해."

「눈」, 박웅현

18 이 글에 나오는 인물을 모두 찾아 쓰시오.

(　　　　　　), (　　　　　　), 토끼

19 글 ㉔에서 눈의 마음은 어떠합니까? (　　　)

① 신난다.　　　　② 힘들다.
③ 미안하다.　　　④ 화가 난다.
⑤ 지루하다.

20 ㉠과 ㉡에 알맞은 표정을 찾아 기호를 쓰시오.

(1)

(2)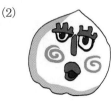

(　　　)　　　　(　　　)

1~3 다음 글을 읽고 물음에 답하시오.

"안녕이라고 말했잖아. 투루!"
무툴라는 이번에는 아주 크게 소리쳤어요.
㉠"그래서 어쩌라고? 이 꼬맹이야! 감히 아침 식사하는 나를 귀찮게 해?"
"투루, 그렇게 거만하게 굴 것까진 없잖아! 너는 몸집이 가장 크다고 네가 가장 힘이 센 줄 알지? 난 줄다리기를 하면 널 언제든 이길 수 있어!"
"네가? 너 같은 꼬맹이가? 흥, 푸우하하하!"
"내일 아침, 내가 밧줄을 가져올게. ㉡그럼 내가 얼마나 힘이 센지 알게 될 거야!"
무툴라가 자신만만하게 말했어요.

1 무툴라는 투루에게 무엇을 하자고 했는지 쓰시오.
( )

2 ㉠으로 알 수 있는 투루의 성격은 어떠합니까?
( )

① 슬기롭다.　　　② 거만하다.
③ 상냥하다.　　　④ 소극적이다.
⑤ 다른 사람을 존중한다.

3 ㉡에 어울리는 표정, 말투, 몸짓으로 표현한 친구는 누구인지 쓰시오.

준안: 눈물을 닦으며 슬픈 목소리로 말할 거야.
재은: 고개를 숙이며 조그만 목소리로 말할 거야.
지윤: 손을 허리에 얹고 자신만만한 목소리로 말할 거야.

( )

4~5 다음 글을 읽고 물음에 답하시오.

"이걸 잡아. 저 덤불숲이 보이지? 밧줄의 한쪽 끝을 저 뒤에다 두었어. 난 달려가서 그걸 잡을 거야. ㉠내가 당길 준비가 되면 휘파람을 불게. 이렇게. 휘이이이익!"
무툴라는 쿠부가 밧줄을 꽉 물 때까지 숨죽이고 기다렸어요. 무툴라는 영양처럼 재빨리 덤불숲으로 뛰어갔어요.
무툴라는 꼭꼭 숨자마자 숨을 깊이깊이 들이마신 다음 있는 힘껏 휘파람을 불었어요. "휘이이이익!" 그러자 양쪽 끝에서 투루와 쿠부가 밧줄을 잡아당기기 시작하는 소리가 들렸어요. 둘은 밧줄을 당기고 당기고 또 당겼어요. 먼저 코끼리 투루가 영차영차 끙끙 밧줄을 잡아당기자 하마 쿠부는 몸을 부르르 떨며 버텼어요. 그다음엔 하마 쿠부가 영차영차 끙끙 밧줄을 잡아당기자 코끼리 투루가 몸을 부르르 떨며 버텼어요. 무툴라는 너무 재미있어서 깔깔 웃느라 배가 다 아팠어요.

4 이 글을 연극으로 꾸밀 때 알맞은 쿠부의 행동은 무엇입니까? ( )

① 무툴라를 쫓아간다.
② 힘겹게 줄을 당긴다.
③ 무툴라에게 줄을 넘긴다.
④ 투루와 힘겨루기를 한다.
⑤ 줄을 당기지 않고 도망간다.

서술형

5 ㉠을 실감 나게 표현할 때 알맞은 표정, 말투, 몸짓은 무엇인지 쓰시오.

_____

_____

호랑이: (반가운 목소리로) 나그네님!

나그네: 누가 나를 부르나? (사방을 둘러본다.)

호랑이: ㉠ 나그네님, 저를 좀 구해 주십시오.

나그네: (궤짝을 들여다보고) 이크, 호랑이구려! 무슨 일이오?

호랑이: 나그네님, 제발 문고리를 따고 문짝을 좀 열어 주십시오.

나그네: 뭐요? 문을 열어 달라고? 열어 주면 뛰쳐나와서 나를 잡아먹을 것이 아니오?

호랑이: 아닙니다. 제가 은혜를 모르고 그런 짓을 할 리가 있겠습니까? (앞발을 비비면서 자꾸 절을 한다.)

나그네: 허허, 알았소. 설마 거짓말이야 하겠소? 내가 이 궤짝 문을 열어 주리다. 그 대신 약속을 꼭 지키시오.

호랑이: 네, 얼른 좀 열어 주십시오. 배가 고파서 눈이 빠질 지경입니다.

나그네가 문을 열자, 호랑이가 뛰쳐나와서 나그네를 잡아먹으려고 덤빈다.

6 나그네의 성격은 어떠합니까? (   )

① 고마움을 모르는 성격이다.
② 부끄러움을 잘 타는 성격이다.
③ 은혜를 갚을 줄 아는 성격이다.
④ 남을 걱정하고 잘 돕는 성격이다.
⑤ 다른 사람에게 관심이 없는 성격이다.

🖐️서술형

7 ㉠을 읽을 때에 알맞은 말투는 무엇인지 그 까닭과 함께 쓰시오.

_____

_____

_____

나그네: (머리를 긁으며) 길한테 한 번 더 물어보세. 길님, 길님! 다 보고 들으셨지요? 호랑이가 옳습니까, 제가 옳습니까?

길: 물론 호랑이가 옳지. 왜냐하면 사람들은 날마다 나를 밟고 다니면서도 고맙다는 말 한마디를 하지 않기 때문이야. 코나 흥흥 풀어 팽개치고, 침이나 탁탁 뱉잖아? 호랑이야, 얼른 잡아먹어 버려라.

호랑이가 입을 쩍 벌리고 나그네를 잡아먹으려고 한다.

나그네: (기운 없는 목소리로) 잠깐, 한 번 더 물어봐야지. 재판도 세 번은 해야 하지 않소?

호랑이: (자신만만하게) 그래? 그러면 이번이 마지막이다.

나그네: 이번에는 누구에게 물어보아야 하나? 마지막인데……. ㉠

8 나그네와 호랑이가 길에게 물어본 것은 무엇인지 쓰시오.

(   )

9 ㉠에 들어갈 알맞은 말은 무엇입니까? (   )

① 씩씩하게
② 즐겁게 손을 흔든다.
③ 호랑이에게 절을 한다.
④ 신이 나서 토끼를 본다.
⑤ 풀이 죽은 모습으로 고개를 숙인다.

🖐️서술형

10 나그네는 어떤 마음이 들었을지 쓰시오.

_____

_____

_____

9
단원

11~14 다음 글을 읽고 물음에 답하시오.

나그네: 토끼님, 토끼님! 재판 좀 해 주세요. 이 궤짝 속에 갇힌 호랑이를 살려 준 나하고, 살려 준 나를 잡아먹으려는 호랑이하고 누가 옳습니까?

토끼: (귀를 기울이고 한참 생각하다) 누가 누구를 살려 주었어요? 누가 누구를 잡아먹으려 해요? 아, 당신이 이 호랑이를 잡아먹으려고 해요?

나그네: 아니지요. 내가 호랑이를 잡아먹으려 하는 게 아니라, 이 호랑이가 궤짝에 갇혀 있었는데 내가 살려 주었어요.

토끼: 네, 알았습니다. 그러니까 이 호랑이하고 당신이 궤짝 속에 갇혀 있었다고요?

나그네: 아니지요. 호랑이가…….

호랑이: (답답하다는 듯이 화를 내며) 왜 이렇게 말귀를 못 알아듣지? (궤짝 속으로 들어가며) 이 궤짝 속에 내가 이렇게 있었어. 내가 이렇게 갇혀 있었단 말이야. 알았지?

ⓐ토끼가 얼른 달려들어 문고리를 걸어 잠근다.

토끼: ⓑ(웃으면서) 이제야 알았습니다. 설명하시지 않아도 잘 알겠습니다. 호랑이님이 어떻게 이 궤짝 속에 들어갔는지 잘 알았습니다. 그럼 저는 바빠서 이만 가 보겠습니다.

나그네: (토끼를 쫓아가며) 토끼님, 대단히 고맙습니다. 이 은혜를 어떻게 갚아야 할지…….

호랑이는 궤짝 속에 쭈그려 울부짖고 사냥꾼들이 돌아와 궤짝을 메고 고개를 넘어간다. 즐거운 음악이 흐르며 막이 내린다.

11 이 장면을 연극으로 꾸밀 때 무대에 등장하는 인물을 모두 고르시오. (,   ,   )

① 길   ② 토끼   ③ 호랑이
④ 나무   ⑤ 나그네

12 토끼가 웃으며 사라진 까닭은 무엇입니까?
(   )

① 재판이 빨리 끝나서
② 호랑이를 구해 주어서
③ 나그네와 호랑이를 골려 주어서
④ 나그네가 다시 궤짝 속으로 들어가서
⑤ 호랑이가 자신의 꾀에 속아 다시 궤짝 속에 갇혀서

13 토끼의 성격은 어떠한지 바르게 말한 친구에 ○표를 하시오.

(1) 지혜롭고 꾀가 많아.
(2) 게으르고 어리석어.
(3) 다른 사람을 배려하지 않는 차가운 성격이야.

(   )   (   )   (   )

서술형

14 호랑이의 성격과 마음을 알려 주는 부분을 찾아 쓰고, 그때 어떤 표정, 몸짓, 말투가 어울리는지 쓰시오.

(1) 호랑이의 마음이나 성격	
(2) 대본에서 찾은 부분	
(3) 상상한 표정, 몸짓, 말투	

15 연극을 준비할 때 필요한 소품을 준비하는 방법을 알맞게 말한 친구를 모두 쓰시오.

(1) 평소 사용하는 물건이나 재활용품으로 간단히 준비하자.

준석

(2) 대본 속의 것과 똑같은 것으로 반드시 준비하자.

수아

(3) 없는 소품은 그림으로 그리자.

여주

(   )

16 무대에 서는 연습을 할 때 생각해야 할 것을 두 가지 고르시오. (,   )

① 무대 가운데에 서야 한다.
② 조명이 가장 밝은 곳에 서야 한다.
③ 자신이 가장 잘 보이는 곳에 서야 한다.
④ 주인공만 관람하는 친구들에게 얼굴이 보여야 한다.
⑤ 무대에서 말을 주고받을 때 관람하는 친구들에게 얼굴이 보여야 한다.

17 연극 발표회를 끝내고 친구를 칭찬하는 말로 알맞은 것을 찾아 ○표를 하시오.

(1) 인물의 마음이 잘 드러나는 표정과 몸짓을 했다. (   )
(2) 자신이 맡은 역할뿐만 아니라 다른 역할의 대사를 따라 했다. (   )
(3) 인물에게 어울리는 말투를 생각하지 않고 항상 밝은 얼굴로 상냥하게 말했다. (   )

18~20 다음 글을 읽고 물음에 답하시오.

농부의 아내: (반가운 표정으로 마중을 나오며) 여보, 왜 이제야 오셨어요? 쌀은 어디 있어요?

농부: (미안한 표정으로) 쌀은 가져오지 못했소. 미안하오. (바가지를 내밀며) 오다가 개구리가 불쌍해서 쌀과 바꾸었다오.

농부의 아내: (실망한 표정으로) ㉠이 바가지는 뭐에요? 당장 먹을 것도 없는데……. (한숨을 쉬며 바가지를 들고 부엌으로 간다.)

잠시 뒤, 농부의 아내가 부엌에서 바가지를 들고 헐레벌떡 뛰어나온다.

농부의 아내: (흥분하여) ㉡여보, 여보! 이것 좀 보세요. 바가지에 쌀이 가득 들었어요!

농부: 뭐라고요? (바가지를 들여다보고 깜짝 놀라며) 아니 이게 웬 쌀이오!

18 농부는 쌀을 무엇으로 바꾸었는지 쓰시오.

(   )

19 ㉠에서 알 수 있는 농부의 아내의 마음은 어떠합니까? (   )

① 기쁜 마음   ② 미안한 마음
③ 실망한 마음   ④ 신나는 마음
⑤ 기대하는 마음

20 ㉠과 ㉡에 알맞은 말투를 찾아 선으로 이으시오.

(1) ㉠   ·   · ㉠ 작고 걱정되는 말투

(2) ㉡   ·   · ㉡ 깜짝 놀라며 신나는 말투

국어 268~297쪽　국어 활동 98~115쪽

1~3

(가) 투루는 꼬리를 한 번 씰룩 움직일 뿐 여전히 아무 말도 하지 않았어요.

"안녕이라고 말했잖아. 투루!"

무툴라는 이번에는 아주 크게 소리쳤어요.

㉠"그래서 어쩌라고? 이 꼬맹이야! 감히 아침 식사하는 나를 귀찮게 해?"

"투루, 그렇게 거만하게 굴 것까진 없잖아! 너는 몸집이 가장 크다고 네가 가장 힘이 센 줄 알지? 난 줄다리기를 하면 널 언제든 이길 수 있어!"

(나) "이걸 잡아. 저 덤불숲이 보이지? 밧줄의 한쪽 끝을 저 뒤에다 두었어. 난 달려가서 그걸 잡을 거야. 내가 당길 준비가 되면 휘파람을 불게. 이렇게. 휘이이이익!"

무툴라는 쿠부가 밧줄을 꽉 물 때까지 숨죽이고 기다렸어요. 무툴라는 영양처럼 재빨리 덤불숲으로 뛰어갔어요.

무툴라는 꼭꼭 숨자마자 숨을 깊이깊이 들이마신 다음 있는 힘껏 휘파람을 불었어요. "휘이이이이익!" 그러자 양쪽 끝에서 투루와 쿠부가 밧줄을 잡아당기기 시작하는 소리가 들렸어요. 둘은 밧줄을 당기고 당기고 또 당겼어요.

(다) 줄다리기는 해가 뜰 때 시작되어 해가 질 때까지 계속되었어요. 투루와 쿠부는 둘 다 지고 싶지 않아서 줄다리기를 그만두지 않았어요.

도움말

⭐ 인물의 마음을 생각하며 글을 읽어 봅니다.

---

1 이 글에서 결국 누구와 누가 줄다리기를 하게 되었는지 쓰시오.

(   )와/ 과 (   )

1 무툴라는 덤불 숲에 숨어서 휘파람을 불었습니다.

2 ㉠에 알맞은 표정, 몸짓, 말투를 쓰시오.

_____

_____

2 투루는 무툴라를 무시하고 거만한 성격입니다.

3 무툴라의 성격을 쓰고, 그렇게 생각하게 된 무툴라의 말을 한 가지 찾아 쓰시오.

(1) 무툴라의 성격	(2) 성격을 알 수 있는 말

3 무툴라는 거만한 투루에게 자신만만하게 대답했습니다.

호랑이: 나그네님, 저를 좀 구해 주십시오.

나그네: (궤짝을 들여다보고) 이크, 호랑이구려! 무슨 일이오?

호랑이: 나그네님, 제발 문고리를 따고 문짝을 좀 열어 주십시오.

나그네: 뭐요? 문을 열어 달라고? 열어 주면 뛰쳐나와서 나를 잡아먹을 것이 아니오?

호랑이: 아닙니다. 제가 은혜를 모르고 그런 짓을 할 리가 있겠습니까? (앞발을 비비면서 자꾸 절을 한다.)

나그네: 허허, 알았소. 설마 거짓말이야 하겠소? 내가 이 궤짝 문을 열어 주리라. 그 대신 약속을 꼭 지키시오.

호랑이: 네, 얼른 좀 열어 주십시오. 배가 고파서 눈이 빠질 지경입니다.

　나그네가 문을 열자, 호랑이가 뛰쳐나와서 나그네를 잡아먹으려고 덤빈다.

나그네: ㉠이게 무슨 짓이오? 약속을 지키지 않고…….

호랑이: 하하, 궤짝 속에서 한 약속을 궤짝 밖에 나와서도 지키라는 법이 어디 있어?

☆ 인물의 성격을 생각하며 대본을 소리 내어 읽어 봅니다.

4 대본 속 인물에게 질문하는 놀이를 하려고 합니다. 호랑이에게 물어볼 알맞은 질문과 답을 쓰시오.

(1) 질문	(2) 답

4 대본 속 인물에게 질문하고 그 인물이 되어 답해 봅니다.

5 호랑이의 성격을 쓰고, 그렇게 생각한 말이나 행동을 한 가지 찾아 쓰시오.

(1) 호랑이의 성격	(2) 성격을 알 수 있는 말이나 행동

5 인물의 성격은 인물의 말과 행동으로 짐작할 수 있습니다.

6 나그네의 성격에 알맞은 말투를 상상해 쓰시오.

(　　　　　　　　) 말투

6 인물의 성격에 알맞은 말투를 생각해 봅니다.

9
단원

100점
예상문제

국어 3-2

3~4
학년군

1. 작품을 보고 느낌을 나누어요

1 표정, 몸짓, 말투에 주의하며 말하면 좋은 점은 무엇입니까? (　　　)

① 상대의 마음을 기쁘게 할 수 있다.
② 상대가 할 말을 미리 짐작할 수 있다.
③ 상대의 마음을 더 잘 이해할 수 있다.
④ 자신의 생각에 찬성하도록 할 수 있다.
⑤ 상대에게 자신의 생각을 더 생생하게 전달할 수 있다.

2~3 다음 글을 읽고 물음에 답하시오.

사람들이 자기가 만든 요리를 맛있게 먹고 행복해하는 것이 가장 큰 소망인 장금이는 어느 날 잔칫집에서 수라간 한 상궁을 도와주었던 것이 계기가 되어, 어려서부터 소망하던 '생각시 선발 시험'을 치를 수 있는 기회를 얻게 되었다.

1. 작품을 보고 느낌을 나누어요

2 이 장면에서 장금이의 마음은 어떠하겠습니까?
(　　　)

① 궁에 가게 되어 기쁠 것이다.
② 궁에 가고 싶어 슬플 것이다.
③ 궁에 가게 되어 서운할 것이다.
④ 엄마와 헤어지는 것이 화가 났을 것이다.
⑤ 궁에 못 가게 하는 엄마가 원망했을 것이다.

1. 작품을 보고 느낌을 나누어요

3 이 장면에서 나타났을 장금이의 표정, 몸짓, 말투로 알맞으면 ○표, 틀리면 ×표를 하시오.

(1) 표정	눈물을 글썽이면서	
(2) 몸짓	바닥에 주저앉으며	
(3) 말투	짜증난 듯한 목소리로	

4~5 다음 글을 읽고 물음에 답하시오.

이번에는 부벨라가 말을 시작했어요.
"난 부벨라야. 네 이름은 뭐니?"
"이제야 뭔가 제대로 되네. 나는 지렁이라고 해."
"아니, 네 이름 말이야. 제이미나 다니엘 같은."
지렁이는 온몸이 흔들릴 정도로 고개를 가로저었어요.
"지렁이 이름이 제이미라고?"
지렁이는 그렇게 되묻더니 요란하게 웃으며 말을 잇지 못했답니다.
"정말 웃기지도 않네. 우리 지렁이들은 젠체하고 살지 않아. 우리는 그냥 지렁이야."
㉠ "너는 내가 무섭지 않니?"
"왜 너를 무서워해야 하는데?"
"내가 너보다 훨씬 덩치가 크니까."
부벨라는 당연하다는 듯이 대답했어요.
"무슨 그런 말도 안 되는 소리가 다 있어? 이 세상 모든 것이 다 나보다 커. 만약 나보다 큰 것들에게 말 붙이기를 겁냈다면 난 계속 입을 다물고 살아야 했을걸."

1. 작품을 보고 느낌을 나누어요

4 부벨라가 지렁이가 자신을 무서워할 것이라고 생각한 까닭은 무엇입니까? (　　　)

① 덩치가 커서
② 목소리가 커서
③ 큰 집에 살아서
④ 달리기를 잘해서
⑤ 옷차림이 무서워서

서술형

1. 작품을 보고 느낌을 나누어요

5 ㉠에 알맞은 표정, 몸짓, 말투는 무엇인지 쓰시오.

_____

_____

(가) 첫째, 선생님이 계시지 않을 때에는 과학 실험을 하지 않습니다. 과학실에는 조심히 다루어야 할 실험 기구와 위험한 화학 약품이 많습니다. 선생님의 말씀에 따라 실험 기구나 화학 약품을 다루어야 사고가 나는 것을 예방할 수 있습니다.

(나) 셋째, 실험할 때 책상에 바짝 다가가지 않습니다. 실험하다가 만약 실험 기구가 넘어지면 깨진 기구의 조각이나 기구 속 화학 약품이 주변에 튈 수 있습니다. 이때 책상에 바짝 다가가 앉아 있으면 다칠 수가 있습니다.

2. 중심 생각을 찾아요

6 이 글을 바르게 읽지 **못한** 친구는 누구인지 쓰시오.

유승: 새롭게 알게 된 내용을 생각하며 읽었어.
인하: 자신이 이미 알고 있던 내용이나 경험과 관련지어 읽었어.
서영: 알고 있었던 내용과 다른 내용이 있어서 이 글은 잘못된 내용이라고 생각했어.

( )

2. 중심 생각을 찾아요

7 이 글에서 알 수 있는 과학 실험을 할 때 지켜야 할 점을 세 가지 고르시오. (, ,)

① 실험 기구를 조심히 다룬다.
② 함부로 약품의 냄새를 맡지 않는다.
③ 장갑과 마스크를 꼭 쓰고 실험한다.
④ 실험할 때 책상에 바짝 다가가지 않는다.
⑤ 선생님이 계시지 않을 때에는 과학 실험을 하지 않는다.

(가) 넷째, 갯벌은 기후를 조절하고 홍수를 줄여 주는 역할을 합니다. 갯벌 흙은 물을 많이 흡수해 저장했다가 내보내는 기능을 합니다. 그러므로 갯벌은 비가 많이 오면 빗물을 저장해 갑작스러운 홍수를 막아 줍니다. 그리고 주변 온도와 습도에 따라 물을 흡수하고 내보내는 역할을 알맞게 수행해 기후를 알맞게 만들어 줍니다.

(나) 갯벌의 환경은 특별하고 다양합니다. 갯벌과 그 속에 사는 여러 생물은 자연과 사람을 위해 좋은 역할을 많이 합니다. 그러므로 갯벌은 쓸모 없는 땅이 아니라 우리와 함께 살아가는 소중한 장소입니다. 소중한 갯벌을 잘 보존해야겠습니다.

2. 중심 생각을 찾아요

8 글 (가)에서 말한 갯벌의 역할을 두 가지 고르시오.
(,)

① 여행지가 된다.
② 기후를 조절한다.
③ 홍수를 줄여 준다.
④ 환경을 정화한다.
⑤ 물고기의 쉼터가 된다.

서술형

2. 중심 생각을 찾아요

9 문단 (가)의 중심 문장은 무엇인지 쓰시오.

_____

_____

2. 중심 생각을 찾아요

10 이 글의 중심 생각으로 가장 알맞은 것은 무엇입니까? ( )

① 갯벌은 쓸모없는 땅이다.
② 갯벌을 깨끗하게 해야 한다.
③ 갯벌을 서둘러 개발해야 한다.
④ 갯벌을 관찰하는 것은 재미있다.
⑤ 갯벌을 보존해야 하는 까닭을 알고 소중한 갯벌을 보존해야 한다.

100점 예상 문제

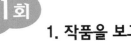
3. 자신의 경험을 글로 써요

11 기억에 남는 일을 간단히 정리할 때 빈칸에 알맞은 말을 보기 에서 골라 기호를 쓰시오.

> 보기
> ㉠ 언제　　　　　㉡ 있었던 일
> ㉢ 어디에서　　　㉣ 생각이나 느낌

(1) 5월 　　　　　　　　　　　　(　　)
(2) 학교 운동장 　　　　　　　　(　　)
(3) 친구들과 공 굴리기, 장애물 달리기 등 운동회를 했다. 　　　　　　　　　(　　)
(4) 친구들과 함께 여러 가지 운동을 해서 즐거웠다. 　　　　　　　　　　　(　　)

3. 자신의 경험을 글로 써요

12 자신의 경험에서 인상적인 일을 글로 쓰는 과정을 차례대로 번호를 쓰시오.

> ㉠ 글을 쓴다.
> ㉡ 고쳐쓰기를 한다.
> ㉢ 쓸 내용을 정리한다.
> ㉣ 겪은 일 가운데에서 무엇을 쓸지 정한다.

(　　) → (　　) → (　　) → (　　)

13~14 다음 글을 읽고 물음에 답하시오.

(가) 동생 주혁이가 끙끙 앓는 소리에 잠에서 깼다.
　"열이 39도가 넘잖아! 배도 많이 아파하고, 큰일이네."
　걱정스럽게 말씀하시는 아빠의 목소리가 들렸다. 나는 눈을 비비고 자리에서 일어났다.
(나) 나는 주혁이의 이마에 차가운 물수건을 얹어 주었다.
　㉠마음이 아팠다.동생이 얼른 나았으면 좋겠다.

3. 자신의 경험을 글로 써요

13 이 글을 쓰기 전에 쓸 내용을 어떻게 정리했을지 빈칸에 알맞은 말을 쓰시오.

(1) 언제	
(2) 어디에서	
(3) 있었던 일	
(4) 생각이나 느낌	

3. 자신의 경험을 글로 써요

14 ㉠에서 띄어 써야 할 부분에 ∨표를 하시오.

> 마음이 아팠다.동생이 얼른 나았으면 좋겠다.

3. 자신의 경험을 글로 써요

15 띄어쓰기를 해야 할 곳이 <u>아닌</u> 것은 무엇입니까?
(　　)

① 낱말과 낱말 사이
② 문장과 문장 사이
③ '이/가, 을/를'과 낱말 사이
④ 문장이 이어질 때 쉼표 뒤에 오는 말
⑤ 수를 나타내는 말과 단위를 나타내는 말 사이

16~18 다음 시를 읽고 물음에 답하시오.

내 몸에
불덩이가 들어왔다.
– 뜨끈뜨끈.
불덩이를 따라
몹시 추운 사람도 들어왔다.
– 오들오들.

약을 먹고 나니
느릿느릿,
거북이도 들어오고
까무룩,
잠꾸러기도 들어왔다.

내 몸에
너무 많은 것들이 들어왔다.
그래서
내 몸이 아주 무거워졌다.

4. 감동을 나타내요

16 이 시에서 내 몸에 들어왔다고 한 것이 아닌 것은 무엇입니까? (   )

① 감기   ② 거북이
③ 불덩이   ④ 잠꾸러기
⑤ 몹시 추운 사람

4. 감동을 나타내요

17 이 시의 말하는 이의 상태를 모두 고르시오.

(,   ,   )

① 졸리다.   ② 기운이 난다.
③ 몸이 무겁다.   ④ 열이 많이 난다.
⑤ 기분이 상쾌하다.

4. 감동을 나타내요

18 이 시를 낭송하는 알맞은 방법을 찾아 ○표를 하시오.

(1) 즐거운 목소리로 읽는다.   (   )
(2) 감각적 표현을 몸으로 나타내며 읽는다.
(   )

19~20 다음 시를 읽고 물음에 답하시오.

하늘에 사는 아이들도
체육 시간이 있나 보다

우르르 쿵쾅,
운동장으로
뛰쳐나가는 소리

4. 감동을 나타내요

19 이 시를 읽고 표현 방법을 이야기한 것으로 알맞지 않은 것은 무엇입니까? (   )

① 소리를 흉내 내는 말을 사용했어.
② 이야기와 다르게 짧은 글로 감각적으로 표현했어.
③ 말하고 싶은 내용을 짧은 글에 담아서 전달하는구나.
④ 천둥소리에 깜짝 놀란 말하는이의 마음을 잘 표현했어.
⑤ 천둥소리를 하늘 나라 아이들이 운동장을 뛰쳐나가는 소리처럼 표현했어.

서술형

4. 감동을 나타내요

20 만일 자신이 시를 쓴다면 어떤 대상을 시로 표현할 것인지 쓰시오.

_____

_____

100점
예상
문제

국어 164~297쪽   국어 활동 56~115쪽

5. 바르게 대화해요

1~2 다음 그림을 보고 물음에 답하시오.

> 사과주스 한 잔 주세요.
>
> 주스 전문점

5. 바르게 대화해요

1 빈 말주머니에 들어갈 알맞은 말을 찾아 ○표를 하시오.

(1) 사과 주스 나왔습니다.　　　　　(　　　)
(2) 사과 주스 나오셨습니다.　　　　(　　　)

서술형

4. 감동을 나타내요

2 문제 1번의 답을 고른 까닭은 무엇인지 쓰시오.

＿＿＿＿＿＿＿＿＿＿＿＿＿＿＿＿＿

＿＿＿＿＿＿＿＿＿＿＿＿＿＿＿＿＿

3~5 다음 글을 읽고 물음에 답하시오.

(가) 민지: 여보세요?
　　지원: 여보세요, 민지 있나요?
　　민지: 제가 민지인데, 누구신가요?
　　지원: 나, 지원이야.
(나) 지원: 나, 아까 학교 앞 문구점에서 미술 준비물을 샀는데 망가져 있어.
　　민지: 뭐가? 물감에 구멍이 났니? 아니면 물통?
　　지원: 아니, 물통에 물이 샌다고.
　　민지: 아, 물통을 말하는거구나.

3 (가)에서 민지가 전화를 건 사람이 누구인지 모르는 까닭은 무엇입니까? (　　　　)

① 주변이 너무 시끄러워서
② 얼굴을 일부러 보지 않아서
③ 지원이가 모르는 사람이어서
④ "여보세요?"라는 말을 하지 않아서
⑤ 지원이가 자신이 누구인지 밝히지 않아서

5. 바르게 대화해요

4 (나)에서 일어난 문제는 무엇입니까? (　　　　)

① 민지가 전화를 받지 않았다.
② 민지가 중간에 전화를 끊었다.
③ 지원이의 목소리가 들리지 않았다.
④ 지원이가 민지에게 듣기 싫은 말을 했다.
⑤ 지원이가 무엇을 말하는지 민지가 알아듣지 못했다.

6. 마음을 담아 글을 써요

5 이 전화 대화로 알 수 있는 전화로 대화할 때 지켜야 할 예절을 찾아 ○표를 하시오.

(1) 상대의 상황이 보이지 않으므로 상대를 헤아릴 필요가 없다.　　　　　　　　(　　　)
(2) 표정과 몸짓으로 상대에게 자신의 마음을 전한다.　　　　　　　　　　　(　　　)
(3) 상대가 상황을 볼 수 없어서 정확하고 구체적으로 표현해야 한다.　　　　　(　　　)

다음 그림을 보고 물음에 답하시오.

(가) ㉠

(나) ㉡

6. 마음을 담아 글을 써요

6 (가)에서 느껴지는 마음은 무엇입니까? (   )

① 슬픈 마음
② 속상한 마음
③ 고마운 마음
④ 안타까운 마음
⑤ 위로하는 마음

6. 마음을 담아 글을 써요

7 ㉠과 ㉡에 들어갈 알맞은 말끼리 바르게 짝지어진 것은 어느 것입니까? (   )

	㉠	㉡
①	미안해.	고맙습니다.
②	고맙습니다.	또 아프니?
③	고맙습니다.	빨리 나아야 해.
④	빨리 나아야 해.	고맙습니다
⑤	네가 아파서 걱정돼.	와, 신난다!

서술형

6. 마음을 담아 글을 써요

8 자신의 하루를 돌아보고 행복한 마음이 들었던 일을 한 가지 쓰시오.

_____

_____

다음 글을 읽고 물음에 답하시오.

(가) 오늘 음악 시간에는 리코더를 연주했다. 내 짝 민호는 리코더 연주가 서툴다. 선생님께서는 민호가 리코더를 연주하는 것을 보시더니 내게 말씀하셨다.
"규리야, 네가 민호 좀 도와주렴."
나는 음악 시간 내내 민호의 리코더 선생님이 되었다.
"규리야, '솔' 음은 어떻게 소리 내니?"
"응, 내가 가르쳐 줄게."
민호는 가르쳐 주는 대로 잘 따라 했다.
"아, 이렇게 하는 거구나. 고마워, 규리야."
민호가 잘하자 나도 덩달아 기분이 좋아졌다.

(나) 자세히 보니 옆집 수호네 엄마께서 강아지를 데리고 산책을 나오셨다. 너무너무 반가웠다. 수호네 강아지는 털이 하얗고 조그만 강아지여서 내가 아주 귀여워한다. 나는 수호 엄마께 반갑게 인사한 뒤에 수호네 강아지의 하얀 털을 조심조심 쓰다듬어 주었다. 구름을 만지는 기분이 이런 기분일까?
수호네 강아지 덕분에 오늘 하루가 행복하게 마무리 되었다.

6. 마음을 담아 글을 써요

9 (가)와 (나)에 알맞은 규리의 마음으로 알맞은 것은 무엇입니까? (   )

① (가)—속상한 마음, (나)—화나는 마음
② (가)—불안한 마음, (나)—자랑스러운 마음
③ (가)—걱정스러운 마음, (나)—행복한 마음
④ (가)—자랑스러운 마음, (나)—행복한 마음
⑤ (가)—자랑스러운 마음, (나)—화나는 마음

6. 마음을 담아 글을 써요

10 (가)에서 규리가 음악 시간에 기분이 좋은 까닭은 무엇인지 쓰시오.

_____

_____

100점 예상 문제

11~12 다음 글을 읽고 물음에 답하시오.

(가) '앉아서 하는 피구'는 공 하나로 교실에서 쉽게 즐길 수 있는 놀이이다. 먼저 교실에 있는 책상을 모두 뒤로 밀어 가로로 긴 네모 모양의 피구장을 만든다. 그다음에는 학급 친구 전체를 두 편으로 나누고 두 편 대표가 가위바위보를 해서 먼저 공격할 쪽을 정한다.

(나) 규칙은 피구와 같지만 앉은 자세로 하는 것이 특징이다. 공을 굴리는 사람이나 피하는 사람 모두 앉은 자세로 해야 한다. 앉은 자세에서 무릎을 한쪽이라도 펴서 일어나는 자세가 되면 누구든 피구장 밖으로 나가야 한다. 상대를 맞힐 때에는 공을 바닥에 굴려서 맞혀야 한다.

7. 글을 읽고 소개해요
11 글 (나)에서 소개한 내용은 무엇입니까? (　　　)

① 준비물　　　② 놀이 이름
③ 놀이 역사　　④ 놀이 규칙
⑤ 비슷한 다른 놀이의 이름

7. 글을 읽고 소개해요
12 이 놀이의 특징은 무엇입니까? (　　　)

① 공이 필요 없다.
② 앉은 자세로 한다.
③ 편을 나누지 않는다.
④ 자주 일어나야 한다.
⑤ 운동장에서만 할 수 있다.

7. 글을 읽고 소개해요
13 책을 소개하고 느낀 점을 바르게 말한 친구를 찾아 ○표를 하시오.

(1) 책을 읽고 기억에 남는 물건이 친구마다 달랐어.　　　　　(　　　)

(2) 같은 책을 읽은 뒤의 생각이나 느낌이 모두 같았어.　　　　　(　　　)

7. 글을 읽고 소개해요
14 다음과 같은 내용을 쓴 글을 무엇이라고 하는지 쓰시오.

> • 책을 읽게 된 까닭
> • 책의 내용
> • 인상 깊은 부분
> • 책을 읽은 뒤에 든 생각이나 느낌

(　　　　　　　　　)

15~16 다음 글을 읽고 물음에 답하시오.

　두 번째, 셀로판테이프로 매듭 위쪽과 책상을 붙입니다. 셀로판테이프는 실 팔찌를 만드는 동안 실이 움직이거나 꼬이지 않게 고정하는 역할을 합니다.

　세 번째, 실 세 가닥을 잡고 세 가닥 땋기를 합니다. 이때 자신이 원하는 길이보다 길게 땋아야 합니다. 손목 둘레의 두세 배 정도 길이로 땋는 것이 좋습니다.

8. 글의 흐름을 생각해요
15 이 글의 특징은 무엇입니까? (　　　)

① 일 차례를 알려 주는 글이다.
② 생각의 흐름에 따라 쓴 글이다.
③ 시간의 흐름에 따라 쓴 글이다.
④ 장소의 변화에 따라 쓴 글이다.
⑤ 만나는 인물의 흐름에 따라 쓴 글이다.

서술형
8. 글의 흐름을 생각해요
16 이 글의 중요한 내용을 간추려 쓰시오.

_____

_____

_____

17~18 다음 글을 읽고 물음에 답하시오.

(가) 오래전부터 기다려 오던 직업 체험학습을 가는 날이다. 학교에서 모두 함께 출발해 열 시에 직업 체험관에 도착했다.

(나) 디자이너 체험을 끝내자 거의 열한 시가 되었다. 우리는 제빵사 체험을 하려고 제빵 학원으로 갔다. 제빵 학원 앞에는 크게 '크림빵'이라고 적혀 있었다. 체험관 안으로 들어가자 선생님께서 밀가루를 나누어 주셨다. 선생님께서 알려 주시는 차례를 그대로 따라 해서 크림빵을 완성했다.

(다) 점심시간이 끝난 오후 한 시, 소방서에서 병주가 가장 기대하던 소방관 체험으로 활동을 시작했다. 소방관 복장을 하고, 소방차를 타고 출동하고, 불이 난 곳에 물도 뿌렸다. 원래 소방관에는 관심이 없었는데, 체험해 보니 내 적성에도 잘 맞고 보람도 있어서 미래에 소방관이 되어도 좋겠다고 생각했다.

8. 글의 흐름을 생각해요

17 이 글에서 시간 흐름을 알 수 있는 부분을 모두 찾아 쓰시오.

(　　　　　　　　　　　　　　)

8. 글의 흐름을 생각해요

18 소방관 체험에서 한 일을 모두 고르시오.
(　 , 　 , 　)

① 소방차를 타고 출동했다.
② 소방관 복장을 해 보았다.
③ 불이 난 곳에 물을 뿌렸다.
④ 불이 났다는 전화를 받았다.
⑤ 학교에 나가서 소방 교육을 했다.

19~20 다음 글을 읽고 물음에 답하시오.

나그네: (궤짝을 들여다보고) 이크, 호랑이구려! 무슨 일이오?
호랑이: 나그네님, 제발 문고리를 따고 문짝을 좀 열어 주십시오.
나그네: 뭐요? 문을 열어 달라고? 열어 주면 뛰쳐나와서 나를 잡아먹을 것이 아니오?
호랑이: 아닙니다. 제가 은혜를 모르고 그런 짓을 할 리가 있겠습니까? (앞발을 비비면서 자꾸 절을 한다.)

9. 작품 속 인물이 되어

19 이 글에서 일어난 일은 무엇입니까? (　　)

① 나그네는 호랑이를 찾아다니고 있다.
② 나그네는 호랑이에게 살려 달라고 부탁했다.
③ 나그네는 호랑이의 말을 듣지 않고 지나갔다.
④ 호랑이가 궤짝에서 나와 나그네를 잡아먹으려고 했다.
⑤ 호랑이가 나그네에게 잡아먹지 않을 테니 살려 달라고 부탁했다.

서술형

9. 작품 속 인물이 되어

20 이 글에 나오는 호랑이의 성격과 호랑이가 처한 상황에 알맞은 말투는 무엇인지 쓰시오.

_____

_____

_____

1. 작품을 보고 느낌을 나누어요

1 아래의 표는 (1)~(4) 가운데에서 어떤 장면에 어울리는 표정, 몸짓, 말투인지 기호를 쓰시오.

> (1) 미미는 학교 친구와 선생님도 언니 자두에게만 관심을 기울이자 화가 난다. (2) 미미가 자신보다 더 유명해지고 싶어서 몰래 발레를 배웠다는 사실을 안 자두는 미안함을 느낀다. (3) 자두는 미미를 돋보이게 하고 싶어서 일부러 자신의 무대를 망친다. (4) 학예회에서 인기상을 탄 미미는 자두와 화해한다.

마음	화가 난 마음
표정	인상을 쓰며
몸짓	팔짱을 끼고 까딱거리며
말투	따지는 듯한 말투로

(   )

1. 작품을 보고 느낌을 나누어요

2 인물의 표정, 몸짓, 말투에 주의하며 만화 영화를 보면 좋은 점을 두 가지 고르시오. (,   )

① 내용을 더 잘 이해할 수 있다.
② 만화 영화를 더 빨리 볼 수 있다.
③ 인물의 대사를 듣지 않아도 된다.
④ 만화 영화를 더 재미있게 볼 수 있다.
⑤ 만화 영화의 줄거리를 이해하기는 어렵다.

3~4 다음 글을 읽고 물음에 답하시오.

옷차림이 바뀌었어요

먼저, ㉮옛날에는 신분에 따라 옷차림이 달랐지만 오늘날에는 직업이나 유행에 따라 다른 경우가 많다. 옛날에는 양반과 평민의 신분에 따라 옷차림이 ㉠달랐다. 양반 가운데에서 남자는 소매가 넓은 저고리와 폭이 큰 바지를 입었고, 여자는 폭이 넓고 긴 치마를 입었다. ㉯평민 가운데에서 남자는 비교적 폭이 좁은 저고리와 바지를 입었고, 여자는 폭이 좁은 치마를 입었다. 그리고 평민이 입는 치마 길이는 양반보다 짧은 편이었다. ㉰하지만 오늘날에는 직업이나 유행에 따라 옷을 입는 경우가 많다. 또 사람들이 입는 옷의 종류도 옛날보다 더 다양해졌다.

2. 중심 생각을 찾아요

3 ㉠과 뜻이 반대인 낱말은 어느 것입니까?

(   )

① 길었다　　　　② 많았다
③ 같았다　　　　④ 좁았다
⑤ 넓었다

서술형　　　　　　　　　　　　2. 중심 생각을 찾아요

4 ㉮~㉰ 가운데에서 이 글의 중심 문장은 무엇인지 기호를 쓰고, 글의 제목을 함께 살펴본 뒤에 이 글의 중심 생각을 짐작해서 쓰시오.

(1) 중심 문장: (   )

(2) 중심 생각: _____

_____

5 기억에 남는 일과 그 까닭을 바르게 말한 친구를 찾아 ○표를 하시오.

(1) 한수: 동생이 아픈 일이 인상적이어서 그 일이 가장 기억나. ( )

(2) 다은: 날마다 아침에 하는 일이 반복되어서 잘 기억이 나지 않아. ( )

6 띄어쓰기를 바르게 한 것은 어느 것입니까?

( )

① "아이고, 배야."
② 이번 봄에만 두번째예요.
③ 책을읽으면 지식이 쌓인다.
④ 우정은 예쁘게가꿀수록 좋다.
⑤ 마음이 아팠다.동생이 얼른 나았으면 좋겠다.

7~9 다음 시를 읽고 물음에 답하시오.

강가 고운 모래밭에서
발가락 옴지락거려
두더지처럼 파고들었다.

지구가 간지러운지
굼질굼질 움직였다.

아, 내 작은 신호에도
지구는 대답해 주는구나.

그 큰 몸짓에
이 조그마한 발짓
그래도 지구는 대답해 주는구나.

7 이 시에 사용된 흉내 내는 말은 무엇입니까?

( )

① 굼질굼질   ② 작은 신호
③ 두더지처럼   ④ 고운 모래밭
⑤ 조그마한 발짓

8 '나'는 어떤 행동을 했습니까? ( )

① 지구에게 질문을 했다.
② 큰 몸짓으로 춤을 췄다.
③ 간지러워 굼질굼질 움직였다.
④ 강가 모래밭에 발길질을 했다.
⑤ 강가 모래밭에 발을 두더지처럼 파고들었다.

서술형

9 '내'가 말하는 작은 신호와 이에 대한 지구의 대답은 무엇인지 쓰시오.

(1) 내 작은 신호	
(2) 지구의 대답	

10 다음 그림 가운데에서 높임 표현을 사용해서 말해야 하는 상황에 ○표를 하시오.

(1)

( )

(2)

( )

100점
예상
문제

 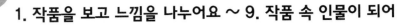
11~12 다음 글을 읽고 물음에 답하시오.

유진: 여보세요?

할머니: 유진이냐? 할머니다.

유진: 네, 할머니! 안녕하세요?

할머니: 그래. 여기는 괜찮은데, 요즘 한국은 많이 덥지?

유진: 네, 많이 더워요.

할머니: 네 엄마는?

유진: 시장에 장 보러 가셨어요.

할머니: 엄마 오시면 할머니가 이번 토요일에 한국에 간다고 전해 다오.

유진: 네.(전화를 끊는다. 전화 끊는 소리 "찰칵 뚜뚜 뚜…….")

할머니: 세 시까지 공항에 데리러 오라고 말해야 하는데…….

5. 바르게 대화해요

11 이 대화에 대해 바르게 말하지 <u>못한</u> 것은 어느 것입니까? (   )

① 전화로 나누는 대화이다.

② 전화를 받은 사람은 유진이다.

③ 전화를 건 사람은 할머니이다.

④ 할머니께 높임 표현을 쓰지 않았다.

⑤ 직접 만나지 않고 소식을 전하고 있다.

5. 바르게 대화해요

12 이 전화 대화에서 유진이가 잘못한 것은 무엇입니까? (   )

① '여보세요?'라고 말하지 않았다.

② 할머니께 인사말을 하지 않았다.

③ 공공장소에서 큰 소리로 통화했다.

④ 전화를 걸고 자신이 누구인지 밝히지 않았다.

⑤ 상대의 말을 끝까지 듣지 않고 전화를 끊었다.

13~14 다음 글을 읽고 물음에 답하시오.

㈎ 우리 모둠 발표자는 나였다. 앞 모둠 발표가 거의 끝나 가자 나는 가슴이 콩닥콩닥 뛰기 시작했다.

'어쩌지? 실수하면 안 되는데…….'

㈏ "규리야, '솔' 음은 어떻게 소리 내니?"

"응. 내가 가르쳐 줄게."

민호는 가르쳐 주는 대로 잘 따라 했다.

"아, 이렇게 하는 거구나. 고마워, 규리야."

민호가 잘하자 나도 덩달아 기분이 좋아졌다.

6. 마음을 담아 글을 써요

13 ㈎에서 규리가 한 일은 무엇입니까? (   )

① 모둠별로 운동을 했다.

② 모둠별로 발표를 했다.

③ 모둠별로 시험을 보았다.

④ 모둠별로 과학 실험을 했다.

⑤ 모둠별로 리코더를 연습했다.

서술형

6. 마음을 담아 글을 써요

14 ㈎와 ㈏에서 규리의 마음이 어떻게 변했는지 규리가 겪은 일과 관련지어 쓰시오.

_____

_____

_____

7. 글을 읽고 소개해요

15 글을 읽고 친구들과 나누면 좋은 점을 찾아 ○표를 하시오.

⑴ 친구와 사이가 멀어진다. (   )

⑵ 소개해 준 친구와 더 많은 이야기를 나눌 수 있다. (   )

우리나라 국기인 태극기도 궁금하지?

일본에 나라를 빼앗긴 시대에는 태극기를 마음대로 사용하지 못했어.

일본이 태극기 사용을 금지했거든.

하지만 우리는 독립하려고 열심히 싸울 때마다 태극기를 힘차게 휘날렸어.

마침내 1945년에 나라를 되찾았고, 그동안 무늬가 조금씩 달랐던 태극기는 1949년에 지금의 태극기 모습으로 정해졌어.

우리나라 사람들의 평화를 사랑하는 마음은 태극기의 흰색에 담겨 있어.

태극 문양은 조화로운 우주를 뜻하고, 네 모서리의 사괘는 하늘, 땅, 물, 불을 나타내는 거야.

7. 글을 읽고 소개해요

16 우리나라 태극기에 담긴 것은 무엇입니까?

( )

① 자연
② 신화
③ 문명
④ 자유
⑤ 평화를 사랑하는 마음

7. 글을 읽고 소개해요

17 '책 보물 상자 만들어 소개하기'의 방법으로 이 책의 내용을 소개하려고 합니다. 어떤 물건을 보물 상자에 넣는 것이 가장 알맞습니까? ( )

① 단풍잎　　② 선인장
③ 독수리　　④ 태극기
⑤ 일본 국기

㈎ 곤충관 바로 옆은 '야행관'이었는데 주로 밤에 활동하는 동물들이 있는 곳이었다. 야행관에도 날개가 있는 동물들이 있었다. 바로 박쥐와 올빼미였다.

㈏ 야행관 다음으로 간 곳은 '열대 조류관'이었다. 열대조류관은 따뜻한 지역에 사는 새들이 사는 곳이었다. 열대조류관은 아주 큰 실내 전시장으로, 천장이 높아서 머리 위로 화려한 색의 새들이 날아다니는 것을 볼 수 있었다.

㈐ 마지막으로 간 곳은 야외에서도 황새를 볼 수 있는 '큰물새장'이었다. 황새 마을에서는 황새 외에도 두루미나 고니와 같이 물 근처에 사는 여러 새들을 볼 수 있었다.

8. 글의 흐름을 생각해요

18 이 글에서 장소 변화에 따라 빈칸에 알맞은 말을 쓰시오.

곤충관 ➡ (　　　　　) ➡
(　　　　　) ➡ (　　　　　)

8. 글의 흐름을 생각해요

19 큰물새장에서 본 것을 모두 고르시오.

(　,　,　)

① 황새　　　　② 고니
③ 박쥐　　　　④ 두루미
⑤ 올빼미

서술형

9. 작품 속 인물이 되어

20 다음 호랑이의 상황에 어울리는 표정, 몸짓, 말투는 무엇인지 쓰시오.

호랑이: (답답하다는 듯이 화를 내며) 왜 이렇게 말귀를 못 알아듣지?

1~2 다음 글을 읽고 물음에 답하시오.

마음	장금이가 궁으로 가게 된 것이 무척 기쁨.
표정	눈물을 글썽이면서
몸짓	바닥에 주저앉으며
말투	㉠

1. 작품을 보고 느낌을 나누어요

1 위의 표를 보고 알 수 있는 장금이가 처해 있는 상황으로 알맞은 것은 무엇입니까? (   )

① 장금이가 궁으로 가게 되었다.
② 장금이가 꾸중을 듣게 되었다.
③ 장금이가 슬퍼서 눈물을 흘렸다.
④ 장금이가 궁에서 쫓겨나게 되었다.
⑤ 장금이가 몸이 아파 바닥에 쓰러졌다.

1. 작품을 보고 느낌을 나누어요

2 ㉠에 들어갈 말투로 알맞은 것은 무엇입니까?
(   )

① 졸린 목소리로
② 떨리는 목소리로
③ 화가 난 목소리로
④ 높고 빠른 목소리로
⑤ 힘차고 높은 목소리로

3~4 다음 글을 읽고 물음에 답하시오.

날씨를 나타내는 토박이말

여름 날씨를 나타내는 토박이말에는 '마른장마', '무더위', '불볕더위'같은 말이 있다. 여름이면 어김없이 장마와 더위가 찾아온다. 장마 때에는 비가 많이 오는데, 장마인데도 비가 오지 않거나 적게 오면 '마른장마'라고 한다. 더위는 크게 '무더위'와 '불볕더위'로 나눌 수 있다. '무더위'는 '물+더위'로 물기를 잔뜩 머금은 끈끈한 더위를 뜻하고, '불볕더위'는 '불볕+더위'로 볕이 불덩이처럼 뜨거운 더위를 뜻한다. 장마철에 비가 오거나 날씨가 흐리면서 끈끈하게 더울 때에는 '무더위'라는 말이 어울리고, 장마가 지난 한여름에 물기도 없이 뜨거운 햇볕이 쨍쨍 내리쬘 때에는 '불볕더위'라는 말이 어울린다.

2. 중심 생각을 찾아요

3 여름과 관련 있는 토박이말을 모두 고르시오.
(,   ,   )

① 무더위   ② 꽃샘추위
③ 마른장마   ④ 불볕더위
⑤ 소소리바람

2. 중심 생각을 찾아요

4 이 글의 중심 생각을 파악하기 위해서 살펴볼 것을 (   ) 안에 쓰시오.

글의 ㉠ , 문단을 대표하는 ㉡ 을/를 생각해 봅니다.

(1) ㉠: (   )
(2) ㉡: (   )

3. 자신의 경험을 글로 써요

5 자신이 겪은 일을 생각해 보고 가장 기억에 남는 일과 그 까닭은 무엇인지 쓰시오.

_____

_____

3. 자신의 경험을 글로 써요

6 쓸 내용을 정리할 때 정리할 내용으로 알맞지 <u>않은</u> 것은 어느 것입니까? (   )

① 앞으로 할 일을 정리한다.
② 무슨 일인지 자세히 정리한다.
③ 어떤 마음이 들었는지 정리한다.
④ 누구와 있었던 일인지 정리한다.
⑤ 언제, 어디에서 있었던 일인지 정리한다.

7~9 다음 시를 읽고 물음에 답하시오.

강가 고운 모래밭에서
발가락 옴지락거려
두더지처럼 파고들었다.

지구가 간지러운지
굼질굼질 움직였다.

아, 내 작은 신호에도
지구는 대답해 주는구나.

그 큰 몸짓에
이 자그마한 발짓
그래도 지구는 대답해 주는구나.

4. 감동을 나타내요

7 이 시의 1연은 어떤 모습을 감각적으로 표현한 것입니까? (   )

① 두더지가 땅을 파는 모습
② 팔을 벌려서 모래를 감싸안는 모습
③ 손가락에 모래를 담아서 뿌리는 모습
④ 두더지가 땅을 파는 것처럼 발로 모래밭을 파고드는 모습
⑤ 두더지가 땅을 파는 것처럼 손으로 모래밭을 파고드는 모습

4. 감동을 나타내요

8 지구가 굼질굼질 움직인다고 한 까닭은 무엇인지 빈칸에 알맞은 말을 쓰시오.

• (1) (   )이/가 움직이는 모습을
  (2) (   )이/가 천천히 움직이는 모습이라고 생각했기 때문이다.

4. 감동을 나타내요

9 이 시를 읽고 떠오른 생각이나 느낌은 무엇인지 쓰시오.

_____

_____

4. 감동을 나타내요

10 다른 사람과 대화할 때 고려해야 할 점으로 알맞은 것은 어느 것입니까? (   )

① 자신의 기분만 생각한다.
② 상대의 말을 듣지 않는다.
③ 자신이 하고 싶은 말만 한다.
④ 어떤 대화 상황인지 생각한다.
⑤ 누구에게나 반말로 친근하게 말한다.

11~12 다음 글을 읽고 물음에 답하시오.

> (가) (전화벨이 울린다.)
>
> 민지: 여보세요?
>
> 지원: 여보세요, 민지 있나요?
>
> 민지: 제가 민지인데, 누구신가요?
>
> 지원: 나, 지원이야.
>
> (나) 지원: 나, 아까 학교 앞 문구점에서 미술 준비 물을 샀는데 망가져 있어.
>
> 민지: 뭐가? 물감에 구멍이 났니? 아니면 물통?
>
> 지원: 아니, 물통에 물이 샌다고.
>
> 민지: 아, 물통을 말하는거구나.

5. 바르게 대화해요

11 (가)의 전화 대화에서 지원이가 잘못한 점은 무엇입니까? (   )

① 높임말을 사용하지 않았다.
② 전화를 걸고 말을 하지 않았다.
③ 자신이 누구인지 밝히지 않았다.
④ 전화를 받는 사람을 말하지 않았다.
⑤ "여보세요?"라는 말을 하지 않았다.

5. 바르게 대화해요

12 (나)의 전화 대화의 문제를 생각해 보고, 지원이에게 해 줄 말로 알맞은 것을 찾아 ○표를 하시오.

(1) 전화로는 상황을 볼 수 없기 때문에 정확하고 구체적으로 말해야 해.　　　(   )

(2) 민지도 할 말이 있으니 지원이는 자기 할 말만 하지 말고 민지의 말을 잘 들어야 해.
　　　(   )

13~14 다음 글을 읽고 물음에 답하시오.

> (가) "아이참! 엄마, 알았다고요."
>
> 　나는 눈을 비비며 부스스 자리에서 일어났다. 차가운 물로 세수를 하자, 졸음이 싹 달아났다. 아침밥을 먹는 둥 마는 둥 하고 서둘러 집을 나섰다.
>
> (나) 수호네 강아지는 하얀 털을 가진 조그만 강아지여서 내가 아주 귀여워한다. 나는 수호 엄마께 반갑게 인사한 뒤에 수호네 강아지의 하얀 털을 조심조심 쓰다듬어 주었다. 구름을 만지는 기분이 이런 기분일까?
>
> 　수호네 강아지 덕분에 오늘 하루가 행복하게 마무리되었다.

6. 마음을 담아 글을 써요

13 (가)에서 규리가 겪은 일은 무엇입니까? (   )

① 아침밥을 맛있게 먹었다.
② 아침에 가족들과 운동을 했다.
③ 학교에 가장 먼저 도착했다.
④ 더 자고 싶은데 억지로 일어났다.
⑤ 친구네 하얀 강아지의 털을 쓰다듬어 주었다.

6. 마음을 담아 글을 써요

14 (가)와 (나)에서 규리의 마음은 어떻게 변했는지 빈칸에 알맞은 말을 쓰시오.

속상한 마음 ➡ (　　　　　　　　　　　)

서술형

7. 글을 읽고 소개해요

15 자신이 읽은 글을 다른 사람에게 소개한 경험을 떠올려 소개한 책과 소개한 내용을 간단히 쓰시오.

_____

_____

_____

(가) 오늘은 학교에서 『바위나리와 아기별』이라는 책을 읽었다. 앞표지에 있는 바위나리와 아기별 그림이 무척 예뻐서 내용이 궁금했기 때문이다.

(나) 나는 이 책에서 바위나리를 그리워하며 울다가 빛을 잃은 아기별이 하늘 나라에서 쫓겨나 바다로 떨어진 장면이 가장 기억에 남는다.

(다) 이 책을 읽고 주위에 바위나리처럼 외로운 친구가 있는지 생각해 보았다. 그리고 그 친구에게 아기별과 같은 친구가 되어야겠다는 생각이 들었다. 나는 바위나리와 아기별의 우정이 아름답기는 했지만 안타깝고 슬펐다.

7. 글을 읽고 소개해요

16 이 글에 나타나 있지 <u>않은</u> 독서 감상문의 내용은 무엇입니까? (   )

① 책 제목
② 책의 내용
③ 인상 깊은 부분
④ 책을 읽게 된 까닭
⑤ 책을 읽은 뒤에 든 생각이나 느낌

7. 글을 읽고 소개해요

17 글쓴이는 바위나리와 아기별의 우정에 대해 어떤 마음이 들었습니까? (   )

① 부러운 마음   ② 속상한 마음
③ 행복한 마음   ④ 실망스러운 마음
⑤ 안타깝고 슬픈 마음

(가) 토요일 아침 일찍 출발해서, 맨 처음 도착한 고창 관광지는 고인돌 박물관이었다. 고인돌 박물관에서는 영화와 유물들을 보면서 고인돌의 역사를 알 수 있었다. 박물관 일 층에서는 고인돌 영화를 봤고 이 층에서는 고인돌과 관련된 여러 유물을 봤다. 박물관을 다 둘러보고 나니 고인돌 박사가 된 것 같은 기분이었다.

(나) 다음으로 간 곳은 동림 저수지 야생 동식물 보호 구역이었다. 동림 저수지는 겨울 철새가 많이 찾는 곳으로 우리 가족도 혹시 철새 떼의 춤을 볼 수 있을까 하는 기대로 방문해 보았다.

(다) 마지막으로 고창의 유명한 절인 선운사를 방문했다. 선운사는 삼국 시대 때부터 지어진 오래된 절이다.

8. 글의 흐름을 생각해요

18 이 글은 어떤 흐름에 따라 쓴 글인지 빈칸에 알맞은 말을 찾아 ○표를 하시오.

여행한 (장소 변화 , 시간 흐름)에 따라 쓴 기행문이다.

8. 글의 흐름을 생각해요

19 (가)에서 한 일은 무엇입니까? (   )

① 고인돌 박사를 보았다.
② 고인돌 모양의 돌을 보았다.
③ 고인돌 영화와 유물을 보았다.
④ 고인돌을 만드는 실험을 했다.
⑤ 고인돌 모양으로 찰흙을 빚었다.

서술형

9. 작품 속 인물이 되어

20 친구에게 대본을 실감 나게 읽으려면 어떻게 해야 하는지 말해 줄 내용을 한 가지 쓰시오.

_____

_____

_____

100점
예상
문제

교과서에 실린 작품

실린 단원	영역	제재 이름	지은이	나온 곳
1. 작품을 보고 느낌을 나누어요	국어	미미 언니 자두	아툰즈	『안녕 자두야 4: 자두와 친구들』제11회, ㈜SBS, 2018.
		장금이의 꿈	희원엔터테인먼트	『장금이의 꿈 1기』제1화, ㈜문화방송, 2005.
		나도 말을 잘하고 싶다	한국교육방송공사	『EBS 다큐 프라임: 언어 발달의 수수께끼』제3부, 한국교육방송공사, 2011.
		거인 부벨라와 지렁이 친구	조 프리드먼	『거인 부벨라와 지렁이 친구』, 주니어RHK, 2016.
	국어 활동	주인 찾기 대작전	남동윤	『귀신 선생님과 진짜 아이들』, ㈜사계절출판사 2014.
2. 중심 생각을 찾아요	국어	꼬마야 꼬마야, 줄넘기	서해경	『들썩들썩 우리 놀이 한마당』, ㈜현암사, 2012.
	국어 활동	과일, 알고 먹으면 더 좋아요	윤구병 기획, 보리 글	『가자, 달팽이 과학관』, ㈜도서출판 보리, 2012.
		축복을 전해 주는 참새	고연희	『꽃과 새, 선비의 마음』, ㈜보림출판사, 2004.
4. 감동을 나타내요	국어	공을 차다가	이정환	『어쩌면 저기 저 나무에만 둥지를 틀었을까』, 푸른책들, 2011.
		감기	정유경	『까불고 싶은 날』, ㈜창비, 2010.
		지구도 대답해 주는구나	박행신	『눈 코 귀 입 손!』, 위즈덤북, 2009.
		진짜 투명 인간	레미 쿠르종	『진짜 투명 인간』, 씨드북, 2015.
		천둥소리	유강희	『지렁이 일기 예보』, ㈜비룡소, 2013.
		팝콘	신유진	『내 입은 불량 입』, 크레용하우스, 2013.
	국어 활동	별난 양반 이 선달 표류기	김기정	『별난 양반 이 선달 표류기 1』, 웅진 주니어, 2008.
5. 바르게 대화해요	국어	나는야, 안전 멋쟁이	보건복지부	학교안전정보센터 누리집 (http://www.schoolsafe.kr)
6. 마음을 담아 글을 써요	국어	꼴찌라도 괜찮아!	유계영	『꼴찌라도 괜찮아!』, 휴이넘, 2010.
		화해하기	한국교육방송공사	『스쿨랜드 초등 생활 매너 백서: 화해하기』, 한국교육방송공사, 2017.
	국어 활동	1번 활동	알리키 브란덴베르크	『알리키 인성 교육 1: 감정』, 미래아이, 2002.
7. 글을 읽고 소개해요	국어	온 세상 국기가 펄럭펄럭	서정훈	『온 세상 국기가 펄럭펄럭』, 웅진주니어, 2010.
	국어 활동	산꼭대기에 열차가?	김대조	『아인슈타인 아저씨네 탐정 사무소』, 주니어김영사, 2015.
8. 글의 흐름을 생각해요	국어	베짱베짱 베 짜는 베짱이	임혜령	『이야기 할아버지의 이상한 밤』, 한림출판사, 2012.
	국어 활동	숨 쉬는 도시 쿠리치바	안순혜	『숨 쉬는 도시 꾸리찌바』, 파란자전거, 2004.
9. 작품 속 인물이 되어	국어	대단한 줄다리기	베벌리 나이두	『무툴라는 못 말려!』, 국민서관㈜, 2008.
		토끼의 재판	방정환	『어린이』, 제1권 제10호, 1923.
	국어 활동	눈	박웅현	『눈』, ㈜베틀북, 2001.

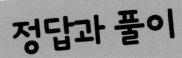 

정답과 풀이

1 작품을 보고 느낌을 나누어요

개념을 확인해요
13쪽

1 마음　**2** 생각　**3** 어울리는　**4** 상황　**5** 표현
6 줄거리　**7** 재미　**8** 마음　**9** 생각　**10** 내용

개념을 다져요
14~15쪽

1 ④, ⑤　**2** ③　**3** 예 만화 영화의 줄거리를 이해하는 데 도움이 된다.　**4** (1) ⓛ (2) ⓖ　**5** ②, ③　**6** (1) ○

풀이

1 표정, 몸짓, 말투에 주의하며 말하면 듣는 사람에게 자신의 마음과 생각을 더 생생하게 잘 전달할 수 있습니다.
2 놀랐을 때의 표정은 눈을 크게 뜨고 입을 벌릴 것입니다.
3 인물의 표정, 몸짓, 말투에 주의하며 감상하면 내용을 더 잘 이해할 수 있습니다.
4 장면을 알맞게 표현한 것을 찾아 봅니다.
5 인물의 말을 정확하게 잘 말하고, 상황에 잘 어울리는 표정, 몸짓, 말투로 표현해야 합니다.
6 말하는 내용이 표정, 몸짓, 말투와 잘 어울려야 듣는 사람이 정확하고 실감나게 들을 수 있습니다.

1회 단원 평가　도전
16~19쪽

1 (2) ○　**2** ⑤　**3** ⑤　**4** ①　**5** 예 궁으로 가게 된 것이 무척 기뻐서 눈물을 글썽이며 바닥에 주저앉고 가늘고 작은 목소리로 말한다.　**6** ③　**7** ⑤　**8** ⑤　**9** ⑤　**10** 예 무작정 화를 내지 않고 "무슨 일이 있니?"라고 물어봤을 것이다.　**11** ①　**12** ②　**13** ①　**14** ①　**15** 예 부끄러워하는 부벨라의 표정을 나타내려고 볼을 붉게 칠했다.　**16** ②　**17** 예 고개를 숙이며 부드러운 표정으로 목소리를 높인다.　**18** ④　**19** ①　**20** (1) ⓖ (2) ⓔ (3) ⓜ

풀이

1 부탁할 때에는 부드러운 말투로 말하고, 어른께 감사 인사를 할 때에는 공손하게 고개를 숙이는 것이 알맞습니다.

> **더 알아볼까요!**
>
> **평소 자신의 표정, 몸짓, 말투가 어떠한지 확인해보기**
> • 사과할 때에는 미안한 표정을 지으며 말합니다.
> • 어른께 감사 인사를 할 때에는 공손하게 고개를 숙입니다.
> • 부탁할 때에는 부드러운 말투로 말합니다.

2 표정, 몸짓, 말투에 주의하며 상황에 따라 말하면 내 마음을 더 잘 전달할 수 있습니다.
3 줄거리를 보고 내용을 파악해 봅니다. 장금이는 '생각시 선발 시험'을 치를 수 있게 되었습니다.
4 장금이가 어려서부터 소망하던 시험을 볼 수 있게 되어서 기뻐할 것입니다.
5 장금이가 시험을 볼 수 있게 되는 장면입니다.
6 실수를 해 꾸중을 들을 때에는 죄송한 마음과 표정을 짓습니다.
7 만화 영화를 볼 때에는 인물의 말과 행동을 살피며 재미와 감동을 느끼며 봅니다.

> **더 알아볼까요!**
>
> **만화 영화를 보고 표정, 몸짓, 말투의 특징 알기**
> • 등장인물의 표정, 몸짓, 말투에 주의하며 만화 영화를 봅니다.
> • 장면에 어울리는 등장인물의 표정과 몸짓, 말투를 찾아봅니다.
> • 등장인물이 처한 상황을 생각하며 알맞은 표정, 몸짓, 말투를 찾아 써 봅니다.
> • 마음을 더 잘 드러나게 할 수 있는 자신만의 표정, 몸짓, 말투를 생각해 보고 친구들 앞에서 표현해 봅니다.

8 미미는 어른들이 엄마를 '자두 엄마'로만 부르자 섭섭해합니다.
9 자두는 미미에게 화를 냈으므로 따지는 말투가 어울립니다.
10 자신이라면 어떤 표정, 몸짓, 말투로 말했을지 써 봅니다.
11 부벨라는 거인입니다.
12 지렁이는 젠체하고 살지 않아서 그냥 지렁이라고 했습니다.
13 부벨라가 덩치가 크다고 무서워하지 않고 당당하게 행동했습니다.
14 거인인 부벨라는 자기를 무서워하지 않는 지렁이와

대화하기 위해서 쪼그리고 앉아서 놀란 표정으로 물어보았을 것입니다.

15 이야기 속에서 지렁이와 부벨라가 만났을 때의 장면을 떠올려 보고 그림으로 표현해 봅니다.

16 다른 집 정원의 흙으로 만든 진흙 파이를 추천해 주었습니다.

17 고마운 마음을 전할 때 알맞은 표정, 몸짓, 말투를 생각해 봅니다.

18 오랜만에 정원사가 베풀어 준 친절에 부벨라는 기뻐했습니다.

19 돈을 보고 펄쩍펄쩍 뛰며 좋아하는 모습입니다.

20 대사로 미루어 보았을 때 돈을 보고 좋아하는 장면이므로 활짝 웃으며 폴짝폴짝 뛰며, 높고 큰 목소리가 어울립니다.

2회 단원 평가 실전
20~23쪽

1 (2) ○ 2 ③, ⑤ 3 ⑤ 4 ④ 5 (1) 예 궁으로 가게 된 것이 무척 기쁨 (2) 예 눈물을 글썽이며 (3) 예 두 손에 힘을 꼭 주며 (4) 예 가늘고 떨리는 목소리로 6 (1) ㉡ ○ (2) ㉣ ○ (3) ㉤ ○ 7 예 내용을 더 잘 이해할 수 있다. / 만화 영화를 더 재미있게 볼 수 있다. 8 ④ 9 ② 10 예 울지 않고 "내 이름을 불러 줘."라고 말했을 거야. 11 ② 12 부벨라 13 ① 14 ㉯ 15 (1) 예 정원사가 춤을 추는 장면 (2) 예 허리가 완전히 건강해졌다는 것을 표현하기 위해서 허리를 돌리는 모습을 표현하고 싶다. 16 ⑤ 17 ③ 18 (2) ○ 19 예 신난다 20 ㉯

풀이

1 미안해하는 마음이 잘 드러나게 말합니다.

2 표정, 몸짓, 말투에 주의하며 말하면 자신의 생각을 더 생생하게 잘 전달할 수 있습니다.

더 알아볼까요!

표정, 몸짓, 말투에 주의하며 말하며 좋은 점
• 듣는 사람에게 자신의 마음을 더 잘 전할 수 있습니다.
• 알맞은 표정, 몸짓, 말투로 말하면 상대에게 자신의 생각을 더 생생하게 전달할 수 있습니다.

3 장금이가 생각시 선발 시험을 치르게 되어서 기쁠 것입니다.

4 장금이가 시험을 볼 수 있게 되어서 무척 기쁜 마음이 들었을 것입니다.

5 기쁠 때의 표정, 말투, 몸짓을 생각해서 씁니다.

6 장금이에게 꾸중을 하는 상황에 알맞은 표정, 몸짓, 말투를 생각해 봅니다.

7 인물의 표정, 몸짓, 말투를 살펴보면 만화 영화를 더 잘 이해할 수 있고, 재미를 느낄 수 있습니다.

더 알아볼까요!

인물의 표정, 몸짓, 말투에 주의하며 만화 영화를 보면 좋은 점
• 만화 영화의 줄거리를 이해하는 데 도움이 됩니다.
• 인물의 표정, 몸짓, 말투에서 재미를 느낄 수 있습니다.

8 섭섭한 표정이나 몸짓, 말투를 찾아 봅니다.

9 미미는 사람들이 자신을 자두 동생이라고 불러서 너무 속상해서 울었습니다.

10 자신이라면 어떻게 행동했을지 생각해 봅니다.

11 부벨라는 정원사의 허리를 낮게 해 주었습니다.

12 부벨라가 정원사의 허리를 낮게 해 주는 장면을 표현한 것입니다.

13 부벨라가 손가락을 들어 정원사를 가리켰더니 정원사의 허리가 나아서 기뻐서 춤을 주었습니다.

14 정원사는 허리가 나아서 기쁘고 신날 것입니다.

15 이야기 속 장면을 떠올려 보고 그림으로 표현해 봅니다.

16 부벨라와 지렁이가 친구가 되는 장면입니다.

17 부벨라는 지렁이와 좋은 친구가 되어 헤어지기 싫어서 집을 만들어 주었습니다.

18 지렁이는 부벨라가 만들어 준 상자로 만든 집이 마음에 들었습니다.

19 돈을 들고 활짝 웃으며 뛰는 듯한 몸짓을 하고 있는 것으로 보아 신이 나는 마음일 것입니다.

20 말하는 내용과 표정, 몸짓, 말투 모두 자신의 생각을 전달하는 데 중요합니다.

---

3 궁으로 가게 된 것이 무척 기쁜 장금이는 떨리는 목소리로 말할 것입니다.

상	인물에게 어울리는 몸짓과 말투를 정확하게 썼다.
중	인물에게 어울리는 몸짓과 말투를 썼으나 문장이 어색하다.
하	정답을 쓰지 못하였다.

창의서술형 평가   24~25쪽

1 (1) 상궁 (2) 생각시   **2** ⑩ 눈물을 글썽이면서도 웃는다. / 떨리는 목소리로 말한다.   **3** ⑩ 두 손에 힘을 꼭 주며 / 가늘고 떨리는 목소리로 말한다.   **4** ⑩ 자신의 집에 지렁이를 초대했다. / 지렁이와 친구가 되고 싶어 했다.   **5** ⑩ 쪼그리고 앉아서 조그만 목소리로 조심스럽게 / 웃으며 다정한 목소리로   **6** ⑩ 부벨라가 지렁이에게 자신의 집으로 오라고 말하는 모습

풀이

1 만화 영화의 내용을 정리해 봅니다.

상	만화 영화의 내용을 잘 파악하여 썼다.
중	만화 영화의 내용을 잘 파악했으나 정확하게 쓰지 못하였다.
하	정답을 쓰지 못하였다.

---

4 부벨라는 지렁이가 자신을 무서워하지 않자 자신의 집으로 차를 마시러 오라고 했습니다.

상	인물이 한 일을 정확하게 썼다.
중	인물이 한 일을 썼으나 문장이 어색하다.
하	정답을 쓰지 못하였다.

---

5 지렁이와 친구가 되고 싶어서 초대하는 말을 하는 상황입니다.

상	표현하려는 표정, 몸짓, 말투를 정확하게 썼다.
중	표현하려는 표정, 몸짓, 말투를 썼으나 정확하게 표현하지 못하였다.
하	정답을 쓰지 못하였다.

---

2 처음으로 수라간 상궁을 본 장금이는 놀라움과 호기심을 느꼈을 것입니다.

상	인물에게 어울리는 마음과 표정을 정확하게 썼다.
중	인물에게 어울리는 마음과 표정을 썼으나 문장이 어색하다.
하	정답을 쓰지 못하였다.

---

6 인물의 표정, 몸짓, 말투를 살펴보고 어떤 장면인지 생각해 봅니다.

상	장면을 정확하게 표현하였다.
중	장면을 표현했으나 문장이 어색하다.
하	정답을 쓰지 못하였다.

2 중심 생각을 찾아요

개념을 확인해요
27쪽

1 내용 2 기억 3 상상 4 비교 5 중심 문장
6 제목 7 제목 8 한 문장 9 중심 생각 10 의도

개념을 다져요
28~29쪽

1 ① 2 새롭게 안 내용 3 ⑤ 4 (1) ○ (3) ○ 5 ①, ② 6 (1) ○ (2) ○

풀이

1 아는 내용이나 겪은 일과 관련지어 글을 이해한다고 해서 글을 제대로 읽지 않아도 되는 것은 아닙니다.

2 글을 읽고 자신이 알고 있는 내용과 새롭게 안 내용을 생각하면서 글을 읽습니다.

> **더 알아볼까요!**
>
> 글을 읽을 때 자신이 알고 있는 내용이나 경험, 알고 있는 내용과 다른 내용을 비교해 새롭게 안 내용을 생각하면서 읽습니다.

3 글의 중심 생각을 파악하는데 살펴봐야 할 것으로 관련 신문기사는 알맞지 않습니다.

> **더 알아볼까요!**
>
> **글을 읽고 중심 생각을 찾는 방법 알기**
> • 문단의 중심 문장을 찾아보고 중심 생각을 간추립니다.
> • 글의 제목을 보고 무엇에 대해 쓴 글인지 생각합니다.
>   – 글쓴이는 글 전체 내용을 가장 잘 전할 수 있는 제목으로 정하기 때문에 글의 제목을 보면 무엇에 대해 쓴 글인지 미리 알 수 있습니다.
> • 글에 있는 사진이나 그림을 보고 글쓴이의 중심 생각을 찾습니다.

4 글의 중심 생각을 찾기 위해서는 글을 읽고 각 문단의 중심 문장을 정리해야 합니다.

5 사진이나 그림을 보면 내용을 쉽게 이해할 수 있습니다.

6 글을 읽을 때에는 자신이 알고 있는 내용이나 경험, 알고 있는 내용과 다른 내용을 비교하면서 새롭게 안 내용을 생각하면서 읽어야 합니다.

1회 단원 평가 도전
30~33쪽

1 ① 2 ② 3 ③ 4 ④, ⑤ 5 ⑩ 여러 가지 실험 기구를 안전하게 다루는 방법을 더 알고 싶다.
6 ⑤ 7 ⑤ 8 (1) 글 (마) (2) 글 (나) (3) 글 (다) 9 ⑩ 갯벌이 주는 좋은 점을 알고 갯벌을 잘 보존해야 한다. / 갯벌을 보존해야 하는 까닭을 알고 소중한 갯벌을 보존해야 한다. 10 ③ 11 ③, ④ 12 (1) ㉠ (2) ㉡ 13 ① 14 (1) 날씨 (2) 토박이 말 15 ⑩ 낱말의 뜻을 알고 쓰면 내 생각을 잘 전달할 수 있지만 뜻을 모르고 쓰면 내 생각을 전달하기 어렵다.
16 ⑤ 17 ⑤ 18 ⑩ 옛날 사람들이 입던 옷차림은 오늘날 사람들의 옷차림과 많이 달랐다. 19 ①
20 축복

풀이

1 글 ㈎와 ㈏는 줄넘기 놀이를 했던 경험을 떠올리며 읽는 것이 알맞습니다.

2 ②의 내용은 글에 나오지 않습니다.

3 과학실에는 깨지기 쉽거나 위험한 유리 조각이 많습니다.

4 과학실에서 장난을 하면 안 되고, 실험할 때 책상에 바짝 다가가면 안 된다고 했습니다.

5 글의 내용과 관련지어 더 알고 싶은 내용을 씁니다.

6 이 글의 중심 생각을 보고 무엇에 대해 쓴 글인지 알 수 있습니다.

7 갯벌은 바닷물이 빠져나가는 썰물 때에 육지로 드러나는 바닷가의 편평한 곳입니다.

8 문단의 전체 내용을 대표하는 중심 문장을 찾아봅니다.

9 문단의 중심 문장과 글의 제목을 살펴봅니다.

10 중심 생각이란 글쓴이가 글 전체에서 가장 강조해서 말하고자 하는 생각입니다.

> **더 알아볼까요!**
>
> **중심 생각이란 글쓴이가 글 전체에서 말하고 싶은 생각입니다.**
>
> | 문단 | 문단이란 여러 문장이 모여 하나의 생각을 나타내는 글의 덩어리입니다. |
> |---|---|
> | 중심 문장 | • 문단 전체를 대표하는 문장입니다.
• 문단에서 가장 중요한 문장입니다. |
> | 뒷받침 문장 | 중심 문장을 보충하거나 자세히 설명하는 문장들입니다. |

11 토박이말의 다른 말은 '고유어, 순우리말'입니다.

12 각 문단에서 전체 내용을 대표하는 문장을 찾아봅니다.

13 '가랑비'는 '가랑눈'을 설명하기 위해 예로 든 것이지 겨울과 관련 있는 토박이말은 아닙니다.

14 날씨를 나타내는 토박이말을 알고 자주 사용하자는 것을 전하기 위한 글입니다.

15 '알다'와 뜻이 반대인 낱말은 '모르다'입니다.

16 옛날에는 자연에서 얻은 옷감, 오늘날은 합성 섬유의 옷을 많이 입습니다.

17 삼베, 모시, 무명, 비단은 자연에서 얻은 실로 만든 옷감입니다.

18 제목과 중심 문장을 정리해서 이 글의 중심 생각을 간추려 봅니다.

19 '펴다'와 뜻이 반대인 낱말은 '접다'입니다.

20 참새를 그린 그림은 옛날부터 축복을 전해 준다고 했습니다.

2회 단원 평가 실전

34~37쪽

1 (2) ○ (3) ○   2 ①   3 (1) 호기심 (2) 탐구 능력
4 ⑤   5 예 실험 기구를 조심히 다룬다. / 실험 중 자리를 비우지 않는다.   6 갯벌   7 ②   8 (1) 바닷물이 육지로 밀려오는 밀물 때 갯벌은 바닷물로 덮여 있어 보이지 않지만 자연과 사람에게 여러 가지 도움을 줍니다. (2) 어민들은 갯벌에서 수산물을 키우고 거두어 돈을 법니다. (3) 예 갯벌은 육지에서 나오는 오염 물질을 분해해 좋은 환경을 만듭니다. (4) 예 갯벌은 기후를 조절하고 홍수를 줄여주는 역할을 합니다. (5) 예 소중한 갯벌을 잘 보존해야겠습니다.
9 ④   10 (3) ○   11 ④   12 올서리   13 ②   14 (1) ㉢ (2) ㉡ (3) ㉠   15 (1) 겨울 날씨를 나타내는 토박이말에는 '가랑눈', '진눈깨비', '함박눈', '도둑눈'이 있다. (2) 이처럼 계절에 따라 알고 쓰면 좋은 토박이말이 많다. (3) 날씨를 나타내는 토박이말이 많으니 이를 알고 자주 사용하자.   16 ③   17 (3) ○   18 예 조선 시대 여자 한복에 대해 조사하고 싶다.   19 배, 감   20 준안

풀이 ▸

1 닭싸움은 두 명이 하거나 여러 명이 할 수도 있습니다.

2 아는 내용이나 겪은 일과 관련지어 글을 읽으면 더 재미있고 쉽게 이해할 수 있습니다.

3 과학 실험을 하면 호기심과 탐구 능력을 키울 수 있어서 좋습니다.

4 실험 기구나 화학 약품을 다루다가 사고가 나면 선생님의 말씀에 따라 문제를 해결해야 합니다.

5 과학실에서 지켜야 할 일을 더 생각해 보고 씁니다.

6 소중한 갯벌을 잘 보존해야겠다고 했습니다.

7 갯벌은 쓸모없는 땅이 아니라 소중한 장소입니다.

8 문단에서 가장 중요한 문장을 찾아봅니다.

9 소중한 갯벌을 잘 보존해야겠다고 했습니다.

10 문단의 중심 문장과 글의 제목을 보고 중심 생각을 찾아봅니다.

> **더 알아볼까요!**
>
> **글을 읽고 중심 생각 찾기**
> • 글을 읽고 각 문단의 중심 문장을 정리해 봅니다.
> • 제목과 관련해 글쓴이의 생각을 말해 봅니다.
> • 글의 중심 생각을 한 문장으로 써 봅니다.

11 가을 날씨를 나타내는 토박이말에 대해 말하고 있습니다.

12 '올서리'는 다른 해보다 일찍 내리는 서리를 뜻하는 말입니다.

13 '같다'와 뜻이 반대인 낱말은 '다르다'입니다.

> **더 알아볼까요!**
>
> '같다'와 '다르다'는 뜻이 서로 반대입니다. 우리말에는 '같다'와 '다르다'처럼 뜻이 서로 반대인 낱말이 많습니다. 이런 낱말을 반대말이라고 합니다.

14 '가랑눈, 함박눈, 진눈깨비'의 뜻을 찾아봅니다.

15 이 글에서 글쓴이가 말하고자 하는 것을 생각해 봅니다.

16 치마는 여자가 입던 한복입니다.

17 그림을 보면 옛날에는 남녀가 입는 옷이 달랐습니다.

18 알게 된 내용을 생각해 보고, 더 알고 싶은 내용을 생각해 봅니다.

19 글 ㈏에서 배, 글 ㈐에서 감에 대해 설명하고 있습니다.

20 채이는 새로 알게 된 내용, 치형이는 알고 있는 내용을 말했습니다.

창의서술형 평가

38~39쪽

1 지우, 한석   **2** ㈎ 선생님께서 안 계실 때에 실험을 해도 된다고 알고 있었는데 선생님께서 계시지 않을 때 실험을 하면 안 된다는 것을 알게 되었다.   **3** ㈎ 식판을 두 손으로 든다. / ㈎ 젓가락이나 포크로 친구와 장난치지 않는다.   **4** ㈎ 갯벌을 보존해야 하는 이유 / 갯벌을 보존하면 좋은 점   **5** ㈎ 갯벌은 다양한 생물이 살 수 있는 장소이고, 육지에서 나오는 오염 물질을 스스로 분해해서 환경을 지키기 때문이다.   **6** ㈎ 갯벌은 좋은 친구 / 갯벌과 오래오래 함께해요

풀이

1 과학실에서는 절대 장난을 치면 안 됩니다.

상	글과 그림의 내용에 알맞은 답을 썼다.
중	답을 썼으나 글의 내용을 정확하게 이해하지 못하였다.
하	정답을 쓰지 못하였다.

2 이 글을 읽고 잘못 알고 있었던 내용이 있었는지 생각해 봅니다.

상	알고 있었던 내용과 다른 내용을 잘 비교해 썼다.
중	알고 있었던 내용과 다른 내용을 잘 비교했으나 문장이 어색하다.
하	정답을 쓰지 못하였다.

3 안전하게 급식실에서 식사를 할 수 있는 방법을 생각해 봅니다.

상	안전 수칙 두 가지를 정확하게 썼다.
중	안전 수칙을 한 가지만 썼다.
하	정답을 쓰지 못하였다.

4 갯벌을 보존해야 하면 좋은 점이나 보존해야 하는 까닭을 알려 주는 것이 알맞습니다.

상	글의 제목을 보고 글쓴이의 생각을 알 수 있게 썼다.
중	글의 제목을 썼으나 문장이 미흡하다.
하	정답을 쓰지 못하였다.

5 이 글의 중심 문장을 찾으면 알 수 있습니다.

상	글의 중심 문장을 찾아 물음에 대한 답을 알맞게 썼다.
중	글의 중심 문장을 찾아 물음에 대한 답을 썼으나 문장이 어색하다.
하	정답을 쓰지 못하였다.

6 이 글에서는 갯벌을 보존해야 한다고 말하고 있습니다.

상	주장이 잘 드러나는 표어를 썼다.
중	간결한 표어를 썼으나 호소력이 부족하다.
하	정답을 쓰지 못하였다.

3 자신의 경험을 글로 써요

✏️ 개념을 확인해요

41쪽

1 기억에 남는 일   2 인상 깊은 일   3 정리   4 되돌아볼   5 마음   6 바꾸어   7 고쳐쓰기   8 앞말   9 띄어   10 단위

개념을 다져요

42~43쪽

1 ②   2 ①   3 인상 깊은 일   4 (2) ○ (3) ○   5 ④   6 연필 한 자루

풀이 ▶

1 기억에 남는 일을 정리하면 기억에 남는 일을 글로 쓸 수 있습니다.

2 글을 쓴 뒤에는 고쳐쓰기를 해야 합니다.

3 인상 깊은 일을 정리하면 좋은 점을 생각해 봅니다.

4 고쳐쓰기를 하면 내가 전하고자 한 내용을 효과적으로 표현했는지 확인할 수 있습니다.

5 어려운 말을 쓰는 것이 아니라 쉽고 재미있게 표현했는지 확인해야 합니다.

6 수를 나타내는 말과 단위를 나타내는 말 사이는 띄어 씁니다.

1회 단원 평가 〈도전〉

44~47쪽

1 ⑤   2 ①   3 ㉠   4 (1) 예 지난 가을 (2) 예 학교 운동장 (3) 예 운동회 (4) 예 친구들과 공 줍기, 줄다리기를 했다. (5) 예 친구들과 함께 여러 가지 운동을 해서 즐거웠다.   5 ②   6 ②   7 ①   8 ④   9 예 동생 주혁이가 아팠던 일이 평소와 달리 특별히 일어난 일이기 때문이다. / 동생을 걱정하는 마음이 기억에 남았기 때문이다.   10 주혁이가∨눈물이 그렁그렁한 얼굴로 말했다.   11 (1) 하늘이 맑고 푸르다. ○ (2) 우정은 예쁘게 가꿀수록 좋다. ○   12 ③, ⑤   13 ㉣, ㉢, ㉠, ㉡   14 예 전학 갈 때 친구들이 편지를 준 일이 인상 깊었다. 친구들의 다정한 마음을 느낄 수 있었기 때문이다.   15 찬기   16 (1) ○   17 ㉣, ㉤, ㉠   18 ④   19 ⑤   20 소 아홉 마리

풀이 ▶

1 그림에 어떤 일이 나타나 있는지 살펴봅니다.

2 운동장에서 공을 굴리고 있는 그림입니다.

3 그림 ㈏는 운동회 때 친구들과 공을 굴리는 모습입니다.

4 겪었던 일 가운데 기억에 남는 일을 구체적으로 떠올려 보고, 자신의 생각이나 느낌, 그렇게 생각한 까닭을 생각해 봅니다.

🔍 더 알아볼까요!

인상 깊은 일로 글 쓰기
• 언제, 어디서, 누구와 있었던 일인지 정리합니다.
• 무슨 일이 있었는지 자세히 떠올립니다.
• 어떤 마음이 들었는지 생각합니다.
• 그런 마음이 왜 생겼는지 생각합니다.

5 기억에 남는 일을 정리하는 것은 상대에게 전하기 위함은 아닙니다.

🔍 더 알아볼까요!

기억에 남는 일을 정리하면 좋은 점
• 기억에 남는 일을 구체적으로 떠올릴 수 있습니다.
• 기억에 남는 일을 글로 자세히 쓸 수 있습니다.
• 자신이 한 일을 되돌아볼 수 있습니다.
• 어떤 내용을 말하거나 쓸지 점검할 수 있습니다.

6 하루 동안 있었던 일 가운데에서 동생이 아팠던 일을 썼습니다.

7 자랑하고 싶은 일뿐만이 아니라 감추고 싶은 일이나 잘못한 일 등도 모두 떠올려 보아야 합니다.

8 동생 주혁이가 아파서 마음이 아팠고, 얼른 나았으면 좋겠다고 생각했습니다.

9 서연이는 동생이 아팠던 일이 가장 기억에 남았습니다.

10 낱말과 낱말 사이는 띄어 씁니다.

11 '하늘이 맑고 푸르다.', '우정은 예쁘게 가꿀수록 좋다.'로 써야 합니다.

12 띄어쓰기를 하면 전하고자 하는 뜻이 정확히 전달될 수 있고, 글을 읽는 사람도 편하게 읽을 수 있습니다.

🔍 더 알아볼까요!

띄어쓰기
• 낱말과 낱말 사이는 띄어 쓰되, '이/가, 을/를, 은/는, 의' 등과 같은 말은 앞말에 붙여 씁니다.
• 마침표(.)나 쉼표(,) 뒤에 오는 말은 띄어 씁니다.
• 수를 나타내는 말과 단위를 나타내는 말 사이는 띄어 씁니다.
  예 연필한자루 → 연필∨한∨자루

13 겪은 일을 떠올려 보고 그 중에서 한 가지를 골라 쓸 내용을 정리한 뒤에 글을 씁니다. 글을 쓴 뒤에는 고쳐쓰기를 해야 합니다.

14 인상적인 일과 그 일이 왜 인상적이었는지 함께 씁니다.

15 언제, 어디에서 있었던 일인지, 어떤 마음이 들었는지 써야 합니다.

16 글을 쓸 때 어떤 생각이나 느낌이 들었는지 쓰고, 친구들이 이해하기 쉽고 재미있는 표현을 많이 쓰면 좋습니다.

17 기억에 남는 다섯 가지를 중심으로 우리 반 소식지 만드는 과정을 생각해 봅니다.

18 아기가 오리를 보고 있는 그림입니다.

19 낱말과 낱말 사이는 띄어 쓰고, 수를 나타내는 말과 단위를 나타내는 말 사이는 띄어 씁니다.

20 수를 나타내는 말과 단위를 나타내는 말을 띄어 씁니다.

2회 단원 평가 실전
48~51쪽

1 ① 2 ④ 3 ② 4 (1) 예 부모님께 생일 선물을 받았다. (2) 예 평소에 갖고 싶던 장난감을 가지게 되어 기뻤고 부모님께 고마웠다. 5 기억에 남는 일을 글로 자세히 쓸 수 있다. / 기억에 남는 일을 자세히 떠올릴 수 있다. 6 예 동생이 아팠던 일이다. / 친구와 재미있게 놀았던 일이다. 7 ② 8 ④ 9 ⑤ 10 (1) "아이고,∨배야." (2) "이번∨가을에만∨두∨번째네." 11 (1) ○ 12 하영 13 ⓒ 정리 ② 고쳐쓰기 14 ④ 15 예 어떤 마음이 들었나요? 16 예 내가 전하고자 하는 내용을 효과적으로 표현했는지 확인할 수 있다. / 띄어쓰기 등 잘못 사용한 표현을 고칠 수 있다. 17 ⓒ, ②, ⑩, ⓒ, ⑦ 18 하늘은 높고, 단풍은 붉게 물든다. 19 ③ 20 피자 만들기 체험장

풀이 ▶

1 그림에 어떤 일이 나타나 있는지 살펴봅니다.

2 학교 운동장에서 운동회를 하는 것을 떠올렸습니다.

3 그림 ㈏는 학교 운동장에서 친구들과 공굴리기를 하는 일을 떠올렸습니다.

4 누구에게 선물을 받았던 경험을 떠올려 보고 그때 어떤 생각이나 느낌이 들었는지 써 봅니다.

5 기억에 남는 일을 정리해 보면 기억에 남는 일을 자세히 떠올려서 글로 자세히 쓸 수 있습니다.

더 알아볼까요!

자신의 경험에서 인상 깊은 일을 글로 쓰는 방법 알기
• 겪은 일 가운데에서 어떤 일을 글로 쓸지 정합니다.
• 쓸 내용을 정리합니다.
 – 언제, 어디에서, 누구와 있었던 일인지 정리합니다.
 – 무슨 일이 있었는지 정리합니다.
 – 어떤 마음이 들었는지 생각합니다.
• 글을 씁니다.
• 고쳐쓰기를 합니다.

6 그림에서 서연이가 겪은 일과 자신의 경험을 비교해 봅니다.

7 지난밤에 동생 주혁이가 아팠던 일을 쓴 글입니다.

8 서연이는 주혁이의 이마에 차가운 물수건을 얹어주었습니다.

9 동생 주혁이가 아파서 마음이 아프고 동생이 얼른 낫기를 바랐습니다.

10 문장이 이어질 때 마침표(.)나 쉼표(,) 뒤에 오는 말의 띄어 씁니다. 수를 나타내는 말과 단위를 나타내는 말 사이는 띄어 씁니다.

11 '책을 읽으면 지식이 쌓인다.', '우정은 예쁘게 가꿀수록 좋다.'로 써야 합니다.

12 띄어쓰기를 하면 글을 읽는 사람도 더 편하게 읽을 수 있습니다.

13 겪은 일을 떠올려 보고 그 중에서 한 가지를 골라 쓸 내용을 정리한 뒤에 글을 씁니다. 글을 쓴 뒤에는 고쳐쓰기를 해야 합니다.

더 알아볼까요!

고쳐쓰기를 하면 좋은 점
• 전하고자 하는 내용을 효과적으로 표현했는지 확인할 수 있습니다.
• 잘못된 띄어쓰기나 표현 따위를 고칠 수 있습니다.

14 피자 만들기 체험을 하는 내용의 그림입니다.

15 인상적인 일이 언제 어디에서 있었던 일인지 그때 어떤 마음이 들었는지 정리해 봅니다.

16 고쳐 쓰기를 하면 더 좋은 글을 만들 수 있습니다.

17 기억에 남는 다섯 가지를 중심으로 우리 반 소식지 만드는 과정을 생각해 봅니다.

18 낱말과 낱말 사이는 띄어 씁니다.

19 우리 반이 현장 체험학습을 갔습니다.

20 목장에 도착하자마자 피자 만들기 체험장으로 갔습니다.

창의서술형 평가

52~53쪽

1 하루　**2** (1) 예 학교에서 공부를 했다. (2) 예 친구와 놀이터에서 놀았다. (3) 예 동생이 아팠다.　**3** (1) 예 동생이 아팠던 일 (2) 예 평소에 겪는 일과 달리 동생이 아팠을 때 마음이 달라졌기 때문이다.　**4** (1) 예 가족과 함께 된장찌개를 끓인 일 (2) 예 우리 집 부엌에서 지난 주 일요일에 가족과 함께 있었던 일이다. (3) 예 엄마, 아빠와 함께 된장찌개를 만들어 상을 차려 먹었다. (4) 예 행복하고 밥맛이 좋다. (5) 예 함께 식사를 준비하면 서로를 아끼는 마음이 느껴지기 때문이다.　**5** 예 띄어쓰기가 잘못 되었기 때문이다.　**6** 예 주혁이가 눈물이 그렁그렁한 얼굴로 말했다.

풀이

1 하루 동안 일어난 일을 차례대로 나타낸 그림입니다.

상	그림을 잘 파악하고 답을 썼다.
중	그림을 잘 파악했으나 답이 미흡하다.
하	정답을 쓰지 못하였다.

2 아침에 학교를 갔다가 학교에서 수업을 하고 친구들과 놀았습니다. 집에 와서는 책을 읽고 밤에 동생이 아팠습니다.

상	일 차례를 잘 파악하고 차례대로 썼다.
중	일 차례를 잘 파악했으나 문장이 어색하다.
하	정답을 쓰지 못하였다.

3 평소에 일어났던 일이나 평소와 달리 특별하게 생긴 일 또는 자신의 생각이나 느낌이 달라진 일을 정하면 됩니다.

상	글로 쓰고 싶은 일을 그 까닭과 함께 잘 썼다.
중	글로 쓰고 싶은 일을 썼으나 까닭이 미흡하다.
하	정답을 쓰지 못하였다.

4 인상 깊은 일을 정리해 봅니다.

상	인상 깊은 일을 잘 정리하였다.
중	인상 깊은 일을 정리했으나 문장이 어색하다.
하	정답을 쓰지 못하였다.

5 띄어쓰기를 바르게 하지 않으면 뜻을 정확하게 알 수 없습니다.

상	잘못된 부분에 대한 까닭을 잘 썼다.
중	잘못된 부분에 대한 까닭을 썼으나 문장이 어색하다.
하	정답을 쓰지 못하였다.

6 띄어쓰기를 바르게 하지 않으면 뜻을 정확하게 알 수 없습니다.

상	잘못된 부분을 바르게 고쳐 썼다.
중	잘못된 부분은 알고 있으나 바르게 고치지 못하였다.
하	정답을 쓰지 못하였다.

정답과 풀이

| 4 | 감동을 나타내요 |

개념을확인해요
55쪽

1 감각적   2 생생하게   3 자세히   4 감동   5 파악   6 편지   7 생각   8 관찰   9 느낌   10 제목

개념을 다져요
56~57쪽

1 감각적 표현   2 느릿느릿, 까무룩   3 ④   4 이야기를 읽고 생각이나 느낌   5 ⑴ 사물 ⑵ 인상   6 ㉠ 이야기를 읽고 떠오른 생각이나 느낌을 글로 써 본다.

풀이 ▶

1 추상적인 것을 구체적인 감각을 활용해 생생하게 표현하는 것입니다.

더 알아볼까요!

눈으로 보고, 귀로 듣고, 입으로 맛보고, 코로 냄새 맡고, 손으로 만지면서 대상의 느낌을 생생하게 표현한 것을 감각적 표현이라고 합니다.

대상을 감각적으로 나타내면 좋은 점
• 대상의 느낌을 생생하게 표현할 수 있습니다.
• 대상의 느낌을 재미있게 나타낼 수 있습니다.
• 감각적 표현을 말하려고 대상을 더 자세히 관찰할 수 있습니다.

2 약을 먹고 난 뒤의 몸 상태를 감각적으로 표현했습니다.

더 알아볼까요!

감각적 표현의 효과
• 사물에 대한 느낌을 더 재미있게 표현할 수 있습니다.
• 사물에 대한 느낌을 더 실감 나게 표현할 수 있습니다.

3 시를 읽고 재미나 감동을 나누려면 시를 읽고 떠오른 생각이나 느낌을 혼자 간직하는 것은 알맞지 않습니다.
4 이야기를 읽고 생각이나 느낌을 표현하는 여러 가지 방법입니다.
5 시를 쓸 대상을 정하는 방법입니다.
6 이야기를 읽고 생각이나 느낌을 표현하는 방법을 한 가지 씁니다.

1회 단원 평가 도전
58~61쪽

1 ④   2 ⑤   3 감각적 표현   4 ③   5 ⑴ ○   6 ④   7 ①   8 ㉠ 느릿느릿 거북이가 들어왔다고 표현했다.   9 ③   10 ㉠ 감기약을 먹고 몸이 무거워졌기 때문이다. / 감기약을 먹고 몸이 무거워 몸을 빨리 움직일 수 없기 때문이다.   11 ③   12 ⑤   13 ⑤   14 ㉠ 발가락 옴지락거려 두더지처럼 파고들었다.   15 ㉠ 모래의 움직임을 지구의 대답이라고 생각한 점이 재미있어. / 우리의 작은 행동에도 자연이 대답해 준다는 생각이 들어.   16 ①   17 우르르 쿵쾅   18 ④   19 ①, ④   20 해인

풀이 ▶

1 헛발질을 한 모습을 햇빛을 뻥 차버렸다고 감각적으로 표현했습니다.
2 내 운동화가 솟구쳐 오를 때 친구는 어느새 공을 몰고 골문까지 갔습니다.
3 사물의 느낌을 보거나 듣는 것처럼 표현하는 것을 감각적 표현이라고 합니다.
4 '데굴데굴'은 어떤 대상이 구르는 모습에 어울립니다.
5 여자아이는 사과 모양을 공에 빗대어 보이듯이 표현했습니다.

6 감기에 걸린 상태를 생생하게 나타낸 감각적 표현이 많은 시입니다.
7 이 시에서 친구는 등장하지 않습니다.
8 '느릿느릿, / 거북이도 들어오고'라는 부분은 '내'가 감기약을 먹고 몸이 무거운 상태를 표현한 것입니다.
9 '약을 먹고 나니'라는 표현은 감기에 걸린 상태를 생생하게 나타내는 감각적 표현이 아닙니다.
10 '거북이도 들어오고'는 감기약을 먹고 몸이 무거워진 상태를 감각적으로 표현한 것입니다.
11 말하는 이는 강가 모래밭에 발을 담그고 있습니다.

12 '굼질굼질'은 몸을 둔하게 천천히 움직이는 모습을 나타내는 흉내 내는 말입니다.

13 모래의 움직임을 지구의 대답이라고 생각하고 표현한 것입니다.

14 이 시에서 강가 모래밭에 발을 담근 느낌을 감각적으로 표현했습니다.

15 이 시에 쓰인 감각적 표현을 생각하며 어떤 생각이나 느낌이 들었는지 써 봅니다.

16 천둥소리를 운동장으로 뛰쳐나가는 소리라고 표현했습니다.

17 천둥소리를 '우르르 쿵쾅'이라는 흉내 내는 말을 사용해서 표현했습니다.

18 시는 대상을 주의 깊게 관찰해서 대상의 특징을 간결하고 감각적인 표현을 써서 짧은 글로 써야 합니다.

19 초승달의 모습과 비슷한 여러 가지 대상을 찾아봅니다.

20 이 시는 초승달의 모습을 여러 가지 대상에 빗대어 표현했습니다.

2회 단원 평가 실전
62~65쪽

1 ③, ⑤   2 예 하늘까지 뻥 찼다고 표현하고 싶다.
3 예 아삭아삭   4 ⑤   5 ②, ③   6 ⑤   7 ②   8
(1) ㉤ (2) ㉣ (3) ㉢ (4) ㉠   9 ①   10 예 '뜨끈뜨끈'이라는 말이 들어가니까 감기 걸린 모습이 생생하게 느껴진다. / 내 몸에 거북이가 들어왔다는 표현이 실감 나고 재미있다.   11 예 발가락을 구부려서 두더지 발톱처럼 만들어 모래밭에 파고드는 모습   12
②   13 ⑤   14 현서   15 예 추석날 밤에 할머니 댁에서 풀벌레 소리를 들으니 지구가 숨 쉬는 소리 같았다.   16 ③   17 천둥소리   18 예 고슴도치처럼 따가운 밤송이   19 ⑤   20 예 물개가 이끄는 배를 타고 바다에 떠다니는 것이 재미있다.

풀이 ▶

1 운동장에서 공을 차는 아이의 모습이 떠오릅니다.

2 공을 찰 때의 느낌을 어떻게 표현할 것인지 써 봅니다.

3 사과를 보고 눈으로 보고, 귀로 듣고, 입으로 맛보고, 코로 냄새 맡고, 손으로 만지듯이 표현해 봅니다.

4 느낌을 생생하게 나타내지 않은 표현을 찾아봅니다.

5 감각적 표현은 대상의 느낌을 생생하고 재미있게 표현할 수 있습니다.

6 감기에 걸려 열이 나는 상태를 불덩이가 들어왔다고 감각적으로 표현했습니다.

7 말하는 이는 감기에 걸렸습니다.

8 감기에 걸린 상태를 생생하게 나타내는 감각적 표현입니다.

더 알아볼까요!

「감기」에 나타난 감각적 표현

| 뜨끈뜨끈, 느릿느릿, 오들오들, 까무룩, 거북이도 들어오고, 잠꾸러기도 들어왔다 등 | ⇒ | 감기에 걸린 상태 |

9 감기에 걸려 몸이 무겁고 힘든 '나'와 활기찬 목소리는 어울리지 않습니다.

10 감각적 표현을 읽고 든 생각이나 느낌을 씁니다.

11 발가락으로 모래밭을 파고드는 모습을 두더지에 빗대어 감각적으로 표현했습니다.

12 모래의 움직임을 지구가 움직였다고 감각적으로 표현했습니다.

13 발가락으로 모래밭을 파고든 것을 '내 작은 신호'라고 표현했습니다.

14 강가 모래밭에서 발가락을 움직였더니 모래가 움직인 것을 지구가 대답해 준다는 내용의 시입니다.

15 지구가 살아 있다고 느꼈던 경험을 떠올려 보고, 언제 어디에서, 무엇을 보고 느꼈는지 씁니다.

16 천둥소리를 운동장으로 뛰쳐나가는 소리라고 표현했습니다

17 천둥소리를 '우르르 쿵쾅'이라는 흉내 내는 말을 사용해서 표현했습니다.

18 대상에 대한 느낌을 다른 대상에 빗대어 표현해 봅니다.

더 알아볼까요!

대상을 떠올리고 그 느낌을 정리하는 방법
• 느낌을 생각나는 대로 써 보기
• 소리나 흉내 내는 말을 사용하여 표현해 보기
• 다른 대상에 빗대어 표현해 보기
• 대상을 노래하듯이 표현해 보기

19 사람들이 물개의 목에 끈을 걸어서 물개를 타고 뭍에 도착했습니다.

20 이야기에 대한 생각이나 느낌을 써 봅니다.

창의서술형 평가   66~67쪽

1 불덩이, 몹시 추운 사람, 거북이, 잠꾸러기   2 예 감기약을 먹고 몹시 졸렸기 때문이다.   3 예 넣고 읽을 때 더 재미있다. / 넣고 읽을 때 느낌이 더 생생하다.   4 예 강가 모래밭에서 발가락으로 모래밭에 파고 들었다.   5 예 모래의 움직임을 지구가 움직이는 것으로 생각했기 때문이다.   6 예 추석날 밤에 할머니 댁에서 풀벌레 소리를 들으니 그 소리가 마치 지구가 숨 쉬는 소리 같았다.

풀이

1 감기에 걸려서 몸이 무거워진 것이 내 몸에 많은 것들이 들어왔기 때문이라고 했습니다.

상	'내' 몸에 들어온 것을 모두 찾아 썼다.
중	'내' 몸에 들어온 것을 일부분만 찾아 썼다.
하	정답을 쓰지 못하였다.

2 감기에 걸려서 졸린 상태를 감각적으로 표현했습니다.

상	감각적 표현을 알고 그렇게 표현한 까닭을 잘 파악했다.
중	감각적 표현을 알고 그렇게 표현한 까닭을 파악했으나 문장이 어색하다.
하	정답을 쓰지 못하였다.

3 감각적 표현을 넣으면 표현이 더 구체적이고, 감기를 더 자세하고 실감 나게 표현할 수 있습니다.

상	감각적 표현의 효과를 잘 파악해 썼다.
중	감각적 표현의 효과를 파악했으나 문장이 어색하다.
하	정답을 쓰지 못하였다.

4 '나'는 강가 모래밭에서 발가락을 옴지락거려 두더지처럼 파고들었습니다.

상	'내'가 한 행동을 정확하게 썼다.
중	'내'가 한 행동을 썼으나 문장이 어색하다.
하	정답을 쓰지 못하였다.

5 '내'가 발가락으로 모래밭을 파고들자 모래가 움직였는데, 이 모습을 보고 지구가 움직여 대답해주었다고 생각했습니다.

상	지구가 대답해 준다고 한 까닭을 잘 썼다.
중	지구가 대답해 준다고 한 까닭을 썼으나 문장이 어색하다.
하	정답을 쓰지 못하였다.

6 지구가 살아있다고 생각한 경험을 씁니다.

상	자신의 경험을 문장 구조에 맞게 잘 썼다.
중	자신의 경험을 썼으나 문장이 어색하다.
하	정답을 쓰지 못하였다.

5 바르게 대화해요

69쪽

개념을 확인해요

1 상대   2 목적   3 높임 표현   4 존중   5 구체적
6 목소리   7 언어 예절   8 자신   9 공손   10 형태

개념을 다져요

70~71쪽

1 예 대화하는 목적이 무엇인지 생각한다.   2 예 선생님이나 아버지와 대화할 때에는 높임 표현을 사용하는데, 친구들과 대화할 때에는 높임 표현을 사용하지 않는다.   3 ⑤   4 (1) ⓒ (2) ⓛ (3) ⓐ   5 예 상황에 어울리는 표정, 몸짓, 말투로 대화해야 한다.
6 (1) 상황 (2) 작은 목소리

풀이

1 대화하는 상대, 대화하는 목적, 대화 상황 등을 고려해야 합니다.
2 친구들과 달리 웃어른께는 공손하게 말합니다.
3 전화할 때에는 상대가 상황을 볼 수 없기 때문에 정확하고 구체적으로 표현해야 합니다.
4 상황에 어울리는 몸짓과 말투를 찾아 선으로 이어 봅니다.
5 상황에 어울리는 표정, 몸짓, 말투를 사용해야 합니다.
6 전화할 때에는 상대의 상황을 헤아리고, 공공장소에서는 작은 목소리로 말해야 합니다.

1회 단원 평가 도전

72~75쪽

1 (1) 엄마 (2) 친구 수정 (3) 문구점 주인아저씨 (4) 여자아이(친구)   2 (가), (다)   3 ⑤   4 ⑤   5 풀이 참조   6 ⑤   7 나왔습니다   8 ⑤   9 ②   10 예 전화로는 상황을 볼 수 없기 때문에 정확하고 구체적으로 표현해야 한다.   11 (1) ⓒ (2) ⓐ   12 세 시까지 공항에 데리러 오라는 것   13 ⑤   14 ⑤   15 예 놀라면서 당황하는 표정, 친구를 말리기 위해 뛰어가며 잡으려는 몸짓, "안 돼!"라고 외치며 다급한 말투   16 ⑤   17 ⓛ   18 예 웃으면서 손뼉을 치며   19 (1) ○   20 (1) 예 친구에게 미안하고 고맙다. (2) 예 친구에게 섭섭하고 짜증 난다.

풀이

1 대화를 읽고 대화 상대를 찾아봅니다.
2 엄마와 문구점 주인아저씨와 대화할 때는 높임 표현을 써야 합니다.
3 수정이가 준비물만 알려 준 뒤에 진수의 말을 더 듣지 않고 전화를 끊었기 때문입니다.

더 알아볼까요!

대화할 때 고려할 점
• 상대가 누구인지 생각합니다.
• 대화하는 목적이 무엇인지 생각합니다.
• 어떤 대화 상황인지 생각합니다.
• 상대가 웃어른일 때에는 높임 표현을 사용합니다.
• 상대의 기분을 생각합니다.

4 진수가 여자아이의 부탁을 거절하는 상황인데 이때 여자아이의 기분을 생각해서 말해야 합니다.

5

대화하는 목적이 무엇인지 생각한다.		상대가 누구인지 생각한다.	
어떤 대화 상황인지 생각한다.	자신의 기분만 생각한다.		상대의 말을 듣지 않는다.

상대의 기분을 생각하고, 상대의 말을 잘 들어야 합니다.

6 공손한 태도로 높임말을 사용해 할머니와 대화하고 있습니다.
7 사과주스가 사물이라 높임 표현을 사용할 수 없습니다.

더 알아볼까요!

대상에 따라 알맞은 높임 표현을 사용해 말하기
• 상황에 어울리는 말을 해야 합니다.
• 대상에 따라 알맞은 높임 표현을 사용해 대화해야 합니다.
• 상대를 바라보고 상대의 말을 존중하며 대화해야 합니다.

8 민지는 전화를 건 사람이 누구인지 모르고 있습니다.
9 지원이는 학교 앞 문방구에서 산 물통에 물이 샌다는 말을 하고 있습니다.
10 전화 통화에서는 상황을 볼 수가 없기 때문에 정확하고 구체적으로 표현해야 합니다.
11 전화로 대화할 때 지켜야 할 예절을 살펴봅니다.

12 세 시까지 공항에 데리러 오라는 말을 듣지 않았습니다.

13 깜짝 놀라는 상황에 알맞은 표정, 몸짓, 말투입니다.

14 강이는 훈이에게 교통사고가 날까 봐 놀라면서 당황했을 것입니다.

15 상황에 어울리는 표정, 몸짓, 말투를 생각해 봅니다.

16 주위 사람들이 좋아하는 음식을 조사해 오라고 하셨습니다.

17 할아버지와 대화할 때에는 높임말을 사용합니다.

18 무엇인가 생각났다는 듯한 표정, 몸짓, 말투를 생각합니다.

19 상대의 상황을 헤아려서 전화를 해야 합니다.

20 상황에 어울리는 바른 표정, 몸짓, 말투를 생각해 봅니다.

2회 단원 평가 실전   76~79쪽

1 (1) ㉠ (2) ㉢ (3) ㉣ (4) ㉡   **2** (나)   **3** ⑤   **4** (3) ○
5 예 대화하는 목적을 생각한다. / 상대가 누구인지 생각한다. / 상대의 기분을 생각한다. / 상대가 웃어른일 때에는 높임 표현을 사용한다.   **6** (1) 드시고 계세요 (2) 예 할머니와 어머니가 웃어른이므로 높임 표현을 사용해야 하기 때문이다.   **7** ㉡   **8** ③   **9** 물통, 물감   **10** 예 전화로는 상황을 볼 수 없기 때문에 정확하고 구체적으로 표현해야 한다.   **11** ③
12 공공장소에서는 작은 목소리로 말한다.   **13** ④

14 예 놀라고 당황했을 것이다.   **15** 예 놀라서 눈을 크게 뜨며 떨리는 목소리로   **16** (1) ㉮ (2) ㉯
17 할아버지, 가장 좋아하시는 음식이 뭐예요?   **18** 예 깜짝 놀라며 실망스러운 표정으로   **19** (2) ○
20 ⑤

풀이

1 대화를 읽고 대화 상대를 찾아봅니다.

2 (나)에서 진수가 수정이에게 전화로 준비물을 물어보고 있습니다.

3 큰 소리로 대화하는 아이들 때문에 진수와 문구점 주인 아저씨의 대화가 잘 들리지 않았습니다.

4 여자아이의 기분을 생각해서 말한 것을 찾습니다.

5 다른 사람과 대화할 때 고려해야 할 점을 정리해 봅니다.

6 높임 표현을 써야 하는 상황입니다.

7 선생님께는 높임 표현을 써야 합니다.

8 지원이가 자신이 누구인지 밝히지 않아서 민지는 전화를 건 사람이 누구인지 모르고 있습니다.

9 민지는 지원이가 정확하고 구체적으로 말하지 않아서 무슨 말을 하는지 모르고 있습니다.

10 일상 대화와는 다른 전화 통화의 특징을 생각해 봅니다.

11 지수가 자신이 할 말만 하고 정아의 말을 들으려 하지 않았습니다.

12 공공장소에서 아저씨가 너무 큰 소리로 통화해서 주변 사람들이 얼굴을 찡그리고 있습니다.

13 강이는 훈이가 유치원생 같다고 놀려서 속상했을 것입니다.

14 교통사고가 날 뻔해서 놀랐을 것입니다.

15 놀라고 당황스러운 상황에 어울리는 표정, 몸짓, 말투를 생각해 봅니다.

16 미나는 할아버지와 동생에게 좋아하는 음식을 물어보았습니다.

17 할아버지와 대화할 때에는 높임말을 사용합니다.

18 누나에게 말할 때의 알맞은 표정, 몸짓, 말투를 생각합니다.

19 자신이 누구인지 밝히고 상대가 누구인지 확인합니다.

20 우유를 쏟은 상황에서는 깜짝 놀라고 당황했을 것입니다.

창의서술형 평가　　　80~81쪽

1 할머니, 전화　**2** 예 할머니께서 하실 말씀이 남아 있는데 유진이가 그것을 듣지 않고 갑자기 전화를 끊었기 때문이다.　**3** 예 네, 할머니, 알겠습니다. 더 전하실 말씀 있으세요?　**4** 훈이가 검은색 옷을 입고 앞을 잘 보지 않고 뛰어갔기 때문이다.　**5** 예 안 돼! 차 조심해! / 앞을 봐야지! 차가 오고 있어!　**6** 예 ❶, 차에 부딪칠 뻔하여 놀라는 몸짓, 그대로 멈추어 서서 얼어버린 몸짓 / ❷, 놀라면서 당황하는 표정, 친구를 말리기 위해 뛰어가며 잡으려는 몸짓, "안 돼!"라고 외치며 다급한 말투로 표현한다.

풀이

1 할머니와 전화로 나누는 대화입니다.

상	누구와 어떻게 대화를 나누는지 잘 파악하였다.
중	누구와 어떻게 대화를 나누는지 파악했지만 어떻게 대화를 나누는지는 잘 파악하지 못했다.
하	정답을 쓰지 못하였다.

2 유진이가 할머니의 말을 끝까지 듣고 공손하게 말해야 합니다.

상	할머니가 당황하신 까닭을 잘 파악하여 썼다.
중	할머니가 당황하신 까닭을 잘 파악하여 썼으나 문장이 어색하다.
하	정답을 쓰지 못하였다.

3 할머니의 말을 끝까지 잘 듣고 높임말로 대화합니다.

상	전화 예절을 잘 알고 답을 바르게 썼다.
중	답을 썼으나 전화 예절을 잘 알지 못하였다.
하	정답을 쓰지 못하였다.

4 훈이가 검은색 옷을 입고 잘 보이지 않았다고 했습니다.

상	까닭을 잘 파악하여 문장을 완전하게 썼다.
중	까닭을 잘 파악하였으나 문장이 어색하다.
하	정답을 쓰지 못하였다.

5 훈이에게 차에 부딪히지 않게 조심하라는 말을 해야 합니다.

상	상황에 알맞은 말을 잘 썼다.
중	상황과 어색한 말을 썼다.
하	정답을 쓰지 못하였다.

6 상황에 알맞은 표정, 몸짓, 말투로 표현해 봅니다.

상	고른 장면에 알맞은 표정, 몸짓, 말투를 잘 표현했다.
중	고른 장면과 표정, 몸짓, 말투가 조금 어색하다.
하	정답을 쓰지 못하였다.

6 마음을 담아 글을 써요

✎ 개념을 **확인**해요
83쪽

1 기분 **2** 헤아리며 **3** 겪은 일 **4** 자신 **5** 마음
6 장난 **7** 서운한 **8** 읽을 사람 **9** 쪽지 **10** 높임
표현

개념을 **다져**요
84~85쪽

1 예 말할 때에는 상대의 마음을 헤아리며 자신의 생
각과 마음을 말한다. **2** (1) ㉡ (2) ㉠ **3** ①, ②, ③
4 예 정성껏 바른 글씨로 진심을 담아 쓴다. **5** ②
6 (2) ○ (3) ○

풀이 ▶

1 마음을 전할 때에는 상대의 기분을 생각하며 진심으
로 말하는 것이 중요합니다.
2 발표할 차례가 다가올 때에는 걱정이 됐을 것이고,
친구네 하얀 강아지의 털을 쓰다듬어 줄 때에는 행
복한 마음이 들었을 것입니다.
3 다른 사람의 마음은 그 사람의 표정이나 목소리, 행
동으로 느낄 수 있습니다.
4 친구에게 사과하는 쪽지를 쓸 때에는 다른 사람의
마음을 헤아리며 씁니다.
5 상대가 듣기 좋은 말만 쓰면 내 마음이 제대로 전해
지지 않을 수 있습니다.
6 인물의 마음과 생김새는 관련이 없습니다.

1회 **단원 평가** 도전
86~89쪽

1 ③ **2** ① **3** ⑤ **4** 예 친구가 아파서 걱정되기
때문이다. **5** (1) ○ **6** ④ **7** ② **8** 3교시, 음악
시간 **9** 예 자랑스러운 / 뿌듯한 **10** (1) 예 체육
시간 (2) 예 피구를 하다가 공에 맞음. (3) 예 화난 마
음, 속상한 마음 **11** ① **12** ③ **13** 예 미안해. 화
가 나서 그랬어. 많이 아프니? **14** ③ **15** (1) ○
16 ③, ⑤ **17** (3) ○ **18** 예 친구가 되고 싶어서 생
일 초대 쪽지를 써 본 적이 있다. / 미안한 마음을 전
하려고 쪽지를 써 본 적이 있다. **19** ① **20** (2) ○

풀이 ▶

1 이웃집 아주머니께서 주시는 음식을 받는 상황입니다.

고맙습니다.

2 약속 시간에 늦어서 미안한 마음을 담아 "미안해."라
고 했습니다.
3 기쁜 마음이 들었던 경험을 떠올려 봅니다.
4 "빨리 나아야 해."는 아픈 친구를 걱정하여 위로하는
말입니다.

더 **알아볼까요!**

다른 사람에게 마음을 전해 본 경험 떠올리기
• 화가 났을 때에는 하고 싶은 말이 있어도 잠깐 멈춥니다.
• 말하기 전에 이 말을 하면 상대의 기분이 어떨지 생각합니다.
• 말할 때에는 상대의 마음을 헤아리며 자신의 생각과 마음을 말합
니다.

5 넘어진 친구의 마음을 생각해서 말해야 합니다.

더 **알아볼까요!**

마음을 전할 때에는 상대의 기분을 생각하며 진심으로 말하는 것
이 중요합니다.

6 사회 시간에 발표 차례가 돌아와서 불안하고 걱정스
러운 마음입니다.
7 사회 시간에 발표 차례가 돌아오자 발표하는 게 겁
이 나고 걱정되었습니다.
8 3교시 음악 시간에 일어난 일입니다.
9 규리는 민호에게 리코더 연주를 가르쳐 주어서 기분
이 좋고 자랑스러웠을 것입니다.
10 언제 일어난 일인지, 무슨 일이 있었는지, 어떤 마음
이 들었는지 씁니다.
11 기찬이는 운동에 자신이 없는데 운동회가 다가와서
심술이 났습니다.
12 기찬이는 속상하고 외로웠을 것입니다.

13 진심을 담아 사과하는 말을 써 봅니다.

14 기찬이는 달리기를 못해서 한 바퀴나 차이 나게 달렸습니다.

15 배턴을 주면서 이호에게 한 말이나 웃는 표정 등으로 보아 뿌듯한 마음일 것입니다.

16 직접 만나서 미안하다고는 했지만 표정이나 분위기, 행동 등이 진심이 느껴지지 않았습니다.

17 주은이가 원호에게 바라는 마음을 쓰면 좋습니다.

> **더 알아볼까요!**
>
> **상대에게 자신의 마음을 잘 전했는지 확인하기**
> • 상황에 어울리는 말을 해야 합니다.
> • 대상에 따라 알맞은 높임 표현을 사용해 대화해야 합니다.
> • 상대를 바라보고 상대의 말을 존중하며 대화해야 합니다.

18 무슨 일로 친구에게 쪽지를 썼는지, 그때 친구의 반응은 어땠는지 생각합니다.

19 남자아이의 말이나 행동으로 보아 기쁜 마음이 들었을 것입니다.

20 이 말을 들으면 상대의 기분이 어떨지 생각해 봅니다.

 2회 단원 평가 실전

90～93쪽

1 (1) ⓛ (2) ㉠ (3) ㉢ (4) ㉣　**2** ②　**3** ③　**4** ⓔ 괜찮니? / 다친 데는 없니? / 넘어져서 아프겠다. / 다시 달릴 수 있겠니?　**5** ②, ④, ⑤　**6** ①　**7** 놀이터로 산책 나온 친구네 강아지　**8** (1) ⓔ 규리는 아침에 일어나서 학교에 갔다. (2) ⓔ 수업을 마치고 집으로 가는 길에 놀이터에 들렀다.　**9** ③　**10** (2) ○　**11** ①　**12** ⓔ 이어달리기 점수가 큰데 달리기를 잘하지 못해서 마음이 무거웠을 것 같다.　**13** ②　**14** ④　**15** ②　**16** 10월 넷째 주　**17** ⑤　**18** ⓔ 전화를 걸어서 말하고 싶다. / 직접 만나서 말로 전하고 싶다.　**19** ①　**20** ②

풀이

1 그림에 나타난 마음을 생각해 봅니다.

2 "고맙습니다."라고 음식을 받아서 고마운 마음을 전했습니다.

3 친구가 달리기를 하다가 넘어져서 다른 친구가 위로해 주는 상황입니다.

4 넘어진 친구를 위로하는 마음을 전하는 말을 해야 합니다.

5 상대의 마음을 헤아리며 자신이 할 말을 말해야 합니다.

6 아침에 일어나기 힘들어 하다가 학교에 늦었습니다.

7 집으로 가던 길에 놀이터에서 수호네 강아지를 보았습니다.

8 ㉮는 아침에 일어난 일, ㉯는 방과 후에 수호네 강아지를 만난 일을 썼습니다.

9 아침에 일어나기 싫은데 억지로 일어나서 속상한 마음이 들었고, 집으로 가는 길에 친구네 강아지의 하얀 털을 쓰다듬어 주어서 행복한 마음이 들었습니다.

> **더 알아볼까요!**
>
> **이야기를 듣고 인물의 마음이 어떻게 변했는지 확인하기**
> • 이야기를 듣고 주인공이 한 일이나 겪은 일을 차례대로 말해 봅니다.
> • 주인공이 한 일이나 겪은 일과 그때의 마음을 알맞게 써 봅니다.
> • 시간 흐름에 따라 변하는 주인공의 마음을 그래프로 정리해 봅니다.

10 규리가 겪은 일을 잘 파악해 하고 싶은 말을 합니다.

11 기찬이는 제비뽑기를 해서 '이어달리기'가 쓰인 쪽지를 뽑았습니다.

12 기찬이는 제비뽑기를 하고 나서 울상이 되었습니다.

> **더 알아볼까요!**
>
> **인물의 마음 짐작하는 방법**
> 　글의 내용에서 인물이 처한 상황을 떠올려 보고 그때 인물이 느꼈을 마음을 짐작해보는 것입니다.

13 인물의 상황, 인물의 말이나 생각, 행동을 살펴봅니다.

14 이호가 배가 아파서 화장실에 가 버리는 바람에 기찬이는 이호에게 배턴을 넘겨 줄 수 없었습니다.

15 기찬이는 백군의 마지막 선수와 같은 자리를 뛰었습니다.

16 월 넷째 주에 행사를 하기로 했습니다.

17 예쁜 종이에 마음을 담아 손 편지를 써서 전하자는 의견이 많았습니다.

18 마음을 전하는 여러 가지 표현 방법을 생각해 봅니다.

19 오랫동안 기르던 찌돌이가 죽어서 슬픈 마음이 들 것입니다.

20 "그렇게 하지 말랬잖아!"라는 말을 들으면 상대의 기분이 좋지 않을 것입니다.

창의서술형 평가   94~95쪽

1 (1) 1교시 사회 시간 (2) 방과 후 집으로 가는 길   **2** (1) 예 발표 차례가 다가와서 걱정했다. (2) 예 걱정스러운 마음, 불안한 마음   **3** 예 규리야, 나도 조사 발표 시간에 실수하면 어쩌나 걱정이 되었어. 그래서 더 열심히 발표 준비를 했더니 발표를 잘할 수 있었어.   **4** 예 친구가 게임이나 놀이를 하다가 지게 되면 놀이판을 엎거나 놀이를 방해하는 경우가 있었다. 그래서 서로 마음을 상하게 하는 말을 하게 되어 말다툼을 하게 되었다.   **5** 예 마음이 몹시 상했다. / 점점 화가 나서 마음을 상하는 말을 서로 주고받게 되어 싸움을 하게 되었다.   **6** 예 원호야, 안녕. 나 주은이야. 교실에서 활동할 때 네게 매너 없이 행동하고 제대로 사과하지 못했어. 그리고 사과할 때 장난치듯이 말해서 기분 나빴지? 쑥스러운 마음에 그런 행동을 하게 되었어. 미안해. 앞으로는 예의 있게 행동하고 용기를 내서 제대로 사과를 할게. 앞으로 친하게 지내자.

풀이

1 발표를 하면서 불안했던 경험, 또는 강아지와 관련된 경험을 떠올려 봅니다.

상	각각의 일이 일어난 때를 잘 파악하였다.
중	둘 중 하나의 일이 일어난 때만 파악하였다.
하	정답을 쓰지 못하였다.

2 사회 시간에 발표 차례가 다가와서 걱정했습니다.

상	겪은 일과 그에 맞는 마음을 알맞게 썼다
중	겪은 일과 그에 맞는 마음을 알맞게 썼으나 문장이 어색하다.
하	정답을 쓰지 못하였다.

3 발표를 하면서 불안했던 경험, 또는 강아지와 관련된 경험을 떠올려 봅니다.

상	자신의 경험을 떠올려 하고 싶은 말을 썼다.
중	자신의 경험을 떠올려 하고 싶은 말을 썼으나 문장이 어색하다.
하	정답을 쓰지 못하였다.

4 친구가 서운하게 했던 경험을 생각해 봅니다.

상	만화 영화의 장면과 맞는 경험을 썼다.
중	경험을 썼으나 만화 영화의 장면과는 맞지 않았다.
하	정답을 쓰지 못하였다.

5 거친 말이나 험한 말을 들으면 기분이 좋지 않고 속상할 것입니다.

상	경험에 대한 느낌을 알맞게 썼다.
중	경험에 대한 느낌을 썼으나 문장이 어색하다.
하	정답을 쓰지 못하였다.

6 진심을 담아 정성껏 바른 글씨로 씁니다.

상	쪽지를 쓸 때 주의할 점을 잘 지켜서 썼다.
중	쪽지를 썼으나 주의할 점을 잘 지키지 못하였다.
하	정답을 쓰지 못하였다.

7 글을 읽고 소개해요

개념을 확인해요

97쪽

1 지식 2 다양 3 소개 4 독서 감상문 5 책 내용
6 기억에 남는 부분 7 생각 8 소개 9 쓴사람
10 전체

개념을 다져요

98~99쪽

1 예 친구에게 새로운 지식을 알려 줄 수 있어서 좋
다. 2 책 보여 주며 말하기 3 ② 4 (1) ㉠ (2) ㉡
5 독서 감상문으로 교실을 꾸미는 방법 6 (1) 사건
(2) 내용

풀이

1 이 밖에도 새로운 지식을 알 수 있고, 소개해 준 친
  구와 많은 이야기를 나눌 수도 있습니다.

더 알아볼까요!

글을 읽고 친구에게 소개하면 좋은 점
• 다른 사람에게 새로운 지식을 알려 줄 수 있어서 좋습니다.
• 새로운 지식을 알 수 있어서 좋습니다.
• 소개해 준 친구와 많은 이야기를 나눌 수 있어서 좋습니다.
• 친구가 어떤 책을 좋아하는지 알 수 있어서 좋습니다.
• 읽은 글의 내용을 잘 정리할 수 있어서 좋습니다.
• 자신이 관심 있는 분야를 더 다양하게 생각할 수 있어서 좋습니다.

2 책을 보여 주며 소개할 때에는 책 표지, 인상 깊은
  내용을 모든 친구들이 잘 볼 수 있도록 합니다.

더 알아볼까요!

책 보여 주며 말하기
• 책 표지를 보여 주며 제목을 말하고 책 앞표지나 뒤표지에 있는
  글과 그림을 소개합니다.
• 책 내용 가운데에서 친구들에게 소개하고 싶은 부분을 말합니다.
• 가장 기억에 남는 인상 깊은 부분과 그 까닭을 말합니다.

3 독서 감상문을 쓸 때에는 책 내용 전체를 빠짐없이
  다 쓰지 않고 중요한 내용이나 사건을 골라 써도 됩
  니다.

4 독서 감상문의 내용에 알맞은 특징을 찾아 봅니다.

5 책 나무 환경판 만들어 꾸미기, 독서 감상문을 복도
  에 전시하기, 책 보물상자를 만들어 전시하기는 독
  서 감상문으로 교실을 꾸미는 방법입니다.

6 독서 감상문은 책 전체 내용을 빠짐 없이 쓰는 것이
  아니라 중요한 내용이나 사건, 필요한 내용만 골라
  쓸 수 있습니다.

1회 단원 평가 도전

100~103쪽

1 '앉아서 하는 피구' 2 ①, ② 3 ㉣, ㉡, ㉢, ㉠
4 ①, ④, ⑤ 5 ① 6 ③ 7 빨간색 단풍잎 8
④ 9 ⑤ 10 예 태극기의 흰색에 담긴 마음을 소
개하고 싶다. 태극기에 평화를 사랑하는 마음이 담겨
있다는 것이 인상 깊었기 때문이다. 11 독서 감상
문 12 (1) ㉡ (2) ㉠ (3) ㉢ 13 ③ 14 ⑤ 15 예
아픈 사람을 돌보다. 16 (1) ○ 17 예 학교 도서
관에서 책을 고르다가 『팥죽 할멈과 호랑이』를 읽었다.
호랑이가 할머니를 잡아먹으려다가 할머니의 꾀로 살
게 되는 이야기이다. 호랑이가 송곳에 찔리는 장면이
가장 인상 깊었다. 작은 것도 모이면 큰 힘이 된다는
것을 알게 되었다. 18 (다) 19 ④ 20 타악기

풀이

1 이 글은 '앉아서 하는 피구'를 소개하는 글입니다.

2 ㈎에서 놀이 이름과 준비물을 알 수 있습니다.

3 피구장을 만든 뒤에 편을 나누어 가위바위보로 공격
  할 쪽을 정해서 놀이를 합니다.

4 무릎을 한 쪽이라도 펴서 일어나는 자세가 되면 누
  구든 피구장 밖으로 나가고, 공을 바닥에 굴려서 맞
  힙니다.

5 글을 읽고 친구에게 소개하는 것과 친구와 사이가
  멀어지는 것과는 거리가 멉니다.

6 캐나다 국기에 그려진 설탕단풍 나무는 자연을 뜻합
  니다.

7 캐나다에 많이 자라는 설탕단풍 나무의 잎이 그려져
  있습니다.

8 캐나다 국기를 소개할 때 관련있는 물건을 찾습니다.

9 태극기의 모서리의 사괘는 하늘, 땅, 물, 불을 나타내는 것입니다.

10 글을 읽고 인상 깊은 부분을 찾아봅니다.

11 이 글은 『바위나리와 아기별』을 읽고 쓴 독서 감상문입니다.

12 책을 읽게 된 까닭, 책 내용, 책을 읽은 뒤의 생각과 느낌의 차례로 썼습니다.

13 앞표지에 있는 바위나리와 아기별 그림이 무척 예뻐서 읽게 되었습니다.

14 이 책에서 바위나리를 그리워하며 울다가 빛을 잃은 아기별이 하늘에서 쫓겨나 바다로 떨어진 장면이 가장 기억에 남는다고 하였습니다.

15 낱말이 쓰인 앞뒤 내용을 보고 낱말의 뜻을 짐작해 봅니다.

16 읽은 책을 친구들에게 소개하면 친구들과 더 친해질 수 있는 기회가 됩니다.

17 책 제목, 책을 읽게 된 까닭, 책 내용, 인상 깊은 장면, 책을 읽은 뒤의 생각과 느낌 등을 씁니다.

18 책을 읽게 된 까닭, 줄거리, 인상 깊은 부분, 책을 읽은 뒤의 생각과 느낌의 차례로 쓴 독서 감상문입니다.

19 글 ㈋에 책을 읽은 뒤의 생각과 느낌이 나타나 있습니다.

20 모르는 낱말의 뜻을 짐작하며 글을 읽어 봅니다.

2회 단원 평가 실전

104~107쪽

1 '앉아서 하는 피구' **2** ①, ②, ④ **3** ⑤ **4** 친구에게 새로운 지식을 알려 줄 수 있다. / 소개해 준 친구와 더 많은 이야기를 나눌 수 있다. **5** (1) ○ **6** ② **7** 독수리가 내려앉은 곳 **8** ㉐ 멕시코 국기에는 독수리가 그려져 있고, 여기에는 멕시코의 전설이 담겨 있다. **9** ⑤ **10** ③ **11** 『바위나리와 아기별』 **12** ㉐ 외로운 바위나리와 아기별은 친구가 되어 즐겁게 놀다가 만나지 못해 슬퍼하다가 바위나리와 아기별은 모두 바다에 떨어졌다. **13** ①, ②, ④ **14** (1) 글 ㈎ (2) 글 ㈏ **15** ⑤ **16** ①, ②, ④ **17** ④ **18** ① **19** ㉐ 열차에 탐정 사무소가 있다는 것이 신기하기 때문이다. **20** 할게요

풀이

1 이 글은 '앉아서 하는 피구'를 소개하는 글입니다.

2 준비물과 놀이 이름, 놀이 규칙에 대해 소개한 글입니다.

3 어느 한 편의 친구가 모두 밖으로 나갔을 때 놀이가 끝납니다.

4 글을 읽고 친구에게 소개하면 새로운 지식을 나눌 수 있고, 자신의 관심 있는 분야를 더 다양하게 생각할 수 있습니다.

5 ⑴의 친구가 놀이 이름과 준비물, 규칙을 말했습니다.

6 독수리와 독사와 선인장에 대한 아즈텍족의 전설이 담겨 있습니다.

7 독사를 물고 날아가는 독수리가 선인장 위에 앉으면 그곳에 도시를 세우라고 했습니다.

8 글의 내용에서 소개하고 싶은 부분을 찾아봅니다.

9 미국이 처음 나라를 세울 때 13개의 주가 있었음을 의미합니다.

10 '노랫말 바꾸어 부르기'는 노랫말을 책을 소개하는 내용으로 바꾸어 부르는 방법입니다.

더 알아볼까요!

책을 소개하는 방법
• 책 보여 주며 말하기
• 노랫말 바꾸어 소개하기
• 새롭게 안 내용을 그림으로 보여 주며 소개하기
• 책갈피 만들어 소개하기
• 책 보물 상자 만들어 소개하기

11 『바위나리와 아기별』을 읽고 쓴 글입니다.

12 바위나리와 아기별의 이야기를 간추려 봅니다.

13 글 ㈎에 책 제목과 책을 읽게 된 까닭, 글 ㈏와 ㈐에 책 내용이 나타나 있습니다.

더 알아볼까요!

독서 감상문의 특징

책을 읽게 된 까닭	그 책을 어떻게 읽게 되었는지를 말하는 것
책 내용	책에 있는 이야기의 줄거리나 책에 담긴 중요한 정보
인상깊은 부분	책 내용 가운데에서 읽은 사람에게 가장 기억에 남는 부분
책을 읽은 뒤에 든 생각이나 느낌	책을 읽고 나서 읽은 사람이 떠올린 생각이나 느낌

14 글 ㈎는 인상 깊은 부분, 글 ㈏는 책을 읽은 뒤에 든 생각이나 느낌입니다.

15 바위나리처럼 외로운 친구가 있는지 생각해 보고 아기별과 같은 친구가 되겠다고 했습니다.

16 책 내용을 빠짐없이 다 쓰는 것이 아니라 이야기의 줄거리나 중요한 정보를 씁니다.

17 나뭇잎 모양으로 환경판을 만들어 꾸몄습니다.

18 이 글의 내용을 읽고, 책 내용과 관련 있는 낱말을 생각해 봅니다.

19 가장 인상 깊거나 중요한 낱말을 보물 상자에 넣을 수 있습니다.

20 어떤 행동에 대한 약속이나 의지를 나타낼 때 쓰이는 '~ㄹ게'는 [께]로 소리 나더라도 '게'로 적어야 합니다.

창의서술형 평가
108~109쪽

1 (1) 빨간색 단풍잎 (2) 자연　**2** ⑩ 세계 그림그리기 대회에서 상을 받았을 때　**3** ⑩ 우리나라 국기인 무궁화를 그려 넣고 싶다. 무궁화에 담긴 뜻은 일편단심 나라를 사랑하는 마음을 뜻한다.　**4** ⑩ 앞표지에 있는 바위나리와 아기별 그림이 무척 예뻐서 내용이 궁금했다.　**5** ⑩ 바위나리를 그리워하며 울다가 빛을 잃은 아기별이 하늘 나라에서 쫓겨나 바다로 떨어진 장면이 가장 기억에 남는다. 왜냐하면 살아 있을 때에는 만나지 못하다가 죽은 뒤에야 같이 있을 수 있게 된 것이 너무 슬펐기 때문이다.　**6** ⑩ 『팥죽 할멈과 호랑이』에서 호랑이가 차례대로 알밤과 자라, 송곳한테 혼나는 것이다. 이 장면이 가장 신나고 통쾌했기 때문이다.

풀이

1 캐나다 국기에는 빨간색 단풍잎이 그려져 있습니다.

상	글을 읽고 빈칸에 알맞은 말을 썼다.
중	비슷한 답을 썼다.
하	정답을 쓰지 못하였다.

2 세계에 우리나라를 나타낼 때가 언제인지 생각해서 씁니다.

상	국기가 필요한 때를 알맞게 썼다.
중	국기가 필요한 때를 썼으나 문장이 어색하다.
하	정답을 쓰지 못하였다.

3 국기에 어떤 뜻을 담을 것인지 정하고 무엇을 그릴지 생각해 봅니다.

상	국기의 모양과 의미를 잘 썼다.
중	답을 썼으나 의미가 잘 드러나지 않았다.
하	정답을 쓰지 못하였다.

4 글 ㈎에 책을 읽게 된 까닭이 나타나 있습니다.

상	책을 읽게 된 까닭을 찾아 알맞게 썼다.
중	책을 읽게 된 까닭을 찾아 썼으나 문장이 어색하다.
하	정답을 쓰지 못하였다.

5 독서 감상문에서 나타내고 싶은 생각을 떠올려 본 뒤, 정한 형식의 짜임에 맞게 쓸 내용을 생각해 봅니다.

상	자신의 생각이 잘 드러나게 썼다.
중	인상 깊은 부분을 썼으나 까닭이 잘 드러나지 않았다.
하	정답을 쓰지 못하였다.

6 책을 읽고 가장 기억에 남는 장면을 생각해서 씁니다.

상	자신의 생각이 잘 드러나게 썼다.
중	인상 깊은 부분을 썼으나 까닭이 잘 드러나지 않았다.
하	정답을 쓰지 못하였다.

8 글의 흐름을 생각해요

개념을 확인해요
111쪽

1 시간 2 원인 3 방법 4 차례 5 변화 6 장소 7 시간 8 차례 9 일 10 사건

개념을 다져요
112~113쪽

1 ⑤ 2 일 차례를 알려 주는 낱말에 주의하며 글을 간추린다. 3 ⑤ 4 (1) 시간 (2) 장소 5 장소 변화 6 (3) ○ (4) ○

풀이 ▶

1 모든 이야기를 시간 흐름대로 정리할 수 있는 것은 아닙니다.

2 일하는 방법을 설명한 글에는 차례가 있어서 반드시 지켜야 할 때가 많습니다.

3 시간 흐름에 따라 쓴 글은 시간 차례대로 간추려야 합니다.

4 열 시, 열한 시 등은 시간 흐름을 알 수 있게 해 주는 표현이고, 학교, 직업 체험관 등은 장소의 변화를 알 수 있게 해주는 말입니다.

5 옛길을 안내하는 글을 쓸 때에는 장소 변화에 따라 글을 씁니다.

6 일의 방법에 따라 글의 내용을 파악하려면 차례와 관련된 중요한 내용을 파악하고, 시간의 흐름에 따라 사건이 어떻게 변했는지 확인해야 합니다.

1회 단원 평가 도전
114~117쪽

1 '커졌다 작아졌다' 마법 열매를 먹어서 2 ㉠, ㉢, ㉡ 3 (2) ○ 4 ①, ③, ⑤ 5 ㉠ 6 ③ 7 감기약은 물과 함께 먹어야 한다. 8 ② 9 고인돌 박물관, 동림 저수지 10 ① 11 ②, ⑤ 12 ①, ②, ③ 13 ④ 14 ④ 15 예 오후 한 시에 소방관 체험을 했다. 16 괴산 17 예 글 (개)의 한지 소개는 일 차례, 글 (내)는 시간 차례의 흐름으로 썼다. 18 ④ 19 ③ 20 오후에

풀이 ▶

1 할아버지는 '커졌다 작아졌다' 마법 열매를 먹어서 작아졌습니다.

2 작아진 할아버지가 베짱이가 짜 준 베 덕분에 '커졌다 작아졌다' 마법 열매를 얻었습니다.

3 세 가닥 땋기의 차례를 알려 주는 글입니다.

4 일의 차례를 알려 주는 말을 찾아봅니다.

더 알아볼까요!

차례가 나오는 말 뒤에 중요한 내용이 있습니다.

5 ㉠, ㉢, ㉡의 차례로 땋아야 합니다.

6 이 글은 감기약을 먹는 방법을 알려 주는 글입니다.

7 이 글은 감기약을 먹는 방법을 중심으로 중요한 내용을 찾아 씁니다.

8 이 글은 여행을 다녀와서 쓴 글이라서 장소 변화에 따라 간추리는 것이 알맞습니다.

9 고인돌 박물관에 갔다가 동림 저수지로 이동했습니다.

더 알아볼까요!

장소 변화에 따라 글의 내용 간추리기
• 장소 변화에 따라 사건이 달라지는 이야기는 어떤 장소에서 어떤 일이 일어났는지 생각하며 들으면 쉽게 간추릴 수 있습니다.
• 이동한 장소에 따라 겪은 일 가운데에서 중요한 일을 간추려 봅니다.
• 친구가 간추린 것을 들으며 장소와 일어난 일이 올바른지, 중요한 내용이 빠지지 않았는지 생각해 봅니다.

10 고인돌 박물관에 가서 고인돌의 역사를 알았습니다.

11 점심을 먹기 전에 간 곳은 소품 설계관과 제빵 학원입니다.

12 열한 시, 열두 시, 오후 한 시라는 말로 시간 흐름을 알 수 있습니다.

더 알아볼까요!

시간 흐름에 따라 내용을 파악하면 좋은 점
• 사건이 일어난 차례대로 정리할 수 있습니다.
• 전체 내용을 잘 이해할 수 있습니다.
• 내용이 한눈에 들어옵니다.
• 사건의 원인과 결과가 잘 파악됩니다.

13 소품 설계관에서 소품을 직접 만들었습니다.

14 관심이 없었는데 체험해 보니 적성에 잘 맞고 보람도 있다고 했습니다.

15 오후 한 시에 소방관 체험을 했습니다.

16 이 글은 괴산을 소개하는 글입니다.

17 일 차례, 시간 차례, 장소의 변화 중 무엇의 흐름으로 썼는지 살펴봅니다.

18 술래잡기하는 방법을 알려 주는 글입니다.

19 차례를 나타내는 말을 생각해 봅니다.

20 '오후에'는 시간을 알려 주는 낱말입니다.

2회 단원 평가 실전

118~121쪽

1 (1) 실 팔찌 (2) 감기약　2 첫 번째, 두 번째, 세 번째　3 ㉢, ㉡, ㉠　4 ①　5 예 글 ㉮는 일 차례가 정해져 있고, 글 ㉯는 일 차례가 정해져 있지 않다.
6 ①　7 (1) 동림 저수지 (2) 선운사 (3) 예 물 위로 날아오르는 가창 오리를 구경했다. (4) 예 아름다운 동백나무 숲을 보았다.　8 ③　9 곤충관, 열대조류관
10 ⑤　11 ⑤　12 제빵 학원, 소방관 체험　13 ④
14 ⑤　15 예 열한 시에 제빵 학원으로 가서 크림빵을 만들었다. 오후 한 시에 소방관 체험 활동을 했다.　16 (1) ㉠ (2) ㉡　17 ③, ④　18 (3) ○ (4) ○
19 ㉠, ㉡, ㉣, ㉢　20 시청 청사

풀이

1 글 ㉮와 ㉯는 모두 일하는 방법을 알려 주는 글입니다.

2 '첫 번째'와 같은 차례를 나타내는 말 뒤에 중요한 내용이 있습니다.

3 실 세 가닥을 잡고 매듭을 지은 뒤에 그 매듭을 책상에 붙여서 세 가닥 땋기를 합니다.

4 감기약은 끝까지 먹는 게 좋다고 알려 주었습니다.

5 글 ㉮는 차례가 정해져 있고, 글 ㉯는 차례가 정해져 있지 않습니다.

「실 팔찌 만들기」와 「감기약을 먹는 방법」을 비교하기

구분	실 팔찌 만들기	감기약을 먹는 방법
비슷한 점	일을 하는 방법을 알려 준다.	
다른점	• 물건을 만드는 차례를 알려 준다. • 차례가 정해져 있다.	• 일할 때 주의할 점을 알려 준다. • 차례가 정해져 있지 않다.

6 이 글은 여행을 하고 난 뒤에 쓴 글입니다.

7 동림 저수지와 선운사에서 한 일을 간추려 봅니다.

8 이 글은 동물원에서 이동한 차례대로 간추려야 합니다.

9 '곤충관, 야행관, 열대조류관'의 차례로 이동했습니다.

10 곤충관에서 톱사슴벌레가 가장 관심이 갔다고 했습니다.

11 직업 체험관을 갔다온 뒤에 시간 흐름과 장소 변화에 따라 쓴 글입니다.

더 알아볼까요!

「즐거운 직업 체험」에서 글의 흐름을 알 수 있는 부분 찾기

시간 흐름을 알 수 있는 부분	열 시, 열한 시, 열두 시, 한 시
장소 변화를 알 수 있는 부분	학교, 직업 체험관, 소품 설계관, 제빵 학원, 중앙 광장, 소방관 체험

12 오전에 제빵 학원 체험을 하고, 오후에는 소방관 체험을 했습니다.

13 열시, 열한 시, 오후 한 시, 두 시의 시간 흐름대로 쓴 글입니다.

14 선생님께서 나누어 주신 밀가루로 크림빵을 만들었습니다.

15 제빵 학원과 소방관 체험 활동을 간추려 씁니다.

더 알아볼까요!

글의 흐름에 따라 내용을 간추리는 방법
• 시간 흐름으로 쓴 글은 시간의 차례대로 간추려야 합니다.
• 일 차례를 설명한 글은 일의 차례가 잘 드러나게 간추립니다.
• 장소가 바뀌면서 사건이 변하는 글은 장소의 바뀜과 그 장소에서 일어난 일을 중심으로 간추립니다.

16 글 ㉮는 시간 흐름, 글 ㉯는 장소 변화의 흐름으로 쓴 글입니다.

17 글 ㉮에서는 지명의 변화, 글 ㉯에서는 옛길을 소개했습니다.

18 원인에 따라 결과가 일어나고, 같은 장소라도 시간에 따라 다른 사건이 생길 수 있습니다.

19 '먼저, 두 번째, 세 번째, 끝으로'의 차례가 알맞습니다.

일하는 방법에 따라 내용을 파악하며 글을 읽을 수 있는지 확인하기
• 차례를 나타내는 말과 차례와 관련된 중요한 내용을 파악해야 합니다.
• 시간을 나타내는 말을 찾아보고, 시간의 흐름에 따라 장소나 사건이 어떻게 변했는지 확인해야 합니다.

20 시청 청사에서 청사 밖을 거닐었다는 내용의 글입니다.

창의서술형 평가

122~123쪽

1 (1) 일 차례 (2) 실 팔찌 만드는 방법   **2** 첫 번째, 두 번째, 세 번째, 네 번째, 마지막으로   **3** 예 서로 다른 색깔의 실 세 가닥을 함께 잡고 매듭을 짓고, 셀로판테이프로 매듭 위쪽과 책상을 붙인다. 실 세 가닥을 잡고 세 가닥 땋기를 한다. 끝 쪽에 매듭을 짓는다. 마지막으로 양쪽 끝을 연결한다.   **4** 예 열 시에 직업 체험관에 도착하여 소품 설계관으로 갔다. 열한 시에 디자이너체험이 끝나고 제빵 학원으로 갔다.
5 예 직업 체험관에 도착해서 가장 먼저 소품 설계관에서 소품을 만들었고, 열한 시에 제빵 학원에 가서 크림빵을 만들었다.   **6** (1) 예 방송국 (2) 예 아나운서가 되어 뉴스를 전하고 싶다.

풀이

1 실 팔찌 만드는 방법을 알려 주는 글입니다.

상	글의 특징을 알맞게 파악하여 썼다.
중	글의 특징을 일부분만 파악하여 썼다.
하	정답을 쓰지 못하였다.

2 먼저 할 일과 나중에 할 일을 알려 주는 말을 찾아봅니다.

상	국기가 필요한 때를 알맞게 썼다.
중	국기가 필요한 때를 썼으나 문장이 어색하다.
하	정답을 쓰지 못하였다.

3 중요한 내용을 차례대로 정리해 봅니다.

상	일 차례에 따라 글을 간추렸다.
중	일 차례에 따라 글을 간추렸으나 문장이 어색하다.
하	정답을 쓰지 못하였다.

4 시간 흐름에 따라 장소가 어떻게 변하였는지 씁니다.

상	시간 흐름에 따른 장소 변화를 잘 파악하여 썼다.
중	시간 흐름에 따른 장소 변화를 잘 파악하여 썼으나 문장이 어색하다.
하	정답을 쓰지 못하였다.

5 어디에서 어떤 체험을 했는지 간추려 씁니다.

상	글의 흐름에 따라 간추리는 법을 알고 글을 간추렸다.
중	글의 흐름에 따라 간추리는 법을 알고 글을 간추렸으나 문장이 어색하다.
하	정답을 쓰지 못하였다.

6 방송국, 은행, 공항, 병원 등 체험하고 싶은 곳을 정해서 알맞은 활동을 씁니다.

상	자신이 체험하고 싶은 직업의 견학 계획을 잘 썼다.
중	자신이 체험하고 싶은 직업의 견학 계획을 잘 썼으나 문장이 어색하다.
하	정답을 쓰지 못하였다.

9 작품 속 인물이 되어

개념을 확인해요 125쪽

1 비슷한 **2** 말, 행동 **3** 성격 **4** 어울리는 **5** 직접 **6** 실감 나게 **7** 적절한 **8** 물건 **9** 상대 **10** 발표

개념을 다져요 126~127쪽

1 성격 **2** 인물의 말과 행동을 보고 알 수 있다. **3** 표정, 몸짓, 말투 **4** ② **5** 예 다른 모둠이 발표할 때 연습하지 않는다. **6** (1) 먹으려고 (2) 가려고

풀이

1 이야기 속 인물의 성격을 짐작할 때에는 이야기 속 인물과 비슷한 말이나 행동을 하는 친구의 성격을 생각해 봅니다.
2 이야기 속 인물의 말과 행동을 보면 인물의 성격을 알 수 있습니다.
3 인물에게 어울리는 표정, 몸짓, 말투를 상상하며 이야기를 읽으면 작품을 훨씬 생생하고 깊이 있게 읽을 수 있습니다.
4 한 사람이 여러 가지 역할을 맡거나 한 가지 역할을 여러 명이 나누어 맡아도 좋습니다.
5 다른 모둠이 연극을 발표하는 동안 연습을 하거나 이야기를 하지 않고 집중해서 봐야 합니다.
6 '-(으)려고'가 바른 표기입니다.

1회 단원 평가 도전 128~131쪽

1 『플랜더스의 개』 **2** 『해님 달님』 **3** (1) 옛날옛날 (2) 코로로 언덕 **4** ④ **5** 예 무시 당한 것 같아서 기분이 상했다. **6** ⑤ **7** ⑤ **8** 호랑이 **9** ② **10** 예 크고 당당한 말투, 소나무와 길이 자기 편을 들어 주어 신이 난 말투 **11** ④ **12** ② **13** 예 재빨리 자물쇠를 잠그듯이 **14** 치우 **15** ⑤ **16** ㉢, ㉡, ㉠ **17** ①, ②, ④ **18** 눈, 달님 **19** ① **20** (1) ㉡ (2) ㉠

풀이

1 읽은 책을 떠올려 보고, 이야기에 누가 나오는지 생각해 봅니다.
2 이야기의 줄거리를 생각해 봅니다.
3 글의 처음 부분에서 옛날에 코로로 언덕에서 일어난 일임을 알 수 있습니다.
4 산토끼 무툴라는 투루를 보고 반갑게 인사를 했습니다.
5 상냥하게 인사를 했는데 받아주지 않아서 기분이 상했을 것입니다.

더 알아볼까요!

글을 읽고 인물에 대해 이야기하기
이야기 속 인물의 성격을 짐작할 때에는 이야기 속 인물과 비슷한 말이나 행동을 하는 친구가 어떤 성격인지 생각해 보면 좋습니다. 또 자신이 이야기 속 인물이라면 어떤 말이나 행동을 할지 생각해 봅니다.

6 '나오는 인물'에서 연극에 등장하는 인물을 알 수 있습니다.
7 사냥꾼 둘이 궤짝에 든 호랑이를 두고 목이 말라 물을 마시러 마을로 내려갔습니다.
8 소나무와 길은 모두 호랑이 편을 들었습니다.
9 호랑이는 은혜를 모르고 나그네를 잡아먹으려는 뻔뻔한 성격입니다.

더 알아볼까요!

인물의 성격은 인물의 말과 행동을 보고 알 수 있습니다.

10 뻔뻔한 성격에 어울리는 말투를 생각해서 씁니다.
11 호랑이가 들어가는 궤짝이 필요합니다.
12 토끼가 호랑이를 다시 궤짝으로 들어가게 하려고 일부러 못 알아들은 척 하자 호랑이는 답답해했습니다.
13 호랑이를 다시 궤짝에 갇히게 하는 순간이므로 빠르고 침착하게 움직여야 할 것입니다.
14 호랑이에게 나그네를 구해 주어 기쁘고 통쾌했을 것입니다.
15 연극 공연을 마친 뒤에 연극의 준비, 발표, 감상 과정에서 잘한 점과 부족한 점을 되돌아봅니다.
16 대본을 소리 내어 혼자서 연습한 뒤에 친구와 함께 연습하고 맨 나중에 장면 전체를 연습합니다.
17 조용히 연극을 보고, 다른 친구들이 연습할 때 연습하지 않습니다.

연극 관람 예절
• 다른 모둠이 발표할 때 연습하지 않습니다.
• 발표를 끝낸 친구에게 박수를 보냅니다.
• 이야기를 하지 않습니다.
• 집중해서 봅니다.

18 눈과 달님이 이야기를 나누고 있습니다.
19 눈은 신나는 마음으로 하늘에서 내려왔습니다.
20 ㉠은 화난 표정, ㉡은 인자한 표정이 어울립니다.

2회 단원 평가 실전

132~135쪽

1 줄다리기   2 ②   3 지윤   4 ②   5 예 웃음이
나오려는 것을 억지로 참고 읽는다. / 신이 난 목소
리로 휘파람을 불듯이 입술을 모은다.   6 ④   7 예
살려 달라고 간절하게 말하는 장면이므로 간절한 말
투가 어울린다. / 살려 달라고 애원하는 말투가 어
울린다.   8 호랑이와 나그네 가운데에서 누가 옳은
가?   9 ⑤   10 예 호랑이 편만 드는 길이 야속했
을 것이다.   11 ②, ③, ⑤   12 ⑤   13 (1) ○   14
(1) 예 답답하다. / 화를 잘 낸다. (2) 예 (답답하다는
듯이 화를 내며) 왜 이렇게 말귀를 못 알아듣지? (3)
예 답답해서 가슴을 치며 큰 소리로   15 준석, 여주
16 ①, ⑤   17 (1) ○   18 바가지   19 ③   20 (1)
㉠ (2) ㉡

풀이 ▶

1 무툴라는 자신을 무시하는 투루를 골려 주기 위해
 줄다리기를 하자고 했습니다.
2 투루는 거만하고 다른 사람을 무시하는 말과 행동을
 했습니다.
3 무툴라는 투루와 쿠부를 골려 줄 꾀를 가지고 있어
 서 자신만만하고 당당하게 말하는 것이 알맞습니다.
4 쿠부는 미련하게 줄을 당겼습니다.
5 무툴라는 투루와 쿠부를 골탕먹이려는 생각으로 신
 이 났을 것입니다.
6 나그네는 호랑이의 부탁을 무시하지 못하고 잡아먹
 힐지도 모르는데도 호랑이를 구해 주었습니다.
7 살려 달라고 간절하게 애원하는 말투가 어울립니다.

「토끼의 재판」앞부분 이야기를 읽고 등장인물의 성격에 알맞은 말투 상상하기

호랑이	• 호랑이는 자신을 구해 준 나그네를 잡아먹으려고했다. 그러니 고마움을 모르는 성격이다. • 살려 달라고 사정할 때에는 간절한 말투로 말할 것이다.
나그네	• 나그네는 호랑이의 부탁을 무시하지 못한 점으로 보아 남을 걱정하고 잘 돕는 성격이다. • 호랑이가 잡아먹으려고 할 때에는 억울한 말투로 말할 것이다.

8 나그네와 호랑이는 누가 옳은지 길에게 물었습니다.
9 나그네는 재판에서 모두 호랑이 편을 들어 주어 풀
 이 죽었습니다.
10 나그네의 말과 행동으로 보아 호랑이에게 배신감을
 느끼고 길에게 서운함을 느꼈을 것입니다.
11 토끼와 호랑이, 나그네가 등장하는 장면입니다.
12 토끼가 호랑이를 다시 궤짝으로 들어가게 하려고 일
 부러 못 알아들은 척 꾀를 냈습니다.
13 토끼가 나그네를 구한 장면에서 지혜롭고 꾀가 많다
 는 것을 알 수 있습니다.
14 호랑이는 토끼가 자신의 말을 이해하지 못해서 답답
 한 마음이고 급하고 화를 잘 내는 성격입니다.

알맞은 표정, 몸짓, 말투를 생각하며 극본 읽기
• 인물의 말과 행동을 보고 인물의 성격을 짐작하면 어울리는 표정, 몸짓, 말투를 상상할 수 있습니다.
• 주변에서 비슷한 성격의 인물이 어떠한 표정, 몸짓, 말투를 사용하는지 떠올려 봅니다.
• 자신이 그 인물이라면 어떠한 표정, 몸짓, 말투를 사용할지 생각해 봅니다.

15 대본 속의 것과 똑같은 것이 아니라도 간단히 준비
 하거나 그림으로 나타내거나 없는 소품은 있다고 생
 각하고 표현해도 됩니다.

연극 준비하기
• 어떤 모둠이 어느 부분을 공연할지 정해 봅니다.
• 연극 소품은 평소 사용하는 물건이나 재활용품으로 간단히 준비합니다.
• 없는 소품은 그림으로 그리거나 있다고 표현해도 됩니다.
• 역할을 정해 봅니다.
• 극본에서 인물의 표정, 몸짓, 말투를 알려주는 부분을 찾아보고, 그것을 실감 나게 읽을 수 있도록 상상해 봅니다.

16 무대 가운데에 서서, 말을 주고받을 때 상대를 바라보되, 연극을 보는 친구들에게도 모습이 잘 보여야 합니다.

17 자신이 맡은 역할을 충실히 해야 하고, 인물에게 어울리는 말투로 표현합니다.

18 농부는 개구리가 불쌍해서 쌀과 바꾸었다고 했습니다.

19 농부의 아내는 쌀을 기대했다가 없어서 실망했습니다.

20 농부의 아내는 실망스러운 마음이었다가 깜짝 놀라며 신나는 마음으로 바뀌었습니다.

창의서술형 평가

136~137쪽

1 투루, 쿠부   **2** ⓔ 고개를 뒤로 젖히고, 큰 목소리로 거들먹거리며 말한다.   **3** (1) ⓔ 용기가 있다. / 자신만만하다. (2) 난 줄다리기를 하면 널 언제든 이길 수 있어!   **4** (1) ⓔ 궤짝에서 나오자마자 나그네를 잡아먹으려고 한 것은 너무 한 것이 아닌가요? (2) ⓔ 나그네에게 미안하지만, 배가 고파서 어쩔 수 없었어요.   **5** (1) ⓔ 뻔뻔하다. / 고마움을 모른다. (2) ⓔ 하하, 궤짝 속에서 한 약속을 궤짝 밖에 나와서도 지키라는 법이 어디 있어?   **6** 억울한 / 놀라는

풀이 ▶

1 무툴라가 꾀를 내어 투루와 쿠부가 줄다리기를 하게 되었습니다.

상	글에 나타나는 인물을 잘 파악하였다.
중	글에 나타나는 인물을 어느 정도 파악하였다.
하	정답을 쓰지 못하였다.

2 투루가 화를 내며 거만하게 하는 말입니다.

상	상황에 맞는 표정, 몸짓, 말투를 모두 알맞게 썼다.
중	상황에 맞는 표정, 몸짓, 말투를 일부분 썼다.
하	정답을 쓰지 못하였다.

3 무툴라의 말과 행동을 보고 성격을 짐작해 봅니다.

상	글에서 인물의 성격이 나타나는 부분을 잘 찾아 썼다.
중	글에서 인물의 성격이 나타나는 부분을 찾아 썼으나 문장이 어색하다.
하	정답을 쓰지 못하였다.

4 글의 내용을 살펴보고 질문거리를 생각해 봅니다.

상	질문과 그에 대한 대답을 알맞게 썼다.
중	질문과 그에 대한 대답을 알맞게 썼으나 문장이 어색하다.
하	정답을 쓰지 못하였다.

5 호랑이의 말과 행동을 살펴봅니다.

상	호랑이의 말이나 행동에서 그의 성격이 나타나는 부분을 알맞게 찾아 썼다.
중	호랑이의 말이나 행동에서 그의 성격이 나타나는 부분을 찾아 썼으나 문장이 어색하다.
하	정답을 쓰지 못하였다.

6 나그네는 호랑이가 약속을 지키지 않아서 놀라고 억울했을 것입니다.

상	나그네의 성격을 잘 파악하고 알맞은 말투를 썼다.
중	나그네의 성격을 파악하여 썼으나 내용이 미흡하다.
하	정답을 쓰지 못하였다.

정답과 풀이

1회 100점 예상문제

1 ⑤ **2** ① **3** (1) ○ (2) ○ (3) × **4** ① **5** 예 쪼 그리고 앉아서 놀란 표정으로 목소리를 높이며 **6** 서영 **7** ①, ④, ⑤ **8** ②, ③ **9** 갯벌에서는 기후를 조절하고 홍수를 줄여주는 역할을 한다. **10** ⑤ **11** (1) ㉠ (2) ㉢ (3) ㉡ (4) ㉣ **12** ㉣, ㉢, ㉠, ㉡ **13** (1) 예 지난밤 (2) 예 우리 집 (3) 예 동생 주혁이가 아팠다. (4) 예 마음이 아프고 동생이 얼른 낫기를 바랐다. **14** 마음이 아팠다.∨동생이 얼른 나았으면 좋겠다. **15** ③ **16** ① **17** ①, ③, ④ **18** (2) ○ **19** ④ **20** 예 하늘에 떠 있는 구름을 시로 쓰고 싶다.

풀이 ▶

1 표정, 몸짓, 말투에 주의하며 말하면 자신의 생각을 더 생생하게 잘 전달할 수 있습니다.

2 궁에 갈 수 있어서 기쁜 마음에 눈물을 흘리며 좋아했을 것입니다.

3 가늘고 작은 목소리가 어울립니다.

4 부벨라는 지렁이가 덩치가 큰 자신을 무서워하지 않아서 놀랐습니다.

5 덩치가 큰 부벨라가 지렁이와 어떤 마음으로 대화를 나누었을지 상상해 봅니다.

6 알고 있었던 내용과 다른 내용을 비교하며 읽어야 합니다.

7 '첫째, 셋째' 다음에 나오는 중요한 내용을 살펴봅니다.

8 갯벌은 홍수를 줄여주고 기후를 조절한다고 했습니다.

9 문단에서 가장 중요한 문장을 찾아봅니다.

10 문단의 중심 문장과 글의 제목을 보고 중심 생각을 찾아봅니다.

11 언제, 어디에서, 무슨 일이 있었는지, 그때 어떤 생각이나 느낌이 들었는지의 차례로 기억에 남는 일을 정리했습니다.

12 무엇을 쓸지 정해서 쓸 내용을 간단히 정리한 뒤에 글을 쓰고, 고쳐쓰기를 합니다.

> **더 알아볼까요!**
>
> **자신의 경험에서 인상 깊은 일을 글로 쓰는 방법 알기**
> • 겪은 일 가운데에서 어떤 일을 글로 쓸지 정합니다.
> • 쓸 내용을 정리합니다.
> – 언제, 어디에서, 누구와 있었던 일인지 정리합니다.
> – 무슨 일이 있었는지 자세히 떠올립니다.
> – 어떤 마음이 들었는지 생각합니다.
> • 글을 씁니다.
> • 고쳐쓰기를 합니다.

13 지난밤 동생이 아팠던 일을 쓴 글입니다.

14 문장이 이어질 때, 마침표나 쉼표 뒤에 오는 말은 띄어 씁니다.

> **더 알아볼까요!**
>
> **띄어쓰기를 바르게 하면 좋은 점**
> • 하고자 하는 뜻을 정확히 전할 수 있습니다.
> • 글을 읽는 사람도 편하게 읽을 수 있습니다.

15 '이/가, 을/를, 은/는, 의' 등과 같은 말은 앞말에 붙여 씁니다.

16 이 시에서는 '감기'가 들어왔다고 사실적으로 표현하지 않고, '불덩이, 몹시 추운 사람, 거북이, 잠꾸러기'가 들어왔다고 감각적으로 표현했습니다.

17 말하는 이는 감기에 걸려서 졸리고 열이 많이 나고 몸이 무거운 상태입니다.

18 감기에 걸린 상태이므로 즐거운 목소리는 어울리지 않습니다.

19 말하는 이는 천둥소리를 아이들이 운동장으로 뛰쳐나가는 소리라고 감각적으로 표현했습니다. 천둥소리에 깜짝 놀랐다는 것은 알 수 없습니다.

> **더 알아볼까요!**
>
> **천둥이 치는 까닭**
> 구름과 구름, 구름과 땅 사이에서 아주 센 정전기 현상이 나타날 때 빛으로 보이는 것이 번개이고, 천둥은 흐르는 전하의 높은 에너지 때문에 발생한 소리를 말합니다. 이때 소리의 속력은 340m/초이고, 빛의 속력은 30만 km/초로, 빛이 소리보다 훨씬 빠릅니다. 따라서 번개가 먼저 보이고, 몇 초 후에 천둥 소리가 들리게 되는 것입니다.

20 자신이 관심 있는 대상을 자세히 관찰해 봅니다.

2회 100점 예상문제

1 (1) ○ **2** ⓔ 사과주스가 사물이라 높임 표현을 쓸 수 없기 때문이다. **3** ⑤ **4** ⑤ **5** (3) ○ **6** ③ **7** ③ **8** ⓔ 친구와 놀이터에서 재미있게 놀이를 했다. / 급식 시간에 맛있는 음식을 먹었다. **9** ④ **10** (2) ⓔ 자신이 가르쳐 준 민호의 리코더 연주 실력이 조금씩 나아지고 있어서 **11** ④ **12** ② **13** (1) ○ **14** 독서 감상문 **15** ① **16** ⓔ 셀로판테이프로 매듭 위쪽과 책상을 붙인다. 그다음에 실 세 가닥을 잡고 세 가닥 땋기를 한다. **17** 열 시, 열한 시, 오후 한 시 **18** ①, ②, ③ **19** ⑤ **20** ⓔ 살려 달라고 사정할 때에는 간절한 말투가 어울린다.

풀이

1 남자아이가 사과 주스를 주문하는 상황입니다.

2 친구나 동생, 사물에 높임 표현을 사용하는 것처럼 지나친 높임 표현 사용도 잘못된 언어 예절입니다.

3 전화를 건 지원이가 자신이 누구인지를 밝히지 않아서 민지가 전화를 건 사람이 누구인지 몰랐습니다.

더 알아볼까요!

> **전화할 때의 바른 대화 예절 알기**
> 전화 대화를 할 때에는 상대의 얼굴을 보지 않은 채로 자신의 말을 전하고 다른 사람의 말을 듣습니다. 그렇기 때문에 다른 사람의 입장을 배려하며 대화하고 상대의 표정이나 몸짓이 어떨지 생각하며 잘 들으려고 노력해야 합니다.

4 지원이는 물통을 들고 학교 앞 문구점에 미술 준비물로 산 것이라고 말했지만, 전화 통화에서는 상황을 볼 수가 없기 때문에 지원이가 무엇을 말하는지 민지가 몰랐습니다.

5

전화 대화에서는 표정이나 몸짓을 볼 수 없습니다.

6 이웃집 아주머니께서 음식을 주셔서 고마운 마음이 느껴집니다.

7 고마운 마음과 걱정하는 마음을 전해야 합니다.

8 언제 무슨 일이 있었는지 떠올려 봅니다.

9 ㈎에서는 민호에게 리코더를 가르쳐주며 자랑스러운 마음, ㈏에서는 수호네 강아지의 털을 쓰다듬으며 행복한 다음이었습니다.

10 민호가 가르쳐 주는 대로 잘 따라하자 규리도 덩달아 기분이 좋아졌습니다.

11 이 글은 ㈎에서 준비물과 놀이 이름, ㈏에서 놀이 규칙에 대해 소개한 글입니다.

12 이 놀이는 '앉아서 하는 피구'입니다.

13 같은 책을 읽고도 각자의 생각이나 느낌이 다릅니다.

더 알아볼까요!

> **책을 소개하는 방법**
> • 책 보여 주며 말하기
> • 노랫말 바꾸어 소개하기
> • 새롭게 안 내용을 그림으로 보여 주며 소개하기
> • 책갈피 만들어 소개하기
> • 책 보물 상자 만들어 소개하기

14 독서 감상문은 책을 읽게 된 까닭, 책의 내용, 인상 깊은 부분, 책을 읽은 뒤에 든 생각이나 느낌을 쓴 글입니다.

15 이 글은 일 차례를 알려 주는 글입니다.

16 차례를 나타내는 말 뒤에 나오는 중요한 내용을 간추려 봅니다.

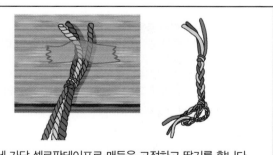

세 가닥 셀로판테이프로 매듭을 고정하고 땋기를 합니다.

17 열 시, 열한 시, 오후 한 시, 두 시의 시간 흐름대로 쓴 글입니다.

18 소방관 복장을 하고, 소방차를 타고 출동해서 불이 난 곳에 물도 뿌렸습니다.

19 궤짝에 들어 있는 호랑이는 나그네에게 살려 달라고 부탁하고 있습니다.

20 나그네에게 사정하는 간절한 말투가 어울립니다.

1 (1)   **2** ①, ④   **3** ③   **4** (1) ㉮ (2) 예 옛날 사람들이 입던 옷은 오늘날의 옷차림과 많이 달랐다.   **5** (1) ○   **6** ①   **7** ①   **8** ⑤   **9** (1) 강가 고운 모래밭에서 발가락 옴지락거려 두더지처럼 파고 들었다. (2) 지구가 간지러운지 굼질굼질 움직였다.   **10** (2) ○   **11** ④   **12** ⑤   **13** ②   **14** 예 발표 차례가 다가와서 걱정스러운 마음이었다가 민호에게 리코더 연주 방법을 가르쳐 주어서 자랑스러운 마음이 들었다.   **15** (2) ○   **16** ⑤   **17** ④   **18** 야행관, 열대 조류관, 큰물새장   **19** ①, ②, ④   **20** 예 답답하다는 듯이 가슴을 두드리며 말한다. / 호통을 치는 듯한 말투로 말한다.

풀이

1 미미는 (1)에서 학교 친구와 선생님이 언니 자두에게만 관심을 기울여서 화가 났습니다.

2 인물의 표정, 몸짓, 말투를 살피며 감상하면 내용을 더 잘 이해할 수 있고 만화 영화를 더 재미있게 볼 수 있습니다.

3 '달랐다'과 뜻이 반대인 낱말은 '같았다'입니다.

4 옛날과 오늘날의 옷차림이 많이 바뀌었다는 것을 알려 주고 있습니다.

> **더 알아볼까요!**
>
> **알고 싶은 내용이 담긴 글을 읽고 간추려 발표하기**
> • 설명하는 글의 중심 생각을 파악할 때에는 문단을 대표하는 중심 문장을 찾아봅니다.
> • 글의 제목을 보고 무엇에 대해 쓴 글인지 생각해 봅니다.
> • 글에 나오는 사진이나 그림을 살펴보면서 글쓴이의 의도를 생각해 봅니다.

5 다은이는 기억에 남는 일을 말하지 않았습니다.

> **더 알아볼까요!**
>
> **기억에 남는 일 떠올리기**
>   있었던 일을 구체적으로 떠올려 보고 자신의 생각이나 느낌, 그렇게 생각한 까닭을 생각해 봅니다.

6 '두 번째, 책을 읽으면, 예쁘게 가꿀수록, 아팠다. 동생이'로 써야 합니다.

7 '굼질굼질'이라는 흉내 내는 말을 사용하였습니다.

8 '나'는 강가 모래밭에 발을 두더지처럼 파고들었습니다.

9 내가 한 행동과 그로 인해 어떤 일이 발생했는지 써 봅니다.

10 친구와는 높임 표현 없이, 웃어른과는 높임 표현을 사용해서 대화합니다.

11 할머니께 높임 표현을 쓰고 있습니다.

12 할머니의 말씀을 끝까지 듣지 않고 전화를 끊었습니다.

13 모둠별로 발표를 해서 가슴이 콩닥콩닥 뛰었다는 내용을 참고해 봅니다.

14 규리가 경험한 일과 그때의 마음이 어떻게 변했는지 써 봅니다.

15 글을 읽고 다른 사람에게 소개하면 친구와 더 친해질 수 있습니다.

16 태극기의 흰색에 평화를 사랑하는 마음이 담겨 있습니다.

> **더 알아볼까요!**
>
> **태극기의 의미**
>
> | 흰 바탕 | 평화를 사랑하는 마음 | |
> |---|---|---|
> | 태극 문양 | 조화로운 우주 |  |
> | 네 모서리의 사괘 | 하늘(乾), 땅(坤), 물(坎), 불(離) | |

17 태극기를 소개할 때 관련있는 물건을 찾습니다.

18 장소 변화가 잘 드러난 글입니다.

19 큰물새장에서 황새, 고니, 두루미를 보았습니다.

> **더 알아볼까요!**
>
> **「동물원에서」에 나타난 장소 변화**
>
> 곤충관 ➡ 야행관 ➡ 열대 조류관 ➡ 큰물새장

20 호랑이의 성격이나 상황을 생각해 어울리는 표정, 몸짓, 말투를 짐작해 봅니다.

4회 100점 예상문제

152~155쪽

1 ① **2** ② **3** ①, ③, ④ **4** (1) 제목 (2) 중심 문장
5 예 오빠와 수영을 한 일이다. 즐겁게 놀면서 기쁜
마음이 들었기 때문이다. **6** ① **7** ④ **8** (1) 모래
(2) 지구 **9** 예 모래의 움직임을 지구의 대답이라고
생각한 점이 재미있다. / 우리의 작은 행동에도 자연
이 대답해 준다는 생각이 든다. **10** ④ **11** ③ **12**
(1) ○ **13** ④ **14** 예 행복한 마음 **15** 예 『아낌없
이 주는 나무』를 읽고, 아낌없이 주는 나무의 마음이
정말 착하다고 생각했고 나도 그런 친구가 있으면
좋겠다고 소개했다. **16** ② **17** ⑤ **18** 장소 변화
19 ③ **20** 예 인물의 성격에 맞는 표정, 몸짓, 말투
로 읽어야 해. / 자신이 이야기 속 인물이라면 그 장
면에서 어떤 마음일지 생각해 봐.

풀이

1 장금이가 시험을 볼 수 있다는 소식을 듣고 기뻐하
는 장면입니다.

2 너무 기뻐서 눈물이 날 때의 목소리는 떨리는 것이
알맞습니다.

> **더 알아볼까요!**
>
> **이야기에서 인물의 표정, 몸짓, 말투 살펴보기**
> 　인물이 겪는 상황에서 어떤 마음이 들었을지 생각해 봅니다. 어
> 울리는 인물의 표정과 몸짓, 말투를 해 보는 것도 좋습니다.

3 '마른장마, 무더위, 불볕더위'가 여름 날씨를 나타내
는 토박이말입니다.

4 글의 제목, 문단을 대표하는 중심 문장을 찾아보고
글의 중심 생각을 찾습니다.

5 기억에 남는 일과 그 까닭을 정리해 봅니다.

6 언제, 어디에서, 누구와 있었던 일인지, 어떤 일인지
자세히 정리하고 그때 어떤 마음이 들었는지 정리합
니다.

7 발가락을 구부려서 두더지 발톱처럼 만들어 모래밭
을 파고드는 모습을 감각적으로 표현했습니다.

8 모래가 움직이는 모습을 지구가 천천히 움직이는 모
습이라고 감각적으로 표현했습니다.

9 이 시는 느낌을 감각적으로 표현했습니다.

10 상대의 말을 잘 듣고 상대의 기분을 생각해야 합니다.

> **더 알아볼까요!**
>
> **상황에 알맞은 표정, 몸짓, 말투로 대화했는지 스스로 확인하기**
> • 상황에 어울리는 표정, 몸짓, 말투로 대화했는지 확인합니다.
> • 대상에 따라 알맞은 높임 표현을 사용해 대화했는지 확인합니다.
> • 언어 예절을 지키며 대화했는지 확인합니다.

11 전화를 건 지원이가 자신이 누구인지 밝혀야 합니다.

12 지원이는 물통을 들고 학교 앞 문구점에서 미술 준
비물로 산 것이라고 말했지만, 전화 통화에서는 상
황을 볼 수가 없기 때문에 지원이가 무엇을 말하는
지 민지가 몰랐습니다.

13 더 자고 싶은데 억지로 일어나서 기분이 좋지 않았
습니다.

14 아침에 일어나기 싫은데 억지로 일어나서 속상한 마
음이 들었고, 집으로 가는 길에 친구네 강아지의 하
얀 털을 쓰다듬어 주어서 행복한 마음이 들었습니다.

15 소개한 글과 소개한 내용을 간추려 씁니다.

16 ㈎에서 책 제목과 책을 읽게 된 까닭, ㈏에서 인상
깊은 부분, ㈐에서 책을 읽은 뒤에 든 생각이나 느낌
이 나타나 있습니다.

> **더 알아볼까요!**
>
> **독서 감상문을 쓰는 방법**
> • 책을 쓴 사람을 반드시 소개할 필요는 없습니다.
> • 책 제목을 씁니다.
> • 책 전체 내용을 빠짐 없이 쓸 필요는 없습니다.
> • 책을 읽게 된 까닭을 씁니다.
> • 책을 읽은 뒤에 든 생각이나 느낌을 씁니다.

17 바위나리와 아기별의 우정이 아름답기는 하지만 안
타깝고 슬픈 마음이 들었다고 했습니다.

18 이 글은 장소 변화에 따라 간추려야 합니다.

> **더 알아볼까요!**
>
> **글의 흐름에 따라 내용을 간추릴 때 주의할 점**
> • 시간 표현을 사용합니다.
> • 차례를 나타내는 말을 사용합니다.
> • 이어 주는 말을 사용합니다.
> • 중요한 부분을 메모합니다.

19 고인돌 영화와 유물을 보며 고인돌의 역사를 알았습
니다.

20 적절한 표정, 몸짓, 말투로 대본을 읽어야 실감 납
니다.

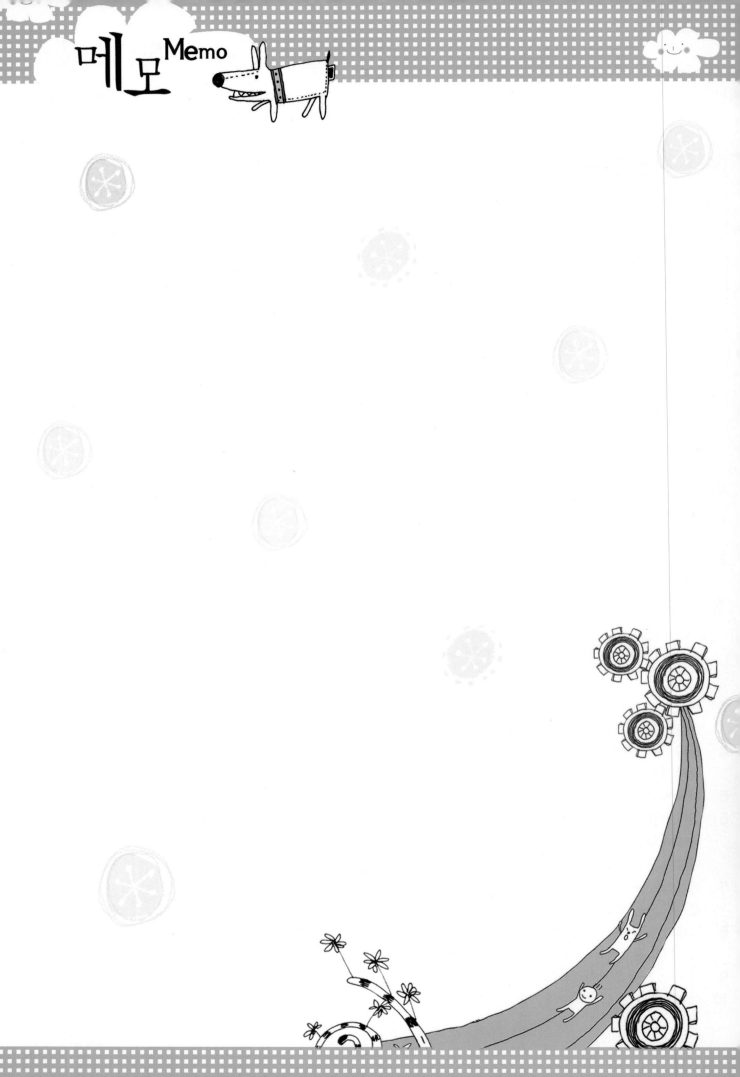

메모 Memo

전과목

단원평가 총정리

www.kyohak.co.kr

변형 국배판 / 1~6학년 / 학기별

★ 디자인을 참신하게 하여 학습 효율성을 높였습니다.

★ 단원 평가에 완벽하게 대비할 수 있도록 전 범위를 수록하였습니다.

★ 교과 내용과 관련된 사진 자료 등을 풍부하게 실어 학습에 흥미를 느낄 수 있도록 하였습니다.

★ 수준 높은 서술형 문제를 실었습니다.

정답과 풀이

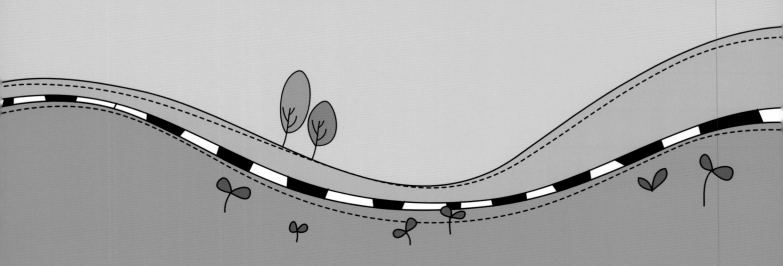